General-Register

zu den

sechszehn ersten Bänden

der Rechtsprechung

des

Königlichen Ober-Tribunals

in

Straf-Sachen

herausgegeben

von

Dr. F. C. Oppenhoff,
Ober-Staats-Anwalt beim Königl. Ober-Tribunal.

Vorbemerkung.

Wenn in nachfolgendem Generalregister das Sachregister dem Quellenregister abweichend von der in den Registern der einzelnen Bände beobachteten Ordnung nachsteht, so hat dies nur in der früheren Fertigstellung des letzteren und der möglichst frühen Ausgabe des Ganzen seinen Grund.

Das Quellenregister selbst ist in der Weise geordnet, daß die beiden Strafgesetzbücher, das Deutsche und das Preußische, und die fünf großen im Preußischen Staate noch geltenden Strafprozeßgesetze (die Verordn. v. 3. Januar 1849, das Gesetz v. 3. Mai 1852, die Criminal-Ordnung, der code d'instruction criminelle und die Strafprozeßordnung vom 25. Juni 1867) aus der Menge der übrigen Gesetze ꝛc. herausgenommen und vorweg gesandt sind, während die letzteren nach den Landeshoheiten, welche sie erlassen, geordnet sich chronologisch folgen. Diese letzteren zerfallen daher in drei Abtheilungen, zunächst die Erlasse früherer Landeshoheiten über einzelne Theile des preußischen Staates, sodann die preußischen und zuletzt die (nord-) deutschen Gesetze, Verordnnngen ꝛc.

Die Bände sind mit römischen, die Seiten derselben mit arabischen Zahlen bezeichnet.

Die Erkenntnisse des ehemaligen Ober-Appellationsgerichtes sind durch Cursivschrift der Seitenzahlen, die Vorschriften, welche in das durch die Strafprozeßordn. v. 25. Juni 1867 eingeführte Verfahren einschlagen, durch lateinische Schriftzeichen, unterschieden, beides übereinstimmend mit der in den Registern der einzelnen Bände beobachteten Einrichtung.

I. Quellen-Register.

Deutsches Straf-Gesetz-Buch.

Einführungs-Gesetz vom 31. Mai 1870.

§ 2 XII. 89, 268, 510, 526; XIII. ***21***, ***301***, 417, 591; XIV. 492, 717; XV. 448, 477, 555, 578, 719, 801; XVI. 52, 352, 460, 507, 690, 810.
§ 3 XIII. ***301***.
§ 4 XII. 215.
§ 5 XV. 422.
§ 6 XII. 214, 221, 242, 260, 266, 292, 531, 633, 645, 666, 670; XIII. 172, 457; XIV. ***238***, 462; XV. 204, 232, 422, 467; XVI. 103, 432.
§ 7 XVI. 504.

Strafgesetzbuch.

Einleitende Bestimmungen XII. ***314***.
§ 1 XIV. 130, 315, ***565***; XV. 134, 283.
§ 2 XII. 9, ***38***, 39, 95, ***157***, 169, 180, 210, 214, 239, 269, 292, ***314***, 332, 350, 391, 415, 431, 452, 462, 512, 531, 537, 553, 666; XIII. 37, 73, 88, 183, 195, ***200***, 297, 366, ***441***, 465; XIV. 216, 294; XV. 5. 396; XVI. 141, 334, 403, 409, 417, 617, 780.
§ 3 XIII. ***75***, 139, 647; XIV. 291, ***340***; XV. 825; XVI. 3, 507.
§ 4 XIII. 126.
§ 6 XIII. ***453***.
§ 7 XV. 821.
§ 8 XIII. 126, ***141***, ***521***.
§ 12 XVI. 147, 298.
Theil I.
§ 16 XV. 619.
§ 19 XII. 106, 301; XIII. 62, 72, 157, 183, 192, 210, 490; XVI. 405, 515.
§ 20 XV. 301, 598.
§ 21 XII. 106; XIII. 72, 319; XIV. 131, 718.
§ 25 XVI. 601.
§ 27 XV. 382.
§ 28 XIII. 72, 639; XIV. 131, 439; XV. 313, 514, 589, 723; XVI. 511.
§ 29 XIII. 72, ***301***, 319, 483; XIV. 140, 718; XV. 723; XVI. 511, 704.
§ 30 XIV. 735.
§ 31 XV. 422, 780.
§ 32 XII. 221; XIV. 458; XV. 265; XVI. 51.
§ 33 XV. 86.
§ 34 XII. 214, 221; XV. 86, 539.
§ 35 XV. 86.
§ 36 XIV. 535.
§ 40 XIV. 793; XV. 204; XVI. 192.
§ 41 XV. 34; XVI. 298.
§ 42 XIII. 192; XIV. 487; XV. 252; XVI. 298, 761.
§ 43 XII. 57, 116, 584; XV. 7, 9, 106, 500; XVI. 342.
§ 44 XIV. 251, 538; XV. 9; XVI. 4.
§ 46 XVI. 186, 592.
Nr. 1 XII. ***505***; XIV. 379, 714; XV. 500.
Nr. 2 XII. 190, ***505***; XVI. 592.
Abschn. 3 XIII. 159, 315.

Deutsches Strafgesetzbuch.

§ 47 XII. 55, 412; XIII. *521*, 534, 562, 572; XIV. 269, 281, 377, 512, 568, 613, 625, 709, 735; XV. 36. 54, *137*, 434, 441, 489, 672, 734, 812, 821, 856; XVI. 147. 161, 365, 615, 645, 718, 812.

§ 48 XII. *328*, 353, 648; XIII. 647; XIV. 739; XV. 203, 239, 536, 556, 706; XVI. 479, 566, 579, 581, 778.

§ 49 XIII. 282, 315; XIV. 653, XV. 556; XVI. 392, 478, 613, 715, 771, 778.

§ 50 XIII. 159; XIV. 72, 768; XVI. 566.

Abschn. 4 XII. 266; XIII. 564; XV. 386, 479, 676, 734, 777.

§ 52 XV. 139; XVI. 51.

§ 53 XII. 550; XIII. 95; XIV. 232; XV. *195*, 839; XVI. 80, 391, 409.

§ 55 XIII. 293, 629; XV. 734.

§ 56 XII. 546; XV. 160, 854; XVI. 69.

§ 57 XII. 546; XIII. 629.

Nr. 3 XIII. 364; XIV. 251; XV. 375.

Nr. 4 XII. *320*.

§ 59 XII. 461, 480; XIII. 110, 209, 297, 645; XIV. 35. 212, 220; XV. 30, 458, 712, 771, 808, 842, 871; XVI. 73. 76, 196, 219, 279, 590, 690, 705, 755, 792.

§ 60 XIII. 244, 363, 417; XIV. *21*; XVI. 116, 550.

§ 61 XII. 39, 57, 180, 187, 239, 257, *281*, 413, *493*, 522, 523, 537, 538, 541, *623*, 664; XIII. 56, 179, 192, 197, 248, 261, 316, 325, 339, 366, 389, 465, *506*, 526, 576; XIV. 114, 127, 151, 153, 182, 203, 220, *237*, 244, 275, 324, 374, 402, 409, 436, 458, 471, *486*, 487, 506, *515*, *516*, 588, 649, 703, 769; XV. 16, 65, 91, 120, 151, 218,

§ 61 Forts. XV. 252, 263, 281, 331, 372, 401, 464, 574, 648, 777, 831, 864; XVI. 193, 266, 271, 302, 343, 348, 369, 378, 449, 511, 521, 549, 635, 642, 732, 768, 782, 789.

§ 62 XIV. 801; XV. 627.

§ 63 XIV. 10, 32, 803; XV. 364; XVI. 128, 635.

§ 64 XII. 142, 202, 350, 413, 523, 541, 614; XIII. 619; XIV. *126*, 182, 471, 575, 598, 668, 802, 803; XV. 151, 296, 364, 667; XVI. 7. 54, 128, 178, 406, 410, 717.

§ 65 XII. 665; XIII. *21*, *146*, 197, 572; XIV. 406, 594, 801; XV. 65, 68, 91, 219, 244, 374, 430, 524, 737, 817, 848; XVI. 375, 554, 569, 651, 665, 713, 732, 793.

§ 66 XIV. 757, 771.

§ 67 XII. 562; XIII. 407; XIV. 185, 589; XV. 344, 556, 580, 683, 709; XVI. 620.

§ 68 XII. 73; XIII. 16, 19, 258, 294, 355, 368, *391*; XIV. 24, 504, 589, 606, 771; XV. 68, 683; XVI. 466, 693, 764.

§ 69 XIV. 215. XVI. 611.

§ 70 XIII. 171; XV. 5.

§ 71 XIII. 339.

§ 73 XII. 187, 269, *285*, 413, *448*; XIII. 373; XIV. 185, *237*, *486*, *530*, 739, 755; XV. 518, 589, 627, 674; XVI. 129, 260, 450, 534, 625, 688, 762, 767.

§ 74 XII. 246, *285*, *448*; XIII. 62, 87, 183, 225, 292, 373, *394*, 416, 439, *455*, 470, 529, 539, 540; XIV. 30, 74, 215, *237*, 458, 495, 500, 755; XV. 9, 54, 528, 540, 557, 670; XVI. 42, 129, 264, 308, 321, 322, 332, 437, 521, 524, 718, 766.

§ 76 XIII. 313; XIV. 458; XV. 265.

Deutsches Strafgesetzbuch.

§ 78 XV. 674, 723; XVI. 329.
§ 79 XII. 234, 569; XIII. 184, 313, ***361***, 439, 455, 529; XIV. 495, 500, 569, 654; XVI. 365, 557, 583.

Theil II.

§ 85 XII. 129, 577; XIII. 549, 555; XV. 743; XVI. 265, 631, 786.
§ 89 XII. 195.
§ 91 XII. 195.
§ 95 XII. 582; XIV. 282; XV. 157, 350; XVI. 802.
§ 109 XIV. 54.
§ 110 XV. 303; XVI. 631. 786.
§ 113 XII. 85, 469, 525, 551, 569. 587, 608, ***622***; XIII. 4, 48, 54, 103, 180, ***203***, 216, 249, 332, 375, 386, 402, 449, 457, 466, 609, 638, 647; XIV. 13, 51, 79, 107, 197, 248, 357, 364, 390, 488, 501, 575, ***600***, 628, 644, 708, 717; XV. 228, 490, 554, 587, 589, 607, 647, 819; XVI. 93, 144, 301, 356, 364, 388, 473, 578, 661, 736, 769, 811.
§ 114 XIII. 472; XIV. ***43***; XVI. 332, 559, 665, 721.
§ 115 XIV. 647; XVI. 265, 364, 809.
§ 116 XIV. ***600***; XVI. 364, 407.
§ 117 XII. 512; XIII. 249, 289, 449, 462, 647; XIV. 153, 481, 501, 708, 730; XV. 47; XVI. 26, 447, 494, 811.
§ 118 XVI. 404, 494, 792.
§ 119 XVI. 404.
§ 120 XII. 416; XV. 602.
§ 122 XIII. 555.
§ 123 XII. 655; XIII. 101, 190, 199, ***300***, ***327***, 344, 363, 389, ***470***, 472, 552, 611, 650, 660, 673; XIV. 61, 96, 143, 533, 625, ***627***, 674, 684. 786; XV. ***40***, 133, 153, 308, 324, 476, 567, 669, 817, 851, 860; XVI. 18, 143, 264, 281, 322,
§ 123 Forts. XVI. 324, 444, 687, 730, 767.
§ 125 XIV. 647; XVI. 265.
§ 126 XII. 374.
§ 130 XIV. 210, 386; XV. 399.
§ 130a. XIII. ***558***; XIV. 151, 502; XVI. 89, 433, 478.
§ 131 XIV. 49, 56, ***60***, 102, 255, 285, 395, 397, 410, 476; XV. 127, 313, 385, 685, 693, 785; XVI. 69, 214, 231, 475, 544, 583.
§ 132 XII. 209, 379; XIV. 484, 754, ***813***; XV. 335, 375, 655, 768, 780.
§ 133 XII. 656; XIV. 788; XV. 768; XVI. 243, 311.
§ 136 XV. 813.
§ 137 XII. 22, 66, 68, 82, 147, 274, 360, 422, 507, 543, 551, 559, 572, 667, 669; XIII. 34, 163, 228, 283, 346, 360, ***585***, 669, 672; XIV. 73, 115, 181, 188, ***240***, 309, 413, 465, 758, 763; XV. 67, 163, 304, 406, 490, 513, 675, 780; XVI. 223, 326, 358, 401, 538, 661.
§ 140 XIV. 158.
§ 146 XIII. 463.
§ 150 XVI. 182.
§ 153 XIII. 138, 156, 559; XIV. 46, 298, ***335***, 351; XV. 535; XVI. 304, 579, 750.
§ 154 XIII. 90, 187, 378; XIV. 235, 732; XVI. 49, 282, 579.
§ 155 Nr. 2. XIII. 120, 427; XIV. ***335***, 732.
Nr. 3. XIII. 90; XIV. 229; XVI. 282.
§ 156 XII. 217; XIII. 378; XIV. 213, ***335***, 732; XV. 384; XVI. 750.
§ 157 Nr. 1. XIII. ***422***; XIV. 133; XV. 168; XVI. 579.
Nr. 2. XIV. 147.
§ 158 XII. 450.
§ 159 XII. 229, 349, 375, 612; XIII. ***237***; XV. 527; XVI. 756.

Deutsches Strafgesetzbuch.

§ 160 XVI. 756.
§ 161 XII. 229, 349, 612; XIII. *237*, 244, 248, 615, 656; XIV. 313, 328; XV. 27, 399, 526; XVI. 515, 518, 546, 579, 758, 770.
§ 162 XIV. *335*.
§ 163 XII. 450, 485; XIV, 213, 351; XV. 535.
§ 164 XIII. 405; XIV. 728, 769, 788, *811*; XV. 258, 270, 612; XVI. 410.
§ 166 XIII. 549; XIV. *143*, 399; XV. 463, 687; XVI. 60, 141, 537, 705.
§ 167 XIII. 287; XIV. 598; XVI. 230.
§ 168 XIII. 310.
§ 169 XIV. 778.
§ 171 XIV. 696.
§ 172 XII. 321; XIV. 145, 696, 697; XV. 708; XVI. 611.
§ 173 XIV. 369; XVI. 468.
§ 174 Nr. 1. XVI. 468.
Nr. 2. XVI. 715.
§ 175 XII. 5; XIV. 707, 766; XV. 363; XVI. 116.
§ 176 Abs. 3. XII. 202, 337, 427, 537, 556; XIII. *46*, 70, 130; XIV. 806; XVI. 54.
§ 177 XII. 202, 556; XVI. 54.
§ 180 XII. *37*, 54; XIII. 437, 626; XIV. 722; XV. 54; XVI. 362.
§ 183 XII. 129. 273; XIII. 625; XIV. 69; XV. 743.
§ 184 XV. 430; XVI. 374.
Abschnitt 14. XII. *44*, 291, *470*; XIII. *3*, *140*, 263, *296*, *390*, 576; XIV. 49, *87*, 106, 171, 471, 499, 520, 561.
§ 185 XII. 330; XIII. 307, 449; XV. 91, 299, 367, 467, 575, 583, 627, 703, 866; XVI. 106, 229, 392, 537, 739, 740, 772, 802, 802, 807.
§ 186 XII. 78; XIII. 465, 480, 631, 645, 649; XIV. 49, 255, *529*, 660; XV. 500, 685, 882; XVI. 77, 360, 412, 583.
§ 187 XIII. 465; XIV. *60*, 661; XV. 500; XVI. 412, 583.
§ 188 XIV. 214; XVI. 276.
§ 190 XIV. *514*.
§ 191 XIII. 385; XIV. *529*.
§ 192 XIV. *605*.
§ 193 XII. 334, *393*, 409, 423; XIII. 40, 295, *456*, 474, 480, 518; XIV. *87*, 167, 214, 348, 422, 470, 661, 686; XV. *39*, 53, *138*, 226, 258, 466, 678, 815, 882; XVI. 100, 125, 229, 259, 551, 740, 785, 814. 814.
§ 194 XIII. *21*.
§ 195 XII. 148; XVI. 348.
§ 196 XII. 330, 452, 615; XIII. 263, 449, 527, 620, 643; XIV. 347, 686; XV. 44, 144, 246, 432, 482, 543, 576, 680; XVI. 7, 302, 332, 412, 607, 665. 721.
§ 197 XIV. 686.
§ 198 XIII. 483; XIV. 540; XVI. 39, 749.
§ 199 XII. 280, 460; XIII. 514; XVI. 450.
§ 200 XIII. 549, 555; XV. 543; XVI. 77, 450, 477, 583.
Abschnitt 15. XIII. *587*; XIV. *121*.
§ 201 XV. 749.
§ 204 XVI. 345.
§ 211 XII. 51, 401; XIII. 292; XVI. 546, 566.
§ 214 XVI. 546.
§ 217 XVI. 566.
§ 218 XIII. 336.
§ 219 XV. 826; XVI. 98.
§ 221 XIV. *748*.
§ 222 XII. 346, 399, 461, 498; XIII. 110, 209, 297; XIV. 35, 212, 518, 664, *669*; XV. *62*, 250, 458, 808; XVI. 219, 279, 361, 413, 708.
§ 223 XII. 269, 436; XIII. 4; XIV. 422; XV. 281, 625, 694, 806; XVI. 73, 792, 799.
§ 224 XII. 436; XIV. 512, 593; XV. 54, 288, 301, 311; XVI. 111, 812.
§ 226 XIV. 512; XV. 54, 301, 704;

Deutsches Strafgesetzbuch.

§ 226 Forts, XVI. 111.
§ 227 XIV. 711; XV. 616; XVI. 312, 710.
§ 229 XVI. 481, 706.
§ 230 XII. 346; XIII. 110; XIV. 518, 664, ***669***; XV. 250; XVI. 369, 708.
§ 231 XIII. 73.
§ 232 XII. 498; XIII. 197, 288; XIV. 518, 664, ***669***; XV. 44, 250; XVI. 7, 413, 749.
§ 233 XII. 280, 460; XVI. 450.
§ 239 XII. 55; XIII. 459; XIV. 214.
§ 240 XIII. 459; XIV. 797; XV. 27, 792; XVI. 95. 424.
§ 241 XV. 869.
§ 242 XII. 45, 446; XIII. 247, 329, 528; XIV. 311, 332, 377, 384, 409, 450, ***516***, 648, 679, 682, 692, 717; XV. ***19***, 56, 147, 154, 225, 293, 338, 400, 442, 538, 565, 692, 717, 803, 885, 886; XVI. 108, 253, 361, 424, 598, 765.
§ 243 Nr. 2. XII. ***256***, ***313***, 466; XIII. 268, ***271***, 347, 490; XIV. 105; XV. 38, 475, 746; XVI. 609.
Nr. 3. XII. 57.
Nr. 5. XV. 885.
Nr. 6. XIII. 539.
Nr. 7. XIII. 67.
§ 244 XII. 130, 215, 388; XIII. ***141***, 208, 218, 284, 287, 342, 438, 646, 654, 676; XIV. 438, 485, 524, 768; XV. 9, 211, 218, 400; XVI. 11.
§ 245 XII. 215, 494, 503; XIII. 22, 287, 342, 447, 646; XIV. 94.
§ 246 XII. 311, ***430***, 540, 629; XIII. 35, 51, 106, 254, 256, 477, ***519***, 579, 632; XIV. ***89***, 384, 474, 679, 682, 683; XV. 147, 340, 408, 550, 624, 739, 803, 804. 876; XVI. 280, 323, 424, 456, 547, 555, 759.
§ 247 XII. 433, 445, 592; XIII. 122,
§ 247 Forts. XIII. 136, 154, 155, 591, XIV. 621; XV. 193, 233; 262, 465, 791; XVI. 51, 62, 116, 296, 369, 432, 493, 522, 533, 559, 635, 655, 753, 768.
§ 249 XV. 518; XVI. 424.
§ 251 XV. 518.
§ 252 XIII. 478.
§ 253 XIV. 379, 714; XV. 46, 84, 637; XVI. 58, 95, 394, 424, 549, 585, 717, 785.
§ 256 XIV. 413.
§ 257 XII. 553; XIV. 92, 324, 579; XV. 719; XVI. 14, 443, 802.
§ 258 XII. 10; XIII. 372; XIV. 332; XV. 293; XVI. 443.
§ 259 XII. 10; XIII. 154, 189, 372; XIV. 128, 243, 324, 332, 414, 473, 579; XV. 218, 642; XVI. 14, 432, 555, 802.
§ 260 XII. 601; XIII. ***507***; XIV. 52, 333, ***378***; XV. 260, 556; XVI. 182, 308, 585.
§ 261 XVI. 11.
§ 263 XII. ***26***, 87, 142, 150, ***227***, 235, 284, 387, ***427***, 457, ***504***, ***505***, 578, 598, 644; XIII. 40, 189, 303, 326, 331, 413, 553, 568, 636; XIV. 34, 42, 64, 125, 152, 181, 199, 204, 247, 408, 448, 492, 540, 646, 659, ***670***, 679, 739, 807; XV. 36, 88, 132, 194, 244, 265, 272, 340, 381, 478, 496, 576, 702, 793, 795; XVI. 58, 86, 95, 138, 220, 271, 342, 390, 425, 527, 550, 637, 788, 797, 810.
§ 264 XIII. 342, 676.
§ 266 XIV. 419; XVI. 287, 357.
§ 266 Nr. 1. XII. 177; XIII. 659.
Nr. 2. XIII. 517, 667; XIV. 419, 529; XVI. 762.
Abs. 2. XII. 177.
§ 267 XII. 21, ***34***, 275, ***285***, 291, 303, 307, 392, 428, 592, 604; XIII. 91, ***143***, 304,

Deutsches Strafgesetzbuch.

§ 267 Forts. XIII. 310, 597, 661, 669: XIV. 85, 168, 223, 417, 424, 466; XV. 186, 277, 450, 530, 551; XVI. 61, 184, 499, 556, 657, 804.
§ 268 XII. *427*, 599; XIV. 42; XV. 143; XVI. 371.
§ 269 XIII. 30.
§ 270 XIII. 304, 597.
§ 271 XII. 492, 527; XIII. 561; XIV. 689, 778; XV. 530; XVI. 333, 387.
§ 274 Nr. 1. XII. 119; XIV. *62*, 677; XV. 266, 513.
§ 275 Nr. 1. XIII. 116; XIV. 5.
§ 281 XII. 419, 453; XIII. 273, 383, 558, 579, 580, 673; XIV. 351; XV. 70, *175*, 613, 700, 753; XVI. 89, 90, 228, 685, 751, 771, 771.
§ 282 XIII. 18; XV. *175*; XVI. 751.
§ 283 XII. 509; XIII. 383, 558; XV. 613, 753; XVI. 685.
§ 283 Nr. 1. XII. 435; XIII. 256; XVI. 379.
Nr. 2. XII. 39, 300, 358; XIII. 178, 299, 429; XIV. 523; XV. 307.
Nr. 3. XIII. 177, 255, 273, XIV. 78, 523; XV. 613; XVI. 545.
Abschnitt 25. XV. 448, 555, 801.
§ 284 XIII. 617; XIV. 660; XV. 60, 556.
§ 285 XIII. 372, 396, 426, 617; XIV. 196, 653; XV. 107, 876.
§ 286 XII. 222, 454, 510; XIII. *75*, 516; XIV. *106*; XVI. 507, 647.
§ 287 XII. 370, 568; XIII. 36, 511; XIV. 587; XV. 38, 87; XVI. 648.
§ 288 XIII. 555; XIV. 83; XV. 185, 551, 809; XVI. 36, 159. 455, 693.
§ 289 XII. 526; XVI. 512, 817.
§ 292 XII. *465*, 522, *549*, 630, 663; XIII. *43*, 71, 125, 672; XIV. 521, 534, 780,
§ 292 Forts. XIV. 801; XV. 154, 455, 477, 479; XVI. 378, 388, 456, 640, 653, 664, 731.
§ 293 XII. *445*, 630; XIV. *86*, 140, 244, 520; XV. 648.
§ 294 XII. 601; XIII. 370; XIV. 52; XVI. 414.
§ 295 XIV. 153, 588.
§ 299 XIII. 211.
§ 303 XII. 64, 624, 655; XIII. *285*; XIV. 616, 781, 788; XV. 296, 729; XVI. 622.
§ 304 XII. 587; XIV. 755; XVI. 777.
§ 306 XIII. 649.
§ 310 XVI. 162.
§ 315 XIV. *427*; XV. 604; XVI. 625.
§ 316 XII. *465*; XIII. 500; XIV. 92, 446; XV. 41, *110*, 604, 617; XVI. 625.
§ 321 XVI. 625.
§ 327 XII. *290*, 395, *571*; XIII. *329*, 582; XIV. 303, *435*, *531*; XV. *21*, 273, 487, 505, 761, 856; XVI. 370, 789.
§ 328 XII. 174, *290*, 344, 395; XIV. 303, *435*, *531*, 585; XV. *21*, 273, 487, 505, 761, 856; XVI. 370, 789.
Abschnitt 28. XIII. 159.
§ 331 XIII. 78.
§ 333 XII. 48, 298; XIII. 159; XIV. 615, *809*.
§ 337 XIV. 391.
§ 338 XV. *21*, 273, 487, 505, 761, 856.
§ 339 XVI. 394.
§ 342 XIII. 472; XV. 324.
§ 345 XV. 93.
§ 347 XIV. 290.
§ 348 XII. *285*; XIII. 24, 159, *584*; XIV. 168, 689; XVI. 668, 804.
§ 349 XII. *427*; XVI. 804.
§ 350 XII. 249; XIII. 229; XV. 109, 269, 357, 852; XVI. 226.
§ 351 XIII. 24; XVI. 257.
§ 352 XIV. 605.

Deutsches Strafgesetzbuch.

§ 354 XIV. 499, 638; XV. 618.
§ 356 XVI. 36, 224.
§ 358 XV. 86.
§ 359 XII. *388*, *555*; XIII. 431, 461, *505*; XIV. 168, 318, 356, 390, *600*, 775; XV. 7, 335, 375, 422, 554, 768, 780; XVI. 87, 274, 356, 644, 707, 724.
Abschnitt 29. XII. *502*; XIII. *224*, 594; XIV. 381, 614; XV. 436; XVI. 239, 247, 490.
§ 360 Nr. 3. XIII. 334, 436; XIV. 265, 286, 455; XV. 553.
Nr. 6. XIV. 451.
Nr. 9. XIV. 207.
Nr. 11. XII. 343; XIV. 507; XV. 297.
Nr. 12. XVI. 200, 296.
Nr. 14. XIII. 617.
§ 361 Nr. 4. XV. 842.
Nr. 5. XV. 752.
Nr. 6. XIV. 342, 430, 508, *516*.
Nr. 8. XIV. 162.
§ 362 XIV. *565*.
§ 363 XIV. 688, 723.
§ 365 XV. 43; XVI. 613.
§ 366 Nr. 1. XVI. 601.
Nr. 9. XV. 835.
§ 367 Nr. 1. XII. 317.
Nr. 3. XIII. 269, *486*; XIV. *725*; XV. 632, 674; XVI. 232, 646.
Nr. 5. XIII. 25.
Nr. 7. XV. 30; XVI. 797.
Nr. 10. XII. 269; XIII. 339.
Nr. 12. XII. 480; XVI. 508.
Nr. 15. XIV. 112.
§ 368 Nr. 2. XII. 397.
Nr. 8. XVI. 690.
§ 369 Nr. 2. XIV. 267, 370; XV. *177*, 509; XVI. 33.
§ 370 Nr. 1. XIII. 276.
Nr. 2. XVI. 704.
Nr. 3. XVI. 213.
Nr. 4. XV. 244; XVI. 695.
Nr. 5. XIII. 210, 247; XIV. *516*; XV. 886.

Preußisches Straf-Gesetz-Buch.

Einführungs-Gesetz vom 14. April 1851.

Art. II. I. 316, 428; II. 54, 137; V. 411; VI. 25; X. 636; XIII. 107, 612.
Art. III. VIII. 631; X. 218.
Art. IV. III. 104, 427; VII. 424; VIII. 294, 330, 424, 631, 780; IX. 243, *322*, *339*, *341*, *380*, *491*; X. 99, 200, *221*, *259*, 418, 479, 636, 643, *666*; XI. 82, 315.
Art. V. I. 389; IX. *626*.
Art. VI. IX. *332*, *337*, *401*, *521*.
Art. VIII. II. 44; IV. 216; VI. 5, 269; VII. 507, 594; VIII. 363, 441; IX. 474, 599; XIII. 398; XIV. 130, 194, 315; XV. 278.
Art. IX. VI. 349; IX. 474, 599.
Art. X. I. 428.
Art. XII. § 3. II 500; III. 231, 232.
Art. XIII. VIII. 441; XI. 9; XII. 299, 425, 485, 626;
Art. XIII. Forts. XIII. 133, 195, 236, 311; XIV. 244, *426*; XV. 548; XVI. 64.
Art XIV. II. 321; VI. 5; VIII. 441; XVI. 11, 64.
Art. XVI. I. 497; III. 129, 554; VI. 113; VII. 182, 654; VIII. 514; XII. *470*, 291, *573*; XIII. 307; XIV. 598; XV. 867; XVI. 112.
Art. XVII. III. 554; V. 506; XIV. 598.
Art. XVIII. XIII. 449; XIV. 275.
Art. XX. II. 231, 286; VII. 89, 472; X. 646; XI. 57, 525; XII. 207, 332.
Art. XXI. I. 463; II. 235; III. 507; V. 552; VII. 512; XII. 538; XV. 484, 523.
Art. XXII. I. 463; IX. 109; X. 324.
Art. XXIV. VII. 399, 457; IX. 680; X. 350, 388, *809*; XII. 298; XIV. 133, 544.

Preußisches Strafgesetzbuch. Einf.-Ges. v. 14. April 1851.

Art. XXV. III. 175; VI. 131; VIII. 102, 698; IX. 279, 395, 536; X. 350, XI. 26; XIII. 603; XV. 103, 511;
Art. XXV. Forts. XVI. 467.
Art. XXVI. XIII. 115.
Art. XXVII. § 1. IV. 345.

Einführungs-Verordnung vom 12. Dezember 1866.

Art. III. VIII. 330.

Einführungs-Verordnung vom 25. Juni 1867.

Art. II. D. 2 § 24 XI. *331*.
§ 38 XV. *228*; XVI. 366, 580, 683.
Art. IV. Nr. 1 XII. 510; XIII. *75*, 663; XIV. *106*, *527*, *747*; XV. *113*, 638; XVI. 752.
Nr. 2. XII. 510.
Art. VI. IX. *674*; X. *636*.
Art. VIII. XIV. *223*.
Art. IX. VIII. *708*; IX. *215*; X. *712*.
Art. X. VIII. *708*.
Art. XI. XII. *314*.
Art. XII. VIII. *750*; XVI. 642.
Art. XIII. VIII. *631*, *639*, *708*, *750*. *780*.
Art. XV. § 1. IX. *674*.
§ 4. IX. *248*.
§ 5. XIII. *587*; XIV. *121*.
§ 6. IX. *265*.
Art. XVII. XV. 409.
Art. XVIII. IX. *243*, *322*, *339*, *341*, *380*, *491*; X. *259*, *666*.
Art. XIX. IX. *626*.
Art. XX. VIII. *561*, *716*; IX. *20*, *141*, *332*, *401*, *521*; XI. *358*.
Art. XXI. VIII. *632*, *750*; IX. *195*, *265*, *626*.
Art. XXVI. IX. *195*.

Strafgesetzbuch.

Einleitende Bestimmungen.
§ 1 VI. 269; VII. 507; VIII. 382; IX. *215*.
§ 3 II. 534: IV. 28; VII. *431*, 462; VIII. 326, 511; IX. *219*, *220*; X. *8*, 624.
§ 4 VI. 25, 236; VIII. 472, 511, 785; IX. *219*, 229; X. *343*.
§ 4 Nr. 3. II. 72, 76; IV. 147, 214; V. 392, 475; VI. 16; VII. 77, 160, 462; VIII. 505; IX. 387; X. 233, *785*; XI. 61, 263, *464*.
§ 6 I. 220; IV. 341; X. 507.
Theil I.
§ 10 III. 410.
§ 11 VI. 297; XVI. 432.
§ 12 III. 181; VII. 746; IX. 354, 605; X. *161*, 264, 568, 773; XVI. 432.
§ 13 IV. 550.
§ 14 IX. *460*.
§ 15 VIII. 158, 516, 611, 654.
§ 16 I. 174; II. 272.
§ 17 I. 219, 543; II. 272; III. 491; V. 378, 466, 546;
§ 17 Forts. X. *338*, 584
§ 19 I. 403, 498, 521; V. 70; VI. 487, 523; VII. 324; IX. 360, 532; XII. 160.
§ 20 I. 498; VII. 540; IX. 365, 710.
§ 21 II. 77: III. 39; IV. 317; V. 114; IX. 568; XI. 16; XIV. 535.
§ 24 II. 218; V. 260; VII. 462.
§ 26 II. 77; V. 114; IX. 552.
§ 27 II. 272; X. 277.
§ 28 III. 70, 462; X. 65, 277.
§ 29 VI. 543; IX. 389, *405*, 415; XI. *159*.
§ 31 I. 274; II. 24; III. 396; IV. 26, 141, 269; V. 262, 429; VI. 39, 163; VII. 67, 441; VIII. 527, 803; IX. 363, *714*, 734; X. 444, *506*; XII. 57.
Tit. 3. I. 523; III. 100, 353, 468; IV. 432; V. 367, 444; VI. 141, 449, 564; VII. 36; VIII. 175, 552, 555; IX. 9, 134, 290, 313, 463; X. *405*, 483, 593, 664. 680; XI. 7.

Preußisches Strafgesetzbuch.

Tit. 3. Forts. XI. 78, 182, *245*, 398, 424, 526.

§ 34 I. 6, 101, 250, 444, 563; III. 346, 353, 551; IV. 102, 501; VII. 44, 366; VIII. 308, 336, 636; IX. 276, 397; X. 136, 245, 356, 373, 714; XII. 10.

Nr. 1. I. 149, 259, 303, 547, 563; II. 232, 376; V. 32; VI. 498; VII. 288, 366; IX. 294; X. 803, 807; XI. 360.

Nr. 2. I. 199; II. 77; VI. 13, 498; VII. 109; VIII. 636; IX 436; X. 451, *599*.

§ 35 I. 6; II. 449; V. 159, 495; VI. 13; VIII. 785; IX. 79, 339, 397, 409, 436, 480; X. 136, 373.

§ 36 III. 120; VI. 56, 201; IX. 411; X. 652; XI. 387.

§ 37 II. 44, 239; VIII. 538; IX. *219*; XI. 283.

§ 39 IX. *219*.

Tit. 4. X. 167, 638; XI. 184, 605.

§ 40 I. 5, 157; V. 131, 377; VIII. 113, 613; IX. 397, 413; X. 451; XI. *55*, 386.

§ 41 I. 215, 546; II. 362; V. 492; VII. 579, 599, 674; VIII. *704*; IX. 535; X. 119; XI. *39*, 48, 249.

§ 42 IV. 102; V. 131, 219; VI. 443; IX. 311.

§ 43 V. 219; IX. 311.

§ 44 I. 547; III. 152; IV. 19, 200; V. 156, 361; VI. 290; VII. 114; IX. 313, 339; X. 78; XII. 436.

§ 45 VIII. 465; IX. 69; XI. 513.

§ 46 I. 200, 242, 436, 450, 471. 529; II. 231; VIII. 181; X. 34, *712*; XI. 57, 513.

§ 47 I. 472; X. 20; XI. 598.

§ 48 I. 199; II. 220, 280; III. 182; V. 5; IX. 70; X. 20, 587; XII. 73.

§ 50 I. 328; II. 300; IV. 76, 409, 559; V. 256; VII. 423, 654; VIII. 385, 589; X. *273*, *786*; XI. 20, *72*, 204, 432; XII. 57.

§ 53 IX. 387; X. 109.

§ 54 I. 328.

§ 55 I. 149; II. 264, 347; IV. 138; VII. 276, 322; VIII. 287, 687; IX. 359, 454, 532; X. 146, 364, 425, *750*; XI. *333*, 595; XII. *285*.

§ 56 I. 149, 439; II. 7, 77, 264, 336; III. 19, 276; IV. 27. 138, 245, 285, 339; V. 82, 98, 106, 114, 246, 378, 538; VI. 89, 152, 292; VII. 326; VIII. 4, 12, 27, 633; IX. 233, *257*. *385*; X. 32, 111, 283, 584, *669*, 741; XI. 88, 354; XII. 246.

§ 57 II. 336; III. 19, 495; V. 82, 98; VIII. 4; X. *669*; XI. 354.

Nr. 2. II. 237; VII. 326; IX. 204.

§ 58 I. 237; II. 240, 299, 359; III. 273; IV. 124, 136; V. 85; VI. 546; VII. 77, 532; VIII. 233, 561, 633, *716*; IX. 20, *141*, *332*, *337*; X. *67*, 140, *263*; XI. 204, 546.

§ 60 VII. 532; IX. 146; X. 277.

Theil II.

§ 62 IV. 5;

§ 65 II. 141; IV. 6.

§ 66 II. 141.

§ 69 XII. 195.

§ 70 XII. 195.

§ 73 IV. 121; V. 510, 523.

§ 75 IV. 559; V. 517, 563; VI. 313, 472; VII. 494; X. 250. *270*, *688*; XI. *56*.

§ 79 V. 146.

§ 84 IV. 146.

§ 85 VII. 131. 682; IX. 538.

§ 86 V. 274.

§ 87 I. 362. 565; II. 476; III. 126; V. 138; VI. 73; VII. 536; IX. 16.

§ 89 I. 359, 465, 526, 527; II. 257. 391; III. 134, 224, 286, 294, 498; IV. 236, 305, 486, 504; V. 201; VI. 3, 335, 431, 562; VII. 65, 517; VIII. 140, 146, 370, 396, 519, 653, 714, 747, 772; IX. 97, 164, 191, 310,

Preußisches Strafgesetzbuch.

§ 89 Fortſ. IX. 703; X. *106*, 137, 166, 184, 354, 508, 512, 603, 765, 775; XI. 54, 82, 249, 257, 391, 396, 451, 483, 556, 563; XII. 85.
§ 90 II. 257; X. *680*; XI. 556.
§ 91 III. 365, 382, 531; IV. 147; V. 392, 432; IX. *270*, 385, 549; X. 347, 356; XI. 70, *159*, 290, 329, 382.
§ 93 II. 360, 406; III. 77, 141.
§ 94 IV. 141; VI. 53; XI. 329; XII. 416.
§ 96 I. 197, 485; II. 240; III. 365; VI. 53; VII. 109; IX. 73, *270*, 385, 440, 549; X. 347, 356; XI. 70, *159*, 604.
§ 97 XI. 221.
§ 100 III. 283, 380.
§ 101 I. 456; III. 63, 430; IV. 10, 363, 474; V. 67; 117, 163, 227, VI. 550; VII. 269, 449, IX. 411; X. *155*; XI. *71*.
§ 102 I. 396, 470, 540; III. 224, 294; IV. 89, 110, 261, 489; V. 507; VI. 347; VII. 65, 187, 272; VIII. 108, 140, 324, 504; IX. 97, 137. 151, 197, 386, 394, *740*; X. 36, 77, 78, 134, *270*, 288, 589, 652, 693, 769, 775, *787*; XI. 166.
§ 103 IV. 89; IX. 617.
§ 104 I. 201; II. 291; III. 10; IV. 35; V. 469; VII. 363; IX. 178, 504, 505, 529, 728; X. 87; XI. 63, 89, 345, 515, 575; XII. 209. 379.
§ 105 I. 374; II. 248, 253, 462; III. 100; V. 78; VII. 85, 176; VIII. 247; IX. 116, 505; XI. 175, 335, 345.
§ 106 I. 28; III. 46; VIII. 28; IX. 325; X. 109, 700.
§ 108 I. 397; II. 305; V. 108; X. *262*.
§ 110 II. 47, 87; III. 128. 230; V. 92; VI. 568; VIII. 626; XII. *112*.
§ 111 VII. 550; X. *159*. 332, 776.
§ 113 VIII. 434.
§ 115 II. 540; VIII. 3; X. *417*.
§ 116 II. 272; III. 70; VII. 685; X. 65, 277.
§ 117 III. 130; VIII. 10, 213; IX. 112.
§ 118 II. 73; VII. 338; XI. 394.
§ 119 Nr. 2. II. 357; VII. 13, 395.
Nr. 3. I. 285, 424; III. 549; VII. 82; X. 678, 755.
§ 121 III. 161; V, 47; X. 411, 806.
§ 122 VI. 163; VII. 456, 635; IX. *219*; XI. 131.
§ 124 X. 411.
§ 125 I. 386; II. 314; IV. 445; V. 106; VI. 112; VII. 252; VIII. 253, 513; IX. 464, 487; X. *81*, 85, 128, *260*, 283, 467; XI, 479.
§ 126 I. 36, 504; V. 73, 106; VI. 112, 405; VIII. 253, 615; IX. 63. 487.
§ 128 Nr. 1. XI. 5.
Nr. 2. I. 116.
Nr. 3. I. 189.
§ 129 I. 82; VI. 35; IX. 256; XI. 5, 425, 610.
§ 130 III. 167. 529; IV. 113, 248; V. 293, 326; VI. 535; X. *260*; XI. 298.
§ 131 II. 314; VIII. 748; IX. 67, 257.
§ 132 I. 520; IV. 338, 504; V. 145, 300; VI. 35; VIII. 13, 84; IX. 257, 330, 589; X. 283, 467.
§ 133 II. 33, 490; III. 37; IV. 133; V. 182; VI. 120, 136, 180, 304; VII. 258; VIII. 440; IX. 291; XI. 328, *538*, 608.
§ 135 II. 119, 488; III. 37. 58; VI. 350; VII. 136; VIII. 499; IX. *271*, 323, 352; X. 507, 652; XI. 32.
§ 136 I. 216; V. 348; IX. 217; X. 273.
§ 137 I. 445; IV. 249; VIII. 189.
§ 138 VIII. 202.
§ 139 III. 540; V. 20; VIII. 135. X. 296.
§ 140 I. 450; II. 20; III. 431; IV. 490; VI. 226, 402; IX. 755; X. 34, 783.

Preußisches Strafgesetzbuch.

§ 141 III.28; VI. 45, 46; X. 59, 429, 556.
§ 142 Nr. 1 V. 434; VIII. 141; X. 557.
Nr. 2 IV. 202.
Nr. 3 II. 420.
§ 143 I. 561; II, 271; III. 385; VIII. 356; XII. 5.
§ 144 Nr. 1 II. 553; III. 172; IV. 26; X. 765,
Nr. 2 IX. 504, 678.
Nr. 3 II. 418; V. 295; VI. 540; X. 173; XI. 445
§ 146 I. 242; II. 160, 358, 518; III. 377; VI. 152, 398; VII. 165, 745; IX. 508; X. 127, *340*; XI. *69*, *431*.
§ 147 I. 219, 427, 466; III. 249, 547; V. 425; VI. 12, 134; VII. 647, 649 ;X, 541; XI. 165, 184, 440, 511, 600; XII. *37*, 54.
§ 148 Nr. 2 I. 305.
§ 149 III. 112; VI. 64; VII. 114; IX. 208; X. 123.
§ 150 I. 303, 342; II. 510; III. 81, 127, 196, 353; VI. 323, 531; VII. 213, 233; VIII. 470; X. 43, 125, 456, 696; XII. 129
§ 151 I. 261; III. 319; IV. 421; V. 70, 256; XI. 459.
Tit. 13. I. 250, 456; III. 146, 341; IV. 5, 110, 206, 211, 337; V. 270, 336, 419; VI. 313; VII. 121, 447, 493, 590, 623; VIII. 209; IX. 292, 485, 696; X. *68*. 77, 78, 173, *323*, 516, *531*, 624; XI. 21, 110, 423, *515*, 546, *564*; XII. *44*.
§ 152 II. 523; VI. 34, 201, 350; X. *270*, 276; XI. 21, 387, *466*.
§ 153 VI. 485; VIII. 310; IX. 518.
§ 154 I. 50, 379, 456; II. 27, 74; 142, 490; III. 351, 352, 384; V. 111, 336, 437; VI. 83, 372; VII. 66, 189, 208, 334, 537; VIII. 498; IX. 16, 147, 374, 496, *740*;
§ 154 Forts. X. 698; XI. 89, *174*, 487; XII. 334, *393*, 409.
§ 155 I. 50; II. 215.
§ 156 II. 27; V. 415; VI. 195; VII. 335; IX. 496, 599; X. 66, 317, *443*, 494, 761, *786*; XI. 111, 401, 543, 608; XII. 78.
§ 157 IV. 227; V. 415; VI. 549; VII. 643; VIII. 645, 757; IX. 696; X. 93, 494; XI. 111.
§ 158 VII. 196.
§ 159 VI. 37; VII. 196, 742; X. *186*, *319*; XI. 110.
§ 160 III. 554; IV. 76, 409; XI. *109*.
§ 162 XII. 148.
§ 163 II. 523; III. 371; IV. 206; V. 388; VII. 130, 170, 195; IX. 197, 228; X. 275, 769.
§ 164 X. 343.
§ 168 X. 373.
§ 175 I. 6, 523; V. 495; VII. 504; X. 45, 253; XI. 7, 434; XII. 51.
§ 176 X. 370.
§ 177 VIII. 110.
§ 178 I. 184; IV. 539; V. 495; XI. 434.
§ 180 IV. 103, 126.
§ 181 IX. 454, 734.
§ 184 IV. 238; VII. 35, 292, 375, 477, 504, 642; VIII. 410, 475; IX. 233; X. 102, 203, 680; XI. *96*, 526.
§ 185 V. 232; VII. 477, 693; VIII. 438; IX. 149; X 756.
§ 186 I. 384; II. 347; III. 202; IV. 126; V. 344; VIII. 6, 740; IX. 706; XI. 326; XII. 317.
Tit. 16. I. 415; IV. 441; VI. 360; VII. 414; VIII. 794; X. 216, 296.
§ 187 I. 523; II. 120; III. 423, 548; IV. 485; V. 184, 367, 506; VI. 125, 449; VII. 182, 232, 604, 608; VIII. 124; IX. 19; X. 296; XI. 288, 453, 530; XII. 436,

Preußisches Strafgesetzbuch.

§ 188 IV. 564; VI. 485; VII. 579; IX. 518.
§ 190 VII. 132.
§ 191 IV. 394; VI. 72; XI. 121.
§ 192 I. 396; II. 214; VIII. 370, 504; IX. 454.
§ 192 a. I. 413; II. 362; III. 559; V. 232; VI. 570; VII. 693; VIII. 339, 572; IX. 583; X. 18, 460, 467; XI. 426.
§ 193 I. 516; II. 362; V. 330; VI. 282; VII. 747; VIII. 54, 94, 268, 427; IX. 709; X. 530; XI. *81*.
§ 194 III. 253; IX. 134, 454; X. *383*; XII. 436.
§ 195 I. 412; II. 384; III. 98; IV. 221, 228, 456, 548; VII. 194; VIII. 82, 438, 515, 607; IX 134; X. 162, 274, 447, 471, 795; XI. 401, 535, 606; XII. *105*.
Abs. 1 I. 252; III. 41, 543; V. 203; VI. 570; IX. 174; X. 108; XI. *23*.
Abs. 2 II. 331; III. 41; V. 100; XI. 606.
Abs. 3 I. 252.
§ 196 I. 252; III. 41; V. 100, 278; VI. 570; VIII. 110; X. 253, 370; XI. 352.
§ 197 II. 207, 411; III. 396, 463; VI 39.
§ 198 II. 32; IX. 276; X. 680; XI. 579; XII. 346.
§ 199 I. 131, 211, 465; II. 195, 270, 514; III. 79, 273, 274, 446; V. 65, 80; VI. 308, 373; VII. 373, 383; VIII. 458, 743, 745; IX. 446, 502, 731; X. 117, 188, 295, 489, 556; XI. 82, 85, 220.
§ 200 VIII. 384; IX. *686*
§ 202 VI. 148; VII. 105; IX 747; X 634; XI. 372.
§ 206 VII 412.
§ 207 II. 509.
§ 210 I. 362; IV. 315, 545; V. 426, 551; VI. 474; VII. 88; VIII. 237; IX. 188, 444;
§ 210 Forts. XI. 130; XII. 55.
§ 211 IV. 315; IX. 426.
§ 212 II. 366; IV. 164; VI. 475; VIII. 359, 464.
§ 213 III. 271; VII. 21; IX. 732; X. *554*; XI. 397.
§ 214 X. 680; XI. 290.
§ 215 I. 43, 185, 194, 327, 468, 567; II. 22, 25, 34, 147, 486, 508; III. 76, 91, 171, 201, 226, 322, 496; IV. 67, 88, 102, 140, 249, 334; V. 148, 171, 287, 529; VI. 127, 261, 308, 337, 339, 360; VII. 123, 181, 212, 213, 242, 264, 622, 633, 703; VIII. 6, 25, 286, 357, 435, 468, 474, 521, 550, 594, 718, 761, 785; IX. 59, 102, 155, 328, 376, 560, *715*, 732, 753; X. *5*, 39, 80, 126, 146, *228*, 282, 390, 423, 442, 445, 450, 484, 604, 626, 656, 700, 717, 766, 769, 802; XI. 4, 133, 172, 212, 243, 248, *331*, 387, 492, 553; XII. 45.
§ 216 X. 769.
§ 217 Nr. 1 III. 496; VI. 9, 41; VII. 30; IX. 168, 542, 573, 581; X. 270, 765.
Nr. 2 I. 207; II. 116, 147; III. 526; X. 289.
Nr. 3 I. 43, 245, 395, 467; III. 238; V. 13; VI. 402; VII. 49, 264. 534; VIII. 761, 785; IX. 215; X. 789, 805.
Nr. 4 I. 408; IV. 84; V. 112; VIII. 468, 744.
Nr. 6 IX. 96.
§ 218 VIII. 287; X. *37*.
Nr. 1 V. 29.
Nr. 2 II. 3, 485; III. 290; IV. 426; VII. 67; VIII. 465; IX. 148, *526*; X. *104*; XI. *436, 486*.
Nr. 3 I. 178; II. 393; IV. 438; IX. *526*.
Nr. 4 I. 357; III. 367, 531;

Preußisches Strafgesetzbuch.

§ 218 Nr. 4 Forts. VI. 220, 327; VII. 331.
Nr. 6 II. 3, 176; IX. 573, 582.
Nr. 7 IX. 295.
Nr. 8 IX. 669.
Abs. 2 VII. 319; IX. ***173***.
§ 219 II. 333; IV. 136; V. 63, 85; VII. 77; VIII. 21, 287; IX. ***337***, ***592***; X. 219, ***263***, 643.
§ 220 II. 485; III. 290; IX. 14; XI. 433, ***486***.
§ 221 I. 198; II. 28; IV. 215; V. 86; VI. 356; XI. ***547***.
§ 222 II. 516; V. 427; VIII. 166, 540; X. ***104***, 175.
§ 223 II. 46; IX. ***369***; X. ***36***.
Nr. 1 IX. ***526***
Nr. 2 III. 174; X. 291.
§ 224 I. 178, 198, 550; VIII. 9.
§ 225 I. 185, 233, 406, 437, 440, 553; II. 247, 277, 347, 375, 482; III. 225, 322, 379, 499; IV. 27, 144, 307, 343, 491; V. 314; VI. 84, 186, 450; VII. 92, 202, 291, 317, 363, 576, 602, 612; VIII. 22, 79, 219, 303, 399, 524, 636, 649, 685, 692, 763; IX. 102, 195, 236, 273, 412, 445; 501, ***553***, 570, 581, 691; X. 118, 135, 154, 158, 250, 282, 292, 516, 574, 612, ***686***, 698, 791; XI. 38, 122, 130, 176, 182, 189, 280, 320, 324, 352, ***383***, 406; XII. 161, 311.
§ 226 I. 437; II. 269, 289, 522; IV. 491; V. 19, 429; VI. 54, 87, 552; VII. 181, 396, 630, 747; VIII. 219, 629, 636; IX. 236, 398; X. 96, 112, ***636***, 647, 665; XI. 406.
§ 227 IX. 452; X. ***636***.
§ 228 IV. 565; V. 43; XI. ***436***.
§ 229 I. 411, 519; IV. 565; V. 43; VI. 146; XI. ***436***.
§ 230 II. 176; VII. 36, 294;
§ 230 Forts. VIII. 204, 287, 555; IX. 633; X. 4.
§ 231 XI. 94.
§ 232 VII. 148.
§ 233 VII. 148; X. 45; XI. 339.
§ 234 V. 424; VI. 222, 474, 475, 521; VIII. 464; X. 244.
§ 235 VI. 222; X. 705.
§ 236 VII. 148; VIII. 651; IX. 236.
§ 237 II. 515; III. 502; IV. 442; VI. 498; VII. 183; VIII. 218, 448, 688; IX. 108, 149, 150, ***452***; X. 313, 495, 766, 780; XI. 583, 594.
§ 238 VIII. 487.
§ 239 III. 410; VII. 494.
§ 241 I. 233, 354, 506, 529; II. 49, 73, 83, 281, 339, 548; III. 32, 79, 82, 166, 226, 382, 383, 485; IV. 37, 161, 221, 322, 512; V. 33, 144, 248, 249, 365, 538; VI. 32, 233, 326, 338, 485; VII. 64, 107, 330, 338, 471, 523, 588, 678, 734; VIII. 20, 29, 91, 107, 142, 150, 171, 200, 238, 321, 371, 454, 606, 735, 782, 786; IX. 33, 77, 85, 136, ***243***, ***287***, 301, 348, 363, 431, 433, 518, 537, 621, 680, 708, 718, 751; X. 46, 111, 146, 233, 234, 268, 290, ***320***, 478, 537, 628, 645, 759, 763, 781; XI. 60, 75, 137, 153, 166, 185, 213, 324, 394, 403, 428, 503, 506, 519, 529, 606; XII. ***26***, 87, 110, 138, 142, 150, 188, 387, ***504***.
§ 242 I. 255, 338; IV. 78; VII. 281, 566; X. ***717***; XI. 428; XII. ***504***.
§ 243 Nr. 1 VI. 452, 469; VII. 192, 280, 698.
Nr. 2 V. 31; VI. 558.
Nr. 6 I. 509; II. 206; III. 372, 535; IV. 65; VI. 79; VII. 519; VIII. 429; X. 11,

Preußisches Strafgesetzbuch.

§ 243 Nr. 6 Forts. X. 307.
Nr. 7 I. 539; IV. 330; V. 369; VI. 394; VII. 220, 331; VIII. 17, 213; X. *756*; XI. 323; XII. 119.
Nr. 8 I. 307, 340, 409; III. 322, 516; IV. 44, 127, 477; VI. 308; VII. 290, 558, 597; VIII. 449; IX. 207, 314, 683; X 50, 267, 400, 422, *632*; XI. 118, 166, 255, *469*.
§ 244 II. 347; VIII. 754; IX. 112; X. 744.
§ 246 VIII. 525; X. 216, 465; XI. 102, *188*.
§ 247 I. 133, 159, 161, 331, 332, 409, 420; II. 12, 37, 53, 84, 115, 156, 208, 278, 287, 291, 340, 347, 394, 404, 542; III. 7, 65, 94, 155, 183, 195, 222, 393, 402, 446, 470, 485; IV. 27, 70, 93, 106, 145, 225, 270, 398, 477; V. 89, 91, 153, 305, 384, 396, 400, 439, 472, 473, 478, 526; VI 80, 106, 164, 217, 294, 314, 435, 448; VII. 18, 62, 141, 233, 257, 416, 572, 652, 699; VIII. 59, 127, 131, 142, 171, 251, 281, 394, 453, 559, 587, 635, 696, 758, 773, 782; IX. 9, 23, 50, 74, 169, 320, 368, 426, 434, *491*, 515, 518, *752*; X. 133, 190, 212, 255, 394, 437, 515, 521, 548, 551, 626, *703*, 781, *809*; XI. *24*, 35, 119, 192, 244, 252, *264*, *282*, 367, 370, *379*, *414*, 573; XII. 21, *34*, 179, *285*, 207, 428.
§ 248 III. 393; V. 276, 383; VII. 572; IX. 106; X. 794.
§ 249 II. 334; III. 250, 394; XI. 308.
§ 250 IX. 373.
§ 251 IX. 373.
Nr. 2 II. 53, 115, 159; III. 94, 133, 222; V. 305, 384; VI 194, 448; VIII. 782; IX. 662; XII. 428.
Nr. 5 II. 542; III. 155; IV. 270, 346, 398; V. 153, 245, 439; VI. 80; VIII. 453; IX. 352, 426; X 212, 548, *703*, 794, 805.
§ 252 III. 35, 192; IV. 145; VI. 273; IX. 345, 365; X. 190, 301, 437; XI. 573.
§ 253 V. 33; VII. 340, 735; X. *320*, 478, 806; XI. 496.
§ 254 I. 232, 269, 409, 479; IV. 106, 145, 225; VI. 244; VIII. 182, 773; IX. 320.
§ 255 X 190, 301; XII. 527.
§ 257 I. 273.
§ 259 I. 372, 430, 520, 568; II. 68, 69, 331, 395; III. 2; V. 87, 95; VI. 154, 207, 332, 342, 399; VII. 128, 358, 627, 642, 695; VIII. 196, 292, 312, 368, 379, 405, 603, 737, 738, 747; IX. 293; X. *120*, 304, 513, 578, 643, 799; XI. *99*, 127, 241, 536, 552; XII. 104.
Nr. 1 I. 568; II. 331; III. 84; VII. 214, 600; X. 348; XI. 66, 241.
Nr. 2 II 68, 69, 331; III. 84; IV. 313; V. 420; VII. 214; VIII. 664.
Nr. 3 IV. 313; VIII. 405; XII. 104.
Nr. 4 II. 6; III. 84; IV. 313; VII. 386; VIII. 405; X. 399, 643.
§ 260 II. 68, 69.
§ 261 I 430; II. 395; V. 95; VII. 124, 128, 608, 642; IX. *636*, 731; X. *120*, 643; XI. 127, 455, 598.
Nr. 1 II. 306; VIII. 77, 197; XI. 61, 281, 591; XII. 435.
Nr. 2 I. 346, 356; II. 6; V. 42; VI. 154, 261, 342,

Preußisches Strafgesetzbuch.

§ 261 Nr. 2 Forts. VI. 399; VII. 306, 386, 608; VIII. 56, 160, 161, 194, 312, 368, 379, 405, 788; IX. 118; XI. 339, 369, 561; XII. 39, 104, 300.
Nr. 3 VI. 154, 261, 342, 399; VII. 227, 302, 306, 509, 608; VIII. 46, 56, 160, 161, 194, 312, 354, 387, 501, 503, 788; IX. 118, 165; X. 643, 672; XI. 495, 542; XII. 104.
Nr. 4 IV. 15, 556; V. 370; VII. 229, 306.
§ 263 I. 73, 439, 562; II. 46, 52, 199, 336; III. 4, 104, 131, 272, 427, 481, 528; IV. 12, 452; V. 246, 372, 386, 435, 537; VI. 241, 447, 561; VII. 225, 411, 535, 670; VIII. 424.
§ 264 VIII. 497; IX. 228.
§ 266 III. 71, 221, 557; VIII. 562; X. 16, 442; XI. 28, *470*.
§ 267 III. 44; V. 533; VII. 661; VIII. 478; IX. 138, 649; XI. 527.
§ 268 VI. 184; IX. 584; X. 493; XII. 222, 454.
§ 269 I. 283; III. 135, 252, 330; IV. 290, 509; VI. 299; VII. 78, 143; VIII. 240; IX. 592; X. 377, 593, 752; XII. 100, 191, 370.
§ 270 II. 73; VI. 302; VIII. 790; IX. 608; XI. 94; XV. 448, 555, 801; XVI. 568
§ 271 II. 104; III. 25; V. 302; VII. 153; IX. 327; XII. 526
§ 272 I. 111, 181, 260, 404, 422, 559; II. 553; III. 25; IV. 261, 316, 396; V. 66, 119; VI. 44, 150, 537; VII. 285, 583; VIII. 145, 152, 392, 548, 667, 689, 706, 796; IX. 179, 312, 394, 414, 530, 542, 692, 738; X. 74, 314, 449, 496, 499, 558, 561, 563, 579, 630, 706, 771; XI. 87, 169, 175, 208,
§ 272 Forts. XI. 290, 293, 351, 361, 366, 371, 427, 500, 548, 565; XII 22, 66, 68, 82, 147, 360, 422, 543, 551.
§ 273 II. 213; VII. 286, 324, 646; X. 275.
§ 274 I. 476; II. 264; III. 80, 116, 351, 380; IV. 233, 361; V. 52, 521; VI. 245; VIII. 294, 686; IX. 288, *346*, 386, 399, 510; X. *375*, 421, 626, 689, 766; XI. 217, 227, 306, 388, 539, 585; XII. 122.
§ 275 IX. 409.
§ 276 V. 159; VI. 152; VIII. 186; IX. 51.
§ 277 III. 307; VIII. 425.
§ 281 I. 375; II. 466; III. 239, 317; V. 462; VII. 423, 470; VIII. 119, 154, 375, 776; IX. 46, 179, 754; X. *37*, 407; XI. *25*, 300, 477; XII. 64.
§ 282 II. 164, 165; III. 27, 59, 447; IV. 493; VII. 308, 522; VIII. 189, 264, 454, 708; IX. 286, 397; X. *37*; XI. 51, 288, 312.
§ 283 VIII. 756.
§ 285 VIII. 345, 754; IX. 112, 132, 422; X. 800.
§ 286 I. 548; II. 346; IX. 201; XI. 123.
§ 287 II. 79, 189; IV. 561; V. 64; VIII. 50, 346, 702, 754; IX. 132.
§ 295 VII. 595; VIII. 513; XI. 301, 545, 562.
§ 296 X. 488; XI. 225.
§ 298 VIII. 513.
§ 301 V. 548.
§ 306 III. 549; IV. 284, 358; V. 269; VIII. 631; IX. 370, 449; XI. 317.
§ 307 III. 549; IV. 358; V. 135, 269, 548; VIII. 631; IX. 370, 532; XI. 317; XII. 174.
§ 309 I. 204, 513; II. 537; XI. *438*.

Preußisches Strafgesetzbuch.

§ 310 X. 699.
§ 311 II. 137; IV. 308; VII. 581; IX. 35, 395; X. 699; XI. 579; XII. 48, 298.
§ 314 IX. ***587***.
§ 315 I. 257.
§ 316 V. 278.
§ 317 XI. 45.
§ 320 IX. 28.
§ 322 VI. 183, 436; X. 744.
§ 223 I. 232; II. 53, 316, 394; III. 311; IV. 8; V. 215, 267; VI. 532; VII. 205; IX. 452; XI. 252; XII. ***34***, ***285***.
§ 324 I. 233, 406; III. 16, 544; IV. 144, 154, 479; VI. 260, 277, 278, 450, 570; VII. 93, 246, 515, 576, 602; VIII. 78, 252, 322, 587; IX. 572, 728; X. 98, ***117***, 118, 250, 282, 485; XI. 86, 176, ***438***, 526; XII. 249.
§ 325 I. 247, 360, 522; II. 319; III. 147, 470, 544; IV. 542; V. 35; VI. 570; VII. 246; IX. 455, 728; X. 98, 748.
§ 326 II. 537; VIII. 580, 673; IX, 160.
§ 327 XI. ***379***.
§ 328 IV. 333, 406; V. 304, 504; XI. 453, 594.
§ 329 VII 94, 718.
§ 330 IV. 154; XI. 367.
§ 331 I. 204, 396; II. 14; III. 296; V. 504; VI. 347; VII. 86, 515, 581; VIII. 140, 193, 471, 578, 580; IX. 18, 303, 394, 604, ***653***, 728; X. 78, ***270***, 288, 445, 485, 498, ***687***, 693, 699, 787; XI. ***39***, 86, ***114***, 362, ***408***, 499, 580; XII, 161.
Theil III. IX. 677.
Tit. 1. III. 248, 551; IV. 425; V. 353; VIII. 373; XI. 497.
§ 332 II. 477; III. 264, 290; IV. 545; V. 174, 237; VI. 91, 465; VII. 166, 690; IX. 199,
§ 232 Forts. IX. ***438***, 448; X. 27, 131, 207, 774; XI. 233, 236, 375, XII. 42.
§ 334 VIII. 158.
§ 335 I. 401, 543; III. 493; X. ***338***.
§ 337 II. 264.
§ 338 III. 20; IV. 519; V. 546; IX. 204.
§ 339 I. 242, 436, 471; II. 220, 280; V. 162; X 587; XII. 73.
§ 340 Nr. 2 VI. 497.
Nr. 8 VIII. 679.
Nr. 9 IV. 560; V. 140; XII. 343.
Nr. 11 V. 79; X. 144.
§ 342 VIII. 677.
§ 343 X. ***443***; XII. 148.
§ 344 Nr. 7 IX. 393.
Nr. 8 IX. ***437***; X. 774.
§ 345 Nr. 2 V. 179, 559; VI. 58, 211; IX. 159, 356, 423.
Nr. 4 IX. 458.
Nr. 5 II. 343; IX 676.
Nr. 6 IX. 255.
Nr. 9 VIII. 584.
Nr. 12 XI. 233.
§ 346 Nr. 1 III. 474; IV. 116; V. 58; VIII. 375; IX ***463***; X. 680; XI. 102, 191, 497.
§ 347 Nr. 1 X. 674; XII. 397.
Nr. 2 II. 17.
Nr. 3 VII. 711.
Nr. 4 VII. 711.
Nr. 5 VII. 711.
Nr. 6 VII. 711.
Nr. 7 VII. 711.
Nr. 8 VII. 711.
Nr. 9 VII. 710.
Nr. 10 II. 1; V. 395; VI. 425, 478, 479; IX. 142; X. 436.
Nr. 11 VII. 265.
§ 348 Nr. 2 VIII. 674.
Nr. 3 VI. 33.
§ 349 Nr. 1 I. 435.
Nr. 2 II. 116; IV. 25; VIII. 357; IX. 152, 560; X 769.
Nr. 3 II. 25; IV. 46, 426; VIII. 598; IX ***526***; X. 721; XI. ***56***, 94.

Verordnung vom 3. Januar 1849.

Abschnitt I.
§ 1 I. 497, 498, 550; II. 160, 372, 376; III. 5, 14, 24, 113, 129, 140, 142, 303, 304, 389; IV. 236, 471, 525; V. 266, 406, 446; VI. 24, 29, 50, 65, 113; 189, 294, 379, 427, 511, 519: VII. 51, 219, 222, 248, 276, 322, 460, 462, 499, 544, 562, 566, 620; VIII. 15, 102, 130, 247, 486; IX. 186, 371, 451; X. 73, 143, 195, 285, 429, 524, 528, 681, 748; XI. 429, 487, 530, 536; XIII. 115, 123, 446; XIV. 82, 191, 511, 666; XV. 325, 511, 595, 641, 715, 847; XVI. 145, 819.
§ 2 I. 525; II. 45, 551; V. 446; VI. 571; VII. 233; X. 72, 718.
§ 3 II. 45, 53, 544; X. 718; XII. 425; XIV. 356.
§ 4 XI. 9.
§ 5 VII. 200; XI. 276; XIV. 777; XV. 5, 777; XVI. 622.
§ 9 XI. 530.
§ 11 IV. 115; VI. 370.
§ 12 I. 446; II. 161, 369; III. 389; IV. 115; VI. 49; VII. 27, 222; VIII. 210; IX. 362; X. 437, 550; XII. 204, 645; XIV. 150, 634; XVI. 196.
§ 13 III. 54; IV. 35; VII. 709.
§ 14 I. 88, 183, 319; II. 43, 186, 334, 464, 470, 524; III. 223, 281, 512; IV. 118, 153, 232, 459; V. 62, 99, 200; VI. 16, 40, 83, 124, 170, 235, 312, 315, 439, 571; VII. 23, 233, 402, 606, 640, 738; VIII. 127, 486, 547, 555, 737; IX. 79, 259, 343, 410, 447, 478; X. 31, 72, 159, 233, 246, 272, 285, 419, 460, 492, 533, 544, 560, 619, 639, 708; XI. 24, 50, 554, 600; XII. 500, 537; XIII. 135, 196, 204, 282, 349, 378, 533, 633, 652,
§ 14 Forts. XIII. 675; XIV. 138, 250, 510, 792, 800; XV. 36, 57, 317, 381, 420, 518, 525, 582, 602; XVI. 122, 179, 206, 333, 406, 443, 564, 590, 790, 792.
§ 16 VII. 720.
§ 17 I. 67, 337; II. 285; III. 391; V. 364: VII. 14, 675; IX. 174; X. 596; XI. 445; XII. 625; XIII. 551.
§ 18 II. 511; VI. 51, 395; VIII. 340; X. 536.
§ 19 II. 328; X. 114, 178, 432, 543; XII. 373; XIII. 82; XIV. 571; XV. 622.
§ 20 I. 248; II. 91, 215, 249, 267, 286, 339, 408, 511; III. 72, 109, 374, 488; IV. 259; V. 511; VI. 401; VII. 151, 315; VIII. 138, 269, 340, 670; IX. 534, 716; XI. 286, 443: XII. 212; XIII. 91; XIV. 522; XV. 18, 143, 243; XVI. 53, 124, 203, 230, 344, 513, 522, 526.
§ 21 I. 63, 88, 119, 383; II. 18, 110, 121, 122, 161, 174, 186, 204, 216, 253, 319, 328, 334, 424, 452, 453, 524; III. 196; IV. 78, 214, 223, 459, 506; V. 200, 204, 369; VI. 30 336; VII. 36, 83, 228, 333, 572, 625, 738; VIII. 284, 383, 521, 798; IX. 163, 167, 259, 585, 631; X. 10, 28, 254, 297, 317, 336, 644, 645, 714; XI. 3, 7, 289, 297, 388, 444; XII. 56, 380, 560, 566; XIII. 42, 125, 441, 471, 481, 633, 652; XIV. 199, 394; XV. 230, 355, 428, 498; XVI. 333, 472, 489, 548, 611.
§ 22 I. 72, 73, 88, 320, 371, 384, 494, 504, 508, 556; III. 53, 72, 166, 181, 391, 407, 553; IV. 227, 369, 548, 551; V. 17, 90, 93, 99, 123, 164, 266, 401, 532; VI. 16, 129, 181, 218,

Vdn. v. 3. Jan. 1849.

§ 22 Fortſ. VI. 315, 356, 365, 471, 527; VII. 23, 169, 287, 329, 372, 398, 534, 578, 646, 738; VIII. 84, 87, 94, 110, 230, 249, 285, 314, 378, 383, 460, 463, 528, 558, 737, 789; IX. 7, 12, 14, 15, 40, 79, 383, 406, 435, 524, 605, 639, 660; X. 19, 111, 172, 246, 284, 301, 348, 419, 428, 436, 440, 512, 560, 619, 625, 635, 658, 660, 695, 708, 716, 773, 774, 780, 797, 797; XI. 14, 16, 24, 96, 154, 227, 263, 266, 297, 309, 334, 449, 554, 598; XII. 6, 47, 161, 168, 226, 321, 500, 596, 625, 668; XIII. 21, 82, 204, 225, 251, 457, 492, 605, 632, 650, 651; XIV. 82, 139, 231, 243, 247, 573, 574, 650, 757, 799; XV. 34, 314, 317, 329, 399, 512, 524, 534, 591, 711; XVI. 16, 47, 173, 253, 260, 324, 344, 378, 432, 756, 802, 807.

§ 23 II. 7; III. 19; IV. 423, 479; VII. 460; X. 741; XIII. 158; XIV. 433, 631.

§ 26 X. 172.

Abſchnitt II.

§ 27 II. 286; XI. 9.

§ 30 III. 23.

§ 32 I. 532; XI. 108; XV. 536.

§ 33 III. 164; XI. 110, 135, 405, XII 88, 318; XIV. 617; XV. 584.

§ 34 II. 43; III. 512; VI. 124; VII. 402; IX 478; XI. 600; XV. 575; XVI. 460.

§ 35 I. 97; II. 464; VIII 36; IX. 145, 328; XI. 108; XIV 491; XV. 626; XVI. 658.

§ 37 VI. 339; VII. 23; X. 562; XV. 324

§ 38 I. 190, 518; II 53; III. 308; IV. 539; VI. 461; VII 102; 605, 742; VIII. 744; IX 41; X. 523, 565; XI. 179; XII. 46, 452; XIII 112, XVI 371.

§ 39 II. 185; III. 5, 276, 389; IV. 99, 138, 479; V. 550; VI. 370; VII. 219, 322, 460; X. 528; XI. 503; XII. 566.

§ 40 XI. 462.

§ 41 VII. 219; X. 475, 528.

§ 42 IV. 517; VII. 219; X. 528.

§ 43 I. 419, 502; II. 294, 460; VI. 312, 316, 474; VII. 61, 255; VIII. 116, 250; IX. 163, 302, 371, 405, 632; X. 700; XI. 7; XII. 335; XV. 537, 818; XVI. 3.

§ 44 V. 446; VI. 312; IX. 465.

§ 45 VI. 312, 571.

§ 46 VI. 51, 312; VII. 11; IX. 302, 371

§ 47 III. 389; VI. 370; IX. 465; X. 550; XII. 204; XV. 537.

§ 48 VII. 47.

§ 49 I. 124, 450; III. 308, 417; VI. 8, 249; VII. 214; IX. 354; X. 684; XI. 611; XII. 489; XIII. 182, 205; XIV. 235; XV. 538, 576, 747.

§ 50 III. 427; XIV. 250.

§ 51 I. 575; II. 321; V. 137; VII. 214; XI. 108; XIII. 314; XV. 536, 747.

§ 52 I 124, 125, 152, 156, 225, 248, 450; II. 42, 52, 122, 294, 491; III. 29, 53, 414, 464, 465, 491; IV. 223, 564; V. 127; VI. 153, 179, 182, 484, 559; VII. 39, 127, 210, 452, 485, 618, 657, 665; VIII. 87, 389, 404; IX, 7, 259, 287, 315, 487, 519; X. 4, 75, 172, 176, 315, 398, 431, 509, 625, 660, 688; XI. 3, 6, 14, 48, 50, 61, 93, 228, 232, 270, 283, 329, 368, 376, 443, 598; XII. 25, 44, 183, 440, 567, 596; XIII. 17, 30, 138, 178, 248, 373, 383, 446, 631, 660; XIV. 41, 43, 263, 314, 331, 418, 787, 800; XV. 5, 28, 76, 92, 98, 314, 394, 422, 575, 576, 584, 615, 695, 702; XVI. 312,

Vdn. v. 3. Jan. 1849.

§ 52 Fortf. XVI. 378, 406.
§ 53 IV. 198; VII. 485.
§ 54 I. 78; II. 50; IV. 34.
§ 55 I. 61, 116, 138, 262, 370, 378, 541; II. 163, 251, 328 334; III. 56, 181; IV. 237, 298, 361, 468; V. 46, 119, 124, 266, 351, 401, 562; VI. 302, 316, 351, 571; VII. 44, 61, 209, 251, 255 421, 629; VIII. 31, 40, 115, 460, 495; IX 8 34, 227, 363, 573, 639, 667, 712, 746; X 9, 9, 173, 176, 246, 258, 324, 353, 455, 474, 500, 544, 710, 771; XI. 29, 59, 96, 311, 389, 408, 409 531; XII. 56, 245, 342, 432, 488, 641, 644; XIII. 30, 82, 169, 202, 428, 457, 623, 633; XIV. 106, 139, 147, 204, 449, 650, 713; XV. 76, 325, 329, 696, 711, 845; XVI. 3, 18, 44, 287, 371, 756, 792.
§ 56 VI. 51
§ 57 VII. 52; IX. 55; XI. 600
§ 59 II 148; X. 333.
§ 60 III. 30; VII. 630; X. 549
Abschnitt III.
§ 62 II. 346; VI. 374; VII. 384; XI. 260.
§ 63 II. 346; XIV 573; XVI 570
§ 64 X. 535.
§ 66 VI. 375
§ 67 IV. 48.
§ 68 VIII. 11, 343; XIII. 220.
§ 69 VII. 452.
§ 71 II. 245; X. 40, 177.
§ 72 IV. 437; X. 800; XIII. 349; XVI. 15 658
§ 73 IV. 48; XV. 861
§ 75 VII 11; IX 302; X. 177; XIII. 654; XIV. 434.
§ 76 VI 532.
§ 77 I. 502; VI. 189 294
§ 78 II. 185; IV. 99, 138; VI. 189 294, 390; VIII. 182, 233 601; IX. 41, 302, 549; XI. 385; XII. 163, 538, 630.
§ 79 IV. 397; VI. 8; VII. 405, 686;
§ 79 Fortf. X. 684. XIII, 182 459; XIV. 235; XV. 538
§ 82 I. 88; III. 186, 484; VII. 22, 446; X. 177, 228, 229; XII 3; XIII. 112; XIV. 573.
§ 83 I. 575; II 384 542; III. 64; IV. 107; VI. 339; XII. 537.
§ 85 IV. 66; IX. 440; X. 40, 546.
§ 86 X. 546; XII. 3; XV. 76.
§ 87 V. 107; XII 3
§ 91 II. 118.
§ 92 V. 352
§ 93 I 88.
§ 95 I. 126; III 370; IV. 23, 156; V. 442; VI. 205, 356; IX. 79, 739; X 386, 800; XI. 15; XII. 3, 11; XV. 41, 317;
§ 96 II. 118; VIII. 131; XV. 29.
§ 118 III. 14; VIII. 523.
§ 122 V. 509; VI. 543; VII. 141; IX. 662; X. 530
§ 123 V. 509.
§ 125 II. 340; VII. 692, VIII. 523; IX. 662; X. 41, 212, 681; XII. 294; XIII 576; XIV. 83.
Abschnitt IV I 237, 408, 497, 561; II. 7, 174, 203, 229, 516; III. 485; IV. 111, 525; V. 181, 277, 386, 406, 547; VI. 79, 279, 324, 363, 379, 440; VII. 169, 209, 242; 251, 554, 610, 610, 615, VIII. 54, 139, 184, 186, 266, 334, 372, 393, 481, 482, 536, 537, 639, 672, 699, 803; IX. 38, 115, 124, 250, 344, 377, 466, 498, 546, 574, 645; X. 16, 73, 87, 98, 177, 267, 285, 300, 312, 662, 668, 741, 784; XI. 37, 43, 197, 254, 273, 285, 286, 333, 334, 376, 402, 421, 521, 538, 589, 602; XII. 97, 251, 252, 323, 391, 437, 483, 584, 603, 643; XIII. 14, 115, 269, 305, 319, 348, 429, 433, 446, 469, 479, 616, 681; XIV. 58, 111, 198, 341; XV. 154, 186, 193, 373, 394,

Vdn. v. 3. Jan. 1849.

Abschnitt IV. Forts. XV. 428, 473, 528, 581, 598, 646, 751, 861; XVI. 145, 362, 398, 405, 431, 437, 449, 568, 571, 657, 663, 716, 774.

§ 126 I. 113; II. 1, 82, 121, 216, 256; III. 170; IV. 223, 227, 245; V. 483; VI. 136, 153, 260, 484, 526, 560; VII. 183, 378, 398, 550, 596, 657, 681; VIII. 666; IX. 15, 287, 558, 576, 585; X. 4, 19, 431, 509, 510, 642, 688; XI. 93, 232; XII. 36, 44, 440; XVI. 796.

§ 127 I. 113; II. 174; V. 483; VI. 324.

§ 128 IV. 58, 111; VI. 243; VIII. 139.

§ 129 I. 152; IV. 230, 450 477; V. 8, 37; VI. 188; VII. 89, 162, 606; VIII. 745; IX. 35, 335, 336, 448; X. 76; XIII. 417; XIV. 330, 591; XV. 26, 188; XVI. 759.

§ 130 VII. 162, 497; VIII. 87; XI. 136; XII 280; XIV. 180; XV. 730.

§ 131 I. 113; VII. 325, 360, 369; XII. 133; XIII. 250; XV. 322, 666.

§ 132 I. 190; VII. 102.

§ 134 I. 459, 508, 532, 575; II. 34, 107, 321, 447; III. 1, 241; V. 137; VI. 280, 305, 520; VII. 372, 498; VIII. 181, 279; IX. 53; XI. 402; XIII. 493, 498, 657; XIV. 199, 571; XV. 26, 169, 457, 585; XVI. 489.

§ 135 I. 459, 508; II. 107; III. 1; IV. 91; VI. 51; IX. 520; XIV. 509; XV. 163.

§ 136 II. 464; III 23, 404; V. 230; VIII. 279; IX. 54; XI. 402; XIV. 132; XV. 776.

§ 144 II. 526; III. 409; IV. 236; XII. 66; XIII. 220, 261; XIV. 805; XV. 63.

§ 145 II. 369.

§ 150 I 531.

§ 151 III. 110, 433; V. 7; VII. 165; IX. 181, 496, 661; X. 542.

§ 152 II. 349; XI. 33.

§ 153 I. 478; III. 433; VII. 448; IX. 12, 181, 518; XI. 355.

§ 154 IX. 564; XIII. 438.

§ 155 VI. 293; IX. 181.

§ 156 IX. 564.

§ 158 I. 174; II. 193, 475; VI. 572; VII. 428; IX. 455; X. 777; XV. 563, 619; XVI. 309.

§ 159 I. 79, 174; II. 193, 475; III. 365, 433; VII. 428.

Abschnitt V. XI. 9.

§ 165 VII. 71.

§ 166 I. 121; VII. 162; XV. 833.

§ 167 III. 200.

§ 169 I. 121, 147, 349, 572; III. 200; V. 216; X. 93; XIII. 225; XV. 362.

§ 170 I. 121, 141, 336; II. 286.

Abschnitt VI.

§ 178 II. 233; IV. 219; VI. 39; VII 199; VIII. 23; IX. 482, 533, 617; X. 521, 682; XVI. 517.

§ 179 IX. 482, 533; XII. 97; XIV. 19; XV. 751; XVI. 72.

Abschnitt VII

§ 180 VI. 224.

§ 181 VII. 594; XI. 9.

§ 183 I. 320; X. 437.

Gesetz vom 3. Mai 1852.

Art. 1 III. 275; VI. 24; X, 777; XV. 103.

„ 2 IV. 541; X. 392, 745.
Nr. 1 II. 534; XVI. 507, 667, 807.
Nr. 2 XIII. 675; XIV. 672;

Art. 2 Nr. 2 Forts. XV. 777.
Nr. 3 II. 4; III 507; VIII. 21; XIII. 675; XIV. 672.

„ 3 I. 463, 512; II. 235; V. 394; VI. 14, 149; IX. 93; X. 324; XII. 538; XIII. 671;

Ges. v. 3. Mai 1852.

Art. 3 Forts. XIV. 404; XV. 484; XVI. 300.
" 4 I. 538; II. 4, 311; III. 90, 507; VI. 14, 487; VII. 164; VIII. 19, 509; IX. 480; XI. 95, 257, 423; XIII. 20, 671; XIV. 11, 720; XVI. 473.
" 5 I. 127; VIII. 608; IX 239; XIV. 720; XV. 5, 37, 743, 777; XVI. 667.
" 6 III. 435; XII 538.
" 7 I. 492; V. 348; VII. 47; XVI. 227.
" 8 II. 349; VIII. 334.
" 9 II. 141; IV. 95; V. 363; VI. 510; VII. 407, 650; VIII. 440, 475, 773; IX. 93, 192, 477; X. 671; XI. 600; XIV. 403.
" 11 II. 36, 368, 506; III. 69, 300, 316; IV. 52, 268, 552; VI. 168, 269, 523; VII 101, 116; IX. 289, 362, 381, 518; X. 521, 777; XI. 217, 385, 457; XII. 205, 265; XIV. 179, 521; XV. 143, 514.
" 12 I. 96, 336; II. 369; III. 169; IV 121; VI. 69; VII. 26, 443, 501; VIII. 670; IX. 289; X. 521; XIII 3.
" 13 I. 536; II. 156, 202, 369, 378; IV. 121, 277; VI 168, 532; VII. 116, 501; 516; VIII. 367; X. 44 415; XI 280; XII. 9, 106; XIII. 3; XVI. 15.
" 14 VII 360; XI. 135, 272; XII. 575.
" 15 I. 493; II. 369, 506; VI. 467; IX. 362; X. 550; XII. 645.
" 16 IV. 99; VIII. 601; XI. 259.
" 17 I. 97; IV 121, 244, 272, 327; V. 550; VII. 320; VIII. 426; IX. 289; X. 521.
" 18 I. 575; VI. 12; VII. 199; XII. 46; XIII. 223; XVI. 554.
Art. 19 IV. 115; VI. 397, 546; VII. 199; VIII. 780; IX. 396; XI. 439; XII. 46; XIII. 223; XIV. 490; XV. 826.
" 20 II. 10, 213, 427; III. 341; V. 12, 550; VI. 305; VII. 21, 478; VIII. 397, 639; IX 53, 386; X. 507, 522, 578; XI 424, 538.
" 21 I. 96, 575; II. 522; III. 395; IV. 327; V. 277, 451; VI. 520; VII. 452, 727, 738; VIII. 136, 191, 382, 472; IX. 123, 157, 510, 583, 734; X. 315, 419, 535; XI. 3, 29, 554, XV. 316; XVI. 45
" 22 VI. 280; VII. 720; IX. 123, 705.
" 23 II. 470; IV. 448; VI. 51; XIV. 199; XVI. 179.
" 25 I. 88, 119; II. 174, 186; 200, 212, 334; III. 54; 65, 497, 515; IV. 219, 506, 548, 551; V. 200, VI. 315, 560; VII. 23, 228; VIII. 500, 567; IX. 163, 167, 189, 280; X. 419, 532, 543, 716; XI 33, 266, 354, 409, 519; XIII. 82, 355, 492; XIV. 82, 128, 138; XV. 34, 525, 558; XVI. 28, 44, 548, 807.
" 26 IV. 162; V. 522; VII. 657; VIII. 666; IX. 481, 696; X. 356; XII. 419.
" 27 I. 165; II 106, 465; III. 59; IV. 336; V. 352; VI. 316; VII. 22. 255, 374, 640; VIII. 31; IX. 163; X 28, 178; XI. 393, 439; XIII. 234, 459; XIV. 767; XVI. 3, 399.
" 28 I. 183, 319; II. 464; IV. 435; VI. 325; VIII. 426; X. 676; XVI. 135.
" 29 I. 514; VI. 543; VII. 162, 657; VIII. 666; IX. 6, 315; X. 43; XI. 136, 228.

Gef. v. 3. Mai 1852.

Art. 30 I. 36, 212, 281, 343, 561, 565; II 8, 185, 396; III. 5, 217, 276, 303, 346, 364, 525; IV. 306, 471; VI. 50, 65, 169, 511; VII. 219, 274, 623; VIII. 102; IX. 41, 106, 125, 192, 212, 278, 279, 371, 451, 691; X. 143, 195, 429, 528; XI. 18, 150, 487; XII. 73, 347; XIV. 467, 597, 753; XV. 57, 254, 460, 777; XVI. 475, 530.

„ 31 I. 47, 371; II. 1, 49, 156, 200, 329, 442; III. 63, 116, 240, 431; IV. 3, 479; V. 221, 298, 406; VI. 136; VII. 174, 203, 211, 363, 382, 399, 460, 579, 619; VIII. 133, 267, 568, 733, 751; IX. 153, 203, 537, 546; X. 440, 582, 611, 652; XII. 78, 87, 97, 568; XIII. 260, 637; XIV. 780, 792; XVI. 391, 434, 435, 500, 802

„ 32 II. 442; IV. 286; VII. 14, 546; VIII. 369, 481, 482, 609; IX. 524; X. 333, 474; XI. 376; XII. 584; XIII. 232, 291, 551; XIV. 314, 510; XV. 813; XVI. 321, 584.

„ 33 I. 65, 87, 385; II. 342, 366, 400, 513; III. 107, 498; VIII. 126, 229, 472, 602; IX. 520; XI 256, 468; XII. 329, 500, 514, 575; XIII. 324, 559, 625; XIV. 166 359; XV. 792, 845; XVI. 31, 51.

„ 34 XIV. 452.

„ 35 VI. 89.

„ 36 XVI. 310.

„ 37 VII. 405; XI. 246.

„ 39 VII. 405; XI. 246.

„ 41 VI 89.

„ 42 I. 69; VI. 89.

„ 43 VI. 89.

„ 44 VI. 89.

„ 49 VIII. 409; XII 514.

Art. 50 I. 246, 308; IV. 256; XII. 514; XIII 324, 625; XVI. 806.

„ 51 II. 50.

„ 52 III. 64.

„ 53 I. 96; XIII. 384.

„ 54 II. 329; V. 38; IX. 43; X. 748.

„ 56 I. 88, 126; II. 346; III. 160; IV. 47; VII. 384; X. 40, 545; XIV. 573; XV. 29, 41, 594.

„ 58 III. 186; IX. 64.

„ 60 X. 177; XI. 30; XIII. 213, 349; XV. 861.

„ 61 II. 245; III. 186, 197; IV. 107.

„ 63 I. 233; VIII. 601; IX 407, 549; XIV. 511.

„ 64 I. 69, 134; VI 8, 249; VII. 405; X. 684; XI. 246, 611; XIV. 235, 250, XV. 41, 538.

„ 65 I. 69; VI. 89; VII. 405.

„ 66 II. 464; VI. 89; XIII. 112.

„ 67 VII. 22, 655.

„ 68 I. 262; IV. 107; VII. 446, 452; VIII. 26; IX. 79, 157, 440; X. 67, 530, 549.

„ 70 V. 125.

„ 71 XVI. 25.

„ 72 I 167; XI. 462; XIV. 298.

„ 73 I. 68, 262; II. 519; IV. 318; VI. 324; VIII. 300; X. 67; XI. 449; XV. 130, 131.

„ 74 I. 575; II. 43, 329; III. 512; IV. 368; V. 62, 119; VI. 324; VII. 402, 606; VIII. 84, 116; IX. 79, 302, 478; XIV. 250, 299, 712; XVI. 253.

„ 75 II. 493; III. 356, 357; VII. 44, 217, 246, 665; IX. 585; XI. 44; XII. 523; XIV. 85, 278.

„ 76 I. 78, 229; II. 50; V. 99; VI. 124, 357; VII. 75, 442, 452; VIII. 116, 383, 737; IX. 354; X. 171, 549;

Gef. v. 3. Mai 1852.

Art. 76 Fortf. XI. 163, 444; XIII. 204.
„ 78 I. 195, 485, 510, 570; II. 186, 519; III. 172, 175, 424; IV. 74, 83, 309; V. 38, 296, 494, 518; VI. 339, 516; VII. 23, 162, 455; VIII. 53, 102, 217, 405, 763; IX. 315, 436; X. 246, 532, 547, 562, 585, 618, 767; XI. 16, 73, 122, 428, 568; XII. 441; XIII. 82, 213, 255, 445, 471, 591, 675; XIV. 264, 314; XV. 63, 76, 131, 361, 540, 617, 732; XVI. 265, 377, 406, 412, 565, 740, 791.
„ 79 II. 189, 301, 433; III. 223, 403, 404; IV. 103, 367; VI. 65, 70; VII. 75, 442, 492; VIII. 317, 491, 517; IX. 441, 485, 557, 599; X. 46, 714; XI. 266, 513; XIV. 128, 298, 350; XV. 77, 575; XVI 44, 634.
„ 80 I. 275; II. 164; III. 240, 295, 397, 403; IV. 468, 539; V. 88, 246, 394, 397, 443, 475; VI. 130, 219; VII. 44, 133, 148; VIII. 133, 262, 405, 469, 530; IX. 470; X. 3, 350, 667, 800; XI. 59, 165, 209, 241, 277; XII. 25, 375, 512; XIII. 12, 576, 654; XIV. 128; XV. 540.
„ 81 I. 5, 36, 69, 184, 274, 431; II. 79, 241; III. 161, 190, 295, 403, 512; IV. 70, 334, 539; V. 198, 221, 245, 453, 475; VI. 169, 215, 219, 236, 564; VII. 252, 288, 579; VIII. 41, 50, 468, 472, 613, 664, 701, 733; IX. 549; X. 25, 184, 245, 530; XI. 570; XII. 462, 512; XIII. 306, 648; XIV. 294, 730; XV. 753; XVI. 615,
Art. 81 Fortf. XVI. 659, 756, 804.
„ 82 I. 485; III. 190, 192, 296; V. 221, 245; VII. 86, 233; VIII. 401, 664, 747; IX. 36, 177, 307; X. 530; XI. 12; XIII. 648; XIV. 730; XV. 310; XVI. 372, 804, 809.
„ 84 I. 274; II. 189, 301; III. 175; V. 128, 328, 338, 453; VI. 219; VIII. 317, 491, 698, 701; IX. 680; X 370, 388, 585; XI. 513; XIII. 306; XIV. 730; XVI. 371, 391.
„ 85 VII. 154; IX. 278; X. 594.
„ 86 I. 36, 69, 281, 343; II. 189, 301, 381, 396, 433, 483; III. 175, 217, 403; IV. 457, 459, 471; V. 198, 338, 443, 453; VI. 65, 131, 169; VII. 154, 617, 686; VIII. 102, 258, 262, 315, 317, 491, 698, 748, 795; IX. 67, 212, 278, 279, 395, 536, 691; X. 46, 350, 384, 501, 585, 594; XI. 26, 150, 163, 279, 537; XII. 134; XIII. 304, 603; XIV. 109; XV. 103, 239; XVI. 467.
„ 87 II. 189, 301; VIII. 491; IX. 36; X. 25; XIV. 133.
„ 88 I. 451, 571; IV. 201; VI. 142; VII. 122; VIII. 491; IX. 690; XI. 518; XIII. 204, 445; XVI. 622.
„ 89 III. 272; VII. 419; X. 714.
„ 90 I. 571; II. 196, 315; III. 272, 546; IV. 368; VII. 10, 84, 150, 419; VIII. 110, 131; X. 40, 355; XIII. 255; XV. 622; XVI. 427.
„ 91 I. 140, 350; III. 410, 546; IV. 364; VI. 130, 280, 291, 564, 570; VII. 39, 81, 86, 148, 249, 692; VIII. 382, 403, 780, 803; IX. 30, 132, 345, 440, 464, 470, 471, 729;

Ges. v. 3. Mai 1852.

Art. 91 Forts. X. 805; XI. 7, 307, 532, 547; XII. 25, 51, 599; XIII. 83, 576; XIV. 536; XVI. 379, 457.

" 93 II. 117; IV. 224; V. 177; VIII. 258; XIII. 349; XV. 316; XVI. 457.

" 94 II. 196, 421, 448; III. 175; VI. 57; VIII. 110, 405, 443; X. 437; XVI. 307.

" 95 III. 370.

" 96 I. 187, 538; II. 11, 183, 319, 424, 530; III. 327, 467; VI. 231, 357; VII. 84, 150, 738; VIII. 491; IX. 6, 315, 440; X 40, 173, 397, 530, 768; XI. 311, 410; XIII. 279; XV. 131, 577; XVI. 25, 493.

" 97 I. 538; II 183, 433, 530, 545, 560; III. 123, 191, 229, 357; IV. 302, 515; V. 129, 494; VI. 462; VII. 39, 84, 240, 441, 475; VIII. 255, 317, 530, 551, 733, 803; IX. 470; X. 41, 95, 395; XI. 307, 311; XIII. 196; XIV. 193, 311, 367, 536; XV. 305, 489.

" 98 III. 228, 229, 397; IV 301, 364; X. 667, 768; XI 16; XVI. 260.

" 100 VI. 89; XI. 16; XV. 7.

" 101 I. 47, 141, 152, 158, 209, 244, 439, 460; II. 14, 441, 460; III. 45, 343, 397, 401, 408; IV. 117, 261, 263, 283, 351; V. 127, 409; VI. 136, 153, 260, 484, 526, 560; VII. 12, 23, 52, 70, 171, 434, 550, 656, 679, 695, 712; VIII. 56, 119, 192, 283, 390, 528, 624, 649; IX. 56, 57, 109, 214, 215, 333, 535, 570, 689; X. 107, 113, 225, 362, 373, 452, 528, 663, 676, 709, 718, 721, 762, 806; XI. 14, 45, 50, 133, 172,

Art. 101 Forts. XI. 280, 292, 351, 377, 378, 416, 424, 443, 506, 519, 579, 600; XII. 8, 151, 154, 177, 183, 221, 347, 437, 452, 459, 582, 604; XIII. 15, 17, 239, 371, 490, 492, 580, 581, 623; XIV. 33, 40, 79, 120, 313, 324, 404, 467, 685; XV. 26, 74, 162, 167, 188, 200, 299, 421, 592, 747, 776, 813, 833, 840; XVI. 48, 80, 112, 206, 228, 307, 325, 328, 341, 342, 358, 369, 391, 414, 443, 464, 467, 472, 528, 548, 549, 739, 748, 777.

" 102 I. 206, 209; II. 100, 110, 122, 148, 186, 255, 349, 401; III. 268; IV. 91, 247, 329; V. 115, 348; VII. 47, 70, 499, 592; VIII. 136, 224, 358, 608; IX. 216, 308, 341, 377, 447, 573; X. 79, 87, 93, 206, 313, 485, 576, 611, 710, 784; XI. 314, 488, 536; XII. 247, 318, 380, 433, 500, 596, 665; XIII 239, 259, 328, 652; XIV. 166; XV. 107, 186, 267, 696; XVI. 135, 259, 295, 363, 682.

" 104 I. 152; III. 422; IV. 324; V. 8; VI. 312; VII. 103, 162, 484; IX. 35; X. 346; XI. 75, 524; XII. 117, 463, 500; XIII. 516, 674; XIV. 652; XV. 666; XVI. 759.

" 105 V. 8.

" 106 I. 141; VIII. 715; X. 93, 681; XI. 57; XII. 339; XV. 666.

" 107 I. 453; III. 152, 553; V. 256; VI. 301, 543; VII. 197, 211, 281; VIII. 33, 196, 464; IX. 482; X. 404; XIII. 113, 501; XV. 60, 497; XVI. 290, 396, 812.

Ges. v. 3. Mai 1852.

Art. 108 I. 502; II. 122, 186, 196; III. 553; IV. 111; V. 472; VII. 75, 211; VIII. 250, 382, 491; IX. 145, 371, 685; XI. 354, 536; XII. 523; XV. 325; XVI. 208, 494.
Nr. 1 XII. 537.
Nr. 2 I. 88; II. 107.
Nr. 3 VI. 461.
Nr. 4 VII. 70; X. 460, 639; XII. 537.
Nr. 5 I. 514; II. 122, 186, 446, 535; X. 436, 565, 576; XV. 536, 615; XVI. 796.
Nr. 6 XII. 207.
Nr. 7 XII. 537.
Abs. 2 II. 148.
„ 109 I. 68, 510; II. 530, 551; III. 308, 356; IV. 462; V. 177; VI. 81, 230; VII. 81, 692; VIII 258, 612, 803; IX. 36, 188, 574, 614; X. 40, 52, 386; XIII. 12; XIV. 232, 294; XV. 305, 577; XVI. 143.
„ 110 I. 123, 208; II. 5, 84, 229, 454; III. 202, 237, 392; V. 360; VI. 124, 324; VII. 302, 508; VIII. 44, 95, 136, 186, 191, 266, 640, 756; IX. 115, 164, 510, 631, 645; X. 16, 20, 93, 255, 489, 607, 796; XI. 31, 37, 66, 228, 273, 568; XII. 53, 95, 374, 408, 489, 499, 630; XIII. 135, 192, 557; XV. 193, 669; XVI. 431, 497, 774.
„ 111 I. 541; II. 12, 96; III. 53; VI. 514; VII. 26, 27, 116, 546; IX. 96, 310, 450; X. 370, 603, 688, 721; XI. 495, 548; XII. 294, 466, 484; XIII. 438; XIV. 19, 206, 521; XV. 726, 730; XVI. 460.
Art. 112 II. 95; VIII. 389; IX. 281, 470; X. 588; XI. 495; XII. 53, 149, 552, 553; XIII. 53, 109; XIV. 31, 59, 111; XV. 851; XVI. 74, 294.
„ 113 III. 217; XV. 726.
„ 116 I. 327; II. 376, 442, 449; III. 303; VI. 272; VII. 420; IX. 509, 641; X. 645; XI. 32; XIII. 598; XVI. 275.
„ 117 I. 28; II. 186, 196, 442, 449; III. 303; IX. 69; XI. 26; XII. 415, 640.
„ 118 IX. 641; XIV. 5, 6.
„ 121 I. 512.
„ 126 I. 336.
„ 129 I. 147, 336, 536; II. 161, 202; IV. 92, V. 550; VII. 443; VIII. 575; IX. 285; X. 93; XIV. 251; XV. 557.
„ 130 I. 336; IV. 66; VIII. 33; IX. 342; XI 88; XIV. 787.
„ 131 II. 237; III. 95; VII. 326; XII. 106, 301; XIV. 326.
„ 133 XII. 575.
„ 134 I. 183, 319; IV. 435; VI. 224; X. 676.
„ 135 II. 286; V. 217; VI. 444; XI. 592.
„ 136 II. 57; IV. 53; V. 234; VII. 47, 540; IX. 277, 376, 636, 656; X. 392, 748; XI. 9, 322, 478; XII. 225, 484, 579; XIII. 230; XIV. 676; XVI. 811.
„ 137 I. 239; III. 40; X. 198; XIII. 319.
„ 138 XI. 479; XII. 323; XIII. 107; XV. 48; XVI. 273.
„ 140 II. 502; VI. 353.
„ 141 V. 549; XI. 540; XIV. 304.
„ 142 II. 286.
„ 143 VI. 353; X. 64; XI. 315.
„ 145 VI. 353; XIV. 315, 739.
„ 147 XI. 229; XIII. 442.

Criminal=Ordnung.

§ 6 IX. 17; XI. 446; XIII. 158.
§ 7 I. 388; II. 249; X. 536; XVI. 53.
§ 8 I. 388; II. 249.
§ 33 XVI. 303.
§ 34 X. 492.
§ 40 XV. 324.
§ 47 I. 325, 379; II. 238; V. 433; IX. 110; X. 360; XI. 56; XII. 425; XIV. 201.
§ 48 XIV. 201.
§ 52 XIII. 158.
§ 55 I. 510; II. 186; XII. 441
§ 57 XV. 583.
§ 59 ff. VII. 255; XVI. 3.
§ 59 IX. 163; XIV. 767.
§ 60 XIV. 767.
§ 62 IX. 163
§ 68 IX. 17; XI. 446.
§ 69 IX. 17.
Tit. II. Abschn. 1 (§ 106—131) IX. 716
§ 119 XV. 537.
§ 131 XIII. 449.
Tit. II. Abschn. 2 (§ 133—200) I. 20.
§ 152 XVI. 371.
§ 153 XVI. 371.
§ 157 II. 460.
§ 167 I. 5.
§ 169 II. 294; XI. 7.
§ 177 II. 294.
§ 199 IV. 369.
§ 208 IV. 35.
§ 225 I. 461.
§ 227 I. 461.
§ 260 VI. 51.
§ 262 VI. 51.
§ 266 XVI. 399.
§ 268 XVI. 399.
§ 271 XIII. 112.
§ 305 ff. IX. 716.
§ 308 XV. 317.
§ 310 XVI. 203.
§ 311 ff. II. 249.
§ 311 II. 215; X. 544; XVI. 203.
§ 312 II. 215; III. 109; VIII. 269; X. 536; XI. 443; XVI. 53, 230.
§ 313 II. 339, 511; XIV. 522.
Nr. 3 II. 286.
§ 313 Nr. 4 XVI. 253, 344, 522, 526.
§ 314 XI. 286, 443.
§ 317 I. 262; VI. 571; XI. 75, 408.
§ 318 V. 90; VI. 356; IX. 79; X. 246; XI. 227; XVI. 253.
§ 319 I. 72, 504; II. 319; IV. 79; IX. 14, 524; X. 777; XIII. 225, 632.
Nr. 1 X. 797.
§ 320 VIII. 314; X. 246, 798.
§ 321 VIII. 314.
§ 322 I. 262; VIII. 314; XII. 441.
§ 323 VIII. 314.
§ 324 III. 166; VIII. 558; X. 440, 797; XVI. 513.
§ 325 I. 262.
§ 328 XVI. 303.
§ 329 VII. 255; IX. 163; XVI. 3.
§ 332 I. 61, 116, 138, 351, 370; IV. 361; V. 119, 266; IX. 227; X. 544; XI. 531; XV 696; XVI. 18.
§ 333 I. 61, 351; V. 351; VIII. 460; IX. 602; XII. 441, 641, 668; XIII. 202; XVI. 756.
§ 334 VIII. 460.
§ 335 Nr. 2 I. 116; II. 163; IV. 361; VII. 209, 251; IX. 227; X. 500; XI. 311, 389; XII. 245, 342, 488, 641; XIII. 106, 204; XV. 325.
Nr. 4 XIII. 623; XVI. 782.
§ 336 II. 251; V. 124, 466
§ 337 I. 248; III. 109; VIII. 269; XVI. 203.
§ 338 I. 262; VI. 571; XI. 75.
§ 339 I. 262.
§ 341 I. 419; VI. 474.
§ 345 XIV. 231.
§ 352 XVI. 203.
§ 355 Nr. 2 XI. 29.
§ 356 X. 301; XIV. 139.
Nr. 6 X. 457.
Nr. 7 IX. 605; X. 457; XV. 539.
Nr. 8 I. 371; II. 18, 91, 267; III. 72; VIII. 528; IX. 40, 383, 602; X. 635; XI. 529; XII. 500, 596, 668.

Criminal-Ordnung.

§ 356 Nr. 8 Forts. XIV. 147, 243, 314, 799; XV. 702; XVI. 253, 344.
§ 357 I. 371, 556; VII. 200; VIII. 314, 463; X. 172, 428, 695, 774; XII. 321; XIV. 139, 247; XVI. 253, 756.
Nr. 7. VIII. 84, 495; XIV. 147.
Nr. 9. VII. 629; IX. 667; X. 716; XII. 6; XV. 329, 524.
§ 358 II. 110; VII. 200, 629; VIII. 463, 495; X. 16, 428, 635, 774; XII. 6, 47; XIV. 139, 247, 332; XV. 329; XVI. 253.
§ 384 X. 700; XII. 335; XVI 371.
§ 384 ff. IX. 632.
§ 386 VIII. 314.
§ 389 XVI. 303.
§ 467 III. 196; V. 277. IX. 734.
§ 471 XVI. 371.
§ 478 XII. 142, 614; XIV. 634, 668.
§ 515 IX. 38.
§ 518 V. 471; VIII. 641; IX. 38; XIII. 433.
§ 528 IV. 24; XI. 333.
§ 534 ff. X. 506.
§ 536 III. 433; X. 777.
§ 566 XVI. 230.
§ 576 VIII. 363.
§ 590 II. 272; III. 40; V. 422; XIII. 319; XIV. 718; XVI. 230.
§ 619 IV. 219; VII. 199; VIII. 23.

Rheinische Straf-Prozeß-Ordnung.

(Code d'instruction criminelle.)

Art. 1 III. 140; XIII. 25.
" 2 XV. 568.
" 3 III. 554.
" 4 III. 554.
" 9 II. 495; XVI. 304.
" 22 XIII. 25.
" 23 VIII. 509.
" 50 XIV. 112.
" 55 II. 495; X. 741.
" 66 V. 414.
" 67 V. 414.
" 77 X. 741.
" 79 I. 145; II. 495; XVI. 242.
" 80 III. 373; IV. 166; XIV. 547.
" 86 XIV. 547.
" 92 XIV. 547.
" 114 XIV. 555.
" 127 II. 495; X. 741.
" 145 III. 554; IV. 130; VIII. 584.
" 151 VIII. 100; XIV. 55, 220; XVI. 360.
" 153 I. 582; VIII. 445, 541; X. 793; XII. 417.
" 154 I. 145; VIII. 96; XVI. 242, 588.
" 155 I. 145.
" 156 I. 582; V. 415; XVI. 242.
Art. 157 XIV. 547.
" 159 VIII. 584; XIV. 478.
" 160 III. 140; VIII. 584; XIII. 25.
" 161 III. 140; VII. 224; VIII. 584; IX. 253; XIII. 25; XIV. 112; XVI. 103.
" 162 IX. 374; XII. 460; XV. 23, 880.
" 163 V. 563.
" 172 I. 105, 271; IV. 275; VII. 224.
" 177 VI. 5.
" 179 X. 741.
" 182 III. 554; VIII. 584.
" 184 IX. 577; X. 240.
" 188 VII. 90; XIV. 55, 220.
" 189 V. 415; IX. 253; XIV. 112, 547; XVI. 242, 588.
" 190 I. 582; III. 158; V. 552; VIII. 541; X. 793; XII. 417.
" 191 III. 140; VIII. 584; XIII. 25; XIV. 478.
" 192 III. 140; V. 592; VIII. 584; XIII. 25.
" 193 VIII. 427, 584; IX. 162; XIII. 25.
" 194 IX. 374; XII. 460, 495; XV. 23, 854, 880.

Rheinische Strafprozeß-Ordnung.

Art. 195 IV. 343; V. 55, 563; X. 737; XIII. 658.
" 199 V. 552; VI. 5; VII. 175; VIII. 97.
" 202 VII. 175; VIII. 97; IX. 577; XI. 235, 502.
" 203 X. 240, 623; XI. 235.
" 204 IV. 75; IX. 577; XI. 502.
" 205 IV. 130; X. 623; XI. 235.
" 208 VII. 90; XIV. 55, 220; XVI. 180.
" 209 IX. 458.
" 210 III. 158.
" 211 I 582; V. 55; XII. 460, 495.
" 212 XIV. 478.
" 216 XII. 50; XV. 333.
" 231 X. 623.
" 253 VIII. 541; XV. 200; XVI. 303.
" 256 X. 741.
" 257 II. 495; VIII. 442; XVI. 531.
" 261 XI. 441.
" 264 VIII. 541; XV. 200.
" 268 V. 158, 173; VI. 505; VIII. 302; XVI. 238.
" 269 V. 158, 173; VI. 505; VIII. 302; XIV. 547.
" 270 IX. 25.
" 271 V. 292.
" 277 XVI. 237.
" 294 XVI. 75.
" 296 XI. 194.
" 304 XIV. 547.
" 305 IX. 298; XI. 441: XIII. 614; XIV. 735; XVI. 237.
" 309 VIII. 541; XI. 441.
" 310 XIV. 544.
" 312 IX. 298; XVI. 153.
" 315 XVI. 238.
" 316 X. 410.
" 317 II. 495; IV. 466; VIII. 302; X. 410, 568, 793, 793; XII. 417; XIV. 230, 328; XVI. 238.
" 319 XIV. 544.
" 322 V. 158, 173; VI. 509; IX. 298; X. 720; XIV. 230; XVI. 238.
Nr. 4 VI. 509; XV. 529.

Art. 323 X. 720.
" 324 XVI. 238.
" 327 XIV. 544.
" 334 XIV. 544.
" 335 VIII. 400.
" 336 VIII. 400; XV. 45.
" 337 VIII. 505; XIII. 342; XVI. 304.
" 338 VIII. 505, 584; XIII. 25.
" 339 II. 189; IX. 743; X. 252.
" 341 VIII. 302; XIV. 544.
" 342 XVI. 153.
" 343 IX. 198, 298; XVI. 153.
" 345 II. 191; IV. 77; XIII 583.
" 347 IV. 77.
" 349 X. 566.
" 350 X. 566.
" 353 IX. 298.
" 355 XIV. 547.
" 357 XIV. 544.
" 358 XIV. 478.
" 359 XIV. 478.
" 360 XV. 736.
" 362 XVI. 303.
" 363 XIV. 544.
" 365 III. 140.
" 366 VII. 267.
" 368 IX. 374; XII. 460; XV. 23, 880.
" 369 VIII. 541.
" 370 X. 793.
" 373 XII. 50; XV. 333; XVI. 360.
" 374 XIII. 196.
" 381 X. 412: XVI. 303.
" 382 IX. 25.
Nr. 7 XVI. 303.
" 383 VIII. 541.
" 393 XIII. 467.
" 394 IX. 25; X. 232; XIII. 467.
" 395 VIII. 81; XIII. 467.
" 396 VI. 508.
" 397 VI. 508.
" 399 XIII. 467.
" 400 XIII. 467.
" 407 VIII. 100; X. 240; XII. 6, 50; XV. 467; XVI. 360.
" 408 II. 189; III. 17; XII. 50; XIII. 495; XV. 155; XVI. 238.
" 413 IV. 234; VII. 585; VIII. 100; XII. 6, 50.

Rheinische Strafprozeß-Ordnung.

Art. 416 IV. 234; V. 258, 414; VII. 585; VIII. 100; XV. 467.
" 417 IX. 577; X. 312; XI. 502; XV. 601.
" 418 IX. 291; XII. 152; XIII. 659, 679; XVI. 360.
" 419 I. 128, 582; II. 423, 517; III. 373; IV. 274; XI. 456; XII. 100, 650; XIV. 285; XV. 467, 811; XVI. 11, 136, 459.
" 420 I. 128, 582; II. 423, 517; III. 373; VIII. 567; XII. 650; XIII. 12, 481; XV. 811; XVI. 11, 136, 459.
" 421 XIV. 495, 696; XVI. 105.
" 422 XIII. 267.
" 423 XIII. 385; XV. 601.
Art. 424 XIII. 267, 385; XV. 601.
" 425 IX. 198; XI. 334; XIII. 385.
" 429 V. 292.
" 436 III; 373.
" 438 VIII. 301.
" 443 XI. 596.
" 472 ff. XIV. 495.
" 504 VI. 133.
" 518 ff. XIV. 495.
" 525 ff. VII. 176; X. 623.
" 525 IX. 198.
" 526 VII. 507.
" 528 IX, 498; XV. 811.
" 533 IX. 498; XV. 811.
" 542 IV. 75; X. 414.
" 543 IV. 75.
" 545 IX. 498.
" 546 IX. 498.

Straf-Prozess-Ordnung vom 25. Juni 1867.

Einf.-Verordn. siehe unter Preuss. StGB.

§ 2 IX. *249*.
§ 3 X. *343*, *748*; XII. *33*; XIII. *46*.
§ 4 IX. *249*, *452*, *501*, *522*, 678; X. *375*; XI. *331*, *482*; XII. 520; XIII. *150*, *591*; XV. *142*, 596; XVI. 367, 520.
§ 6 XII. *281*, *309*; XIII. *317*, *371*; XIV. *23*, *236*, *432*, *515*; XV. 426; XVI. 382.
§ 7 IX. *735*; X. *6*; XI. *64*.
§ 9 XV. 322, 377, 504, 765.
§ 10 XIII. *606*.
§ 11 VIII. *639*.
§ 13 XII. *162*; XIV. *426*, *810*.
§ 15 XI. *390*.
§ 16 VIII. *701*; IX. *552*; XIII. *431*.
§ 20 XI. *54*; XIV. *23*.
•§ 21 XII. *162*.
§ 22 X. *262*; XI. *330*.
§ 23 IX. *499*.
§ 24 IX. *499*; XI. *84*; XII. *309*; XIII. *501*; XV. 849; XVI. 688.
Nr. 1 IX. *543*.
Nr. 4 XVI. 88.
§ 24 Nr. 5 X. *120*; XIV. *23*, *90*; XVI. 81.
§ 25 XIII. *501*.
§ 27 XIII. *501*.
§ 30 IX. *499*; XI. *84*; XII. *309*; XIII. *501*.
§ 36 XII. *281*.
§ 38 XIII. *501*.
§ 39 VIII. 532; X. *598*; XI. *257*; XIII. *317*.
Nr. 1 X. *8*; XIV. *340*.
Nr. 2 XI. 168.
§ 40 VIII. 532; X. *598*; XI. 168, *257*, 423; XV. 37.
§ 41 XI. 168; XIV. *21*.
§ 42 VIII. 532; X. *598*; XI. *257*; XVI. 125,
§ 47 IX. *1*, *381*, *452*, *462*, *644*; X. *375*, *753*; XI. *113*, *206*, *451*, *490*; XII. *426*; XIII. *317*, *587*; XIV. *69*, *123*. XV. 359, 503, 626; XVI. 103, 123, 220, 366, 483.
§ 48 IX. *317*, *452*, *462*, *644*; X. *517*, *597*; XI. *206*, *451*, *490*; XIII. *317*; XIV. *69*, *123*; XV. *228*, 359; XVI. 123, 220, 366, 580.

Strafprozess-Ordnung v. 25. Juni 1867.

§ 49 IX. ***462.***
§ 50 XI. ***79.***
§ 55 IX. ***508***; XVI. 125.
§ 57 XI. ***79***; XII. ***577.***
§ 59 X. ***106***; XIII. ***506.***
§ 61 XIII. ***506.***
§ 62 IX. ***452***; X. ***106***; XIII. ***200.***
§ 63 XI. ***396***; XIV. ***457.***
§ 67 XIV. ***67, 812.***
§ 69 X. ***194.***
§ 75 IX. ***1, 381***; XVI. 133.
§ 76 IX. ***1, 249, 381***; X. 10; XII. ***137***, 520; XIV. ***812.***
Nr. 1 X. ***531.***
§ 81 VIII. ***632***; XI. ***550***; XIII. ***46.***
§ 82 VIII. ***632.***
§ 86 IX. ***452.***
Abs. 2 X. ***519.***
Abs. 3 VIII. ***753***; XVI. 224.
§ 87 IX. ***317.***
§ 89 IX. ***1, 171, 381***; XIV. ***67***; XVI. 133, 366.
§ 90 XII. ***33***; XV. 377, 765.
§ 91 XII. 165.
§ 95 X. ***106.***
§ 96 XI. ***515.***
§ 105 XII. 165; XV. 504, 765.
§ 109 X. 571.
§ 115 X. 571.
§ 117 XIV. ***543.***
§ 118 X. 71.
§ 119 XIII. ***485***; XIV. ***28.***
§ 121 XIV. ***28.***
§ 149 XIV. ***814***; XV. 521.
§ 150 XV. 521.
§ 153 XII. ***33.***
§ 155 IX. ***206***; X. ***505***; XIII. ***607.***
§ 160 IX. 677; X. ***666, 787***; XII. ***62***; XIII. ***319.***
§ 161 IX. ***206***; X. ***6, 161, 257***; XI. ***263, 435***; XII. ***259, 596***; XIII. ***319***; XVI. 572, 619.
§ 162 XI. ***263***; XII. ***596***; XIII. ***319***; XVI. 572, 619.
§ 165 X. ***787***; XII. ***62***, 400.
§ 169 XI. 192; XVI. 386.
§ 171 XI. 192.
§ 172 XI. 192.
§ 173 X. ***6***; XVI. 386.
§ 192 XI. ***483.***
§ 194 XI. ***197***; XV. 624.
§ 195 IX. ***208, 227***; XII. ***140***; XV. 624.
§ 200 XIV. ***93.***
§ 202 XII. ***430***; XIII. ***111.***
§ 203 XV. 287, 290.
§ 205 Nr. 4 XII. ***140***; XVI. 651.
§ 206 IX. ***356***; XVI. 651.
§ 208 X. ***194***; XVI. 651.
§ 209 XVI. 651.
§ 210 XII. ***430***; XV. 588; XVI. 651.
§ 215 IX. ***105***; X. ***61, 105, 135, 756***; XII. ***140, 316***; XIII. ***318, 537***; XV. 502; XVI. 20, 225.
§ 218 X. ***774***; XIV. ***124***; XVI. 130, 286.
§ 219 XVI. 130, 286, 291.
§ 220 XIV. ***124.***
§ 222 IX. ***386, 525, 529***; X. ***67, 120, 525, 555***; XI. ***484***; XII. 664.
§ 223 XI. ***484.***
§ 224 IX. ***735***; XV. 409.
§ 225 IX. ***735***; X. ***602***; XV. 409.
§ 226 X. ***192***; XIII. ***522.***
§ 230 IX. ***491***; XIV. ***23***; XV. ***138***, 262, 401.
§ 231 XV. 401.
§ 233 X. ***192.***
§ 234 IX. ***489***; XIV. ***386.***
§ 235 IX. ***489.***
§ 236 IX. ***569.***
§ 238 XII. ***309***; XIII. ***362, 371***; XIV. ***124***; XVI. 521.
§ 239 XI. ***160***; XV. 304.
§ 240 IX. ***386***; XI. ***160.***
§ 241 IX. ***267.***
§ 243 IX. ***206***; X. ***6, 666***; XI. ***435***; XII. ***62***; XVI. 386.
§ 244 X. ***263***; XI. ***160***; XV. 521.
§ 245 IX. 576; XI. ***522***; XIV. ***812***; XV. 409; XVI. 415.
§ 246 X. ***505, 599, 785***; XI. ***555***; XII. ***49, 259***; XIV. ***761***; XV. 409; XVI. 619.
§ 247 XII. 259.
Nr. 4 XIII. ***425.***
§ 249 IX. ***689.***
§ 250 IX. ***17***; XI. ***160***; XV. 521.
§ 251 IX. ***17, 418***; X. ***120, 262,***

Strafprozess-Ordnung v. 25. Juni 1867.

§ 251 Fortſ. X. ***263, 525, 555***; XI. ***463***; XIV. ***623***; XV. 327, 521; XVI. 415, 768.

§ 256 XV. 520.

Nr. 4 XII. ***258***; XVI. 285.

Nr. 5 XI. ***463.***

§ 257 XV. 327, 520.

§ 258 IX. ***489***; X. ***599***; XV. 520.

§ 259 IX. ***644***; X. ***220, 343***; XI. ***54***; XIV. ***206***; XVI. 366.

§ 260 IX. ***418***; X. ***660***; XI. ***42, 160, 550, 564***; XIV. ***23***; XV. 503.

§ 261 XVI. 448.

§ 262 IX. ***422***; X. ***383***; XI. 192, ***344, 556***; XII. ***259***; XIII. ***150, 587***; XV. 503.

§ 263 XI. ***318***; XIII. ***522.***

§ 264 XI. ***318***; XIII. ***522***; XV. 401.

§ 265 XIII. ***522***; XIV. ***364***; XVI. 385.

§ 266 XIII. ***522.***

§ 267 IX. ***227***; X. ***25***; XIII. ***308, 417***; XV. 631.

§ 292 X. ***421.***

§ 295 IX. ***461, 543***; XVI. 88.

§ 299 IX. ***489.***

§ 300 XV. ***30.***

§ 303 X. ***558***; XIII. ***628.***

§ 307 IX. ***491.***

§ 308 X. ***558.***

§ 315 IX. ***569***; XII. ***309***; XIII. ***362***; XVI. 649.

§ 316 IX. ***491.***

§ 317 X. ***121***; XII. ***62***, 400; XVI. 445.

§ 318 X. ***260***; XI. ***159, 245, 448***; XII. ***62***; XIII. ***143***; XVI. 321, 445, 518.

§ 319 XI. ***55***; XII. ***62***; XIII. 95; XIV. ***566***; XV. 195; XVI. 312.

§ 321 XI. ***203***; XII. 401.

§ 322 XII. 401.

§ 323 IX. ***501***; XI. 179, ***466, 482***; XII. 401; XIII. ***143, 591.***

§ 326 IX. ***30, 501***; XI. 179.

§ 327 X. ***260.***

§ 329 X. ***383, 666.***

§ 330 X. ***121.***

§ 331 XII. ***236.***

§ 332 XII. ***236.***

§ 334 IX. ***491.***

§ 337 X. ***192.***

§ 338 XI. ***467.***

§ 339 IX. ***491***; XV. 518.

§ 344 XIII. ***150.***

§ 345 IX. 319, ***637***; XII. ***593***, XIII. ***422***; XVI. 494.

§ 348 XIV. ***90.***

§ 352 XI. ***482***; XII. ***555***; XIII. ***143, 591***; XV. 359, 596.

§ 353 IX. ***175, 246, 296, 337, 341, 358, 418, 422, 467, 735, 739***; X. ***7***, 10, ***67, 124, 191***, 367, 368, ***383, 602***, 791, ***810***; XI. ***43***, 44, ***203, 395, 470, 484***; XII. 129, ***574***; XIV. ***86***; XV. ***39, 40, 138, 197***, 401, 464; XVI. 43, 129, 209, 274, 388, 389, 494, 521, 797.

§ 356 IX. ***418***; XI. ***331***; XIII. ***371***; XV. 359; XVI. 367.

§ 360 XVI. 367.

§ 364 VIII. ***701***; IX. ***427, 452, 552***; X. ***679***; XII. 336; XIV. ***23, 515.***

§ 365 IX. ***141, 427***; X. ***421***; XI. ***14***; XIII. ***237***; XIV. ***748***; XV. ***189, 249***, 322, 377, 765.

§ 366 XI. 415; XIII. ***44.***

§ 367 IX. ***105***; X. ***61***; XII. 316; XIII. ***318***; XVI. 225, 651.

§ 368 IX. ***637, 650***; X. ***105, 222***; XIII. 379, ***390***; XIV. ***90, 292***; XV. ***189, 249.***

§ 369 XI. ***238***; XV. ***61.***

§ 370 VIII. ***795***; IX. ***105, 194, 208, 227, 246, 248, 451, 700***; X. ***135, 507***, 572; XI. ***43, 160, 160, 169, 197***, 415, ***435, 474, 490, 530***; XII. ***120, 340, 426, 432***; XIII. ***44, 45, 308, 318, 331, 629***; XIV. ***443, 444, 484***; XV. 287, 478, 566, 624, 631, 671; XVI. 416, 433, 614.

§ 372 IX. ***451***; X. ***61, 112, 382, 427, 506, 558***; XI. ***203***;

Strafprozess-Ordnung v. 25. Juni 1867.

§ 372 Forts. XII. **317**, **340**; XIII. **318**; XV. 671; XVI. 10, 562.
§ 373 VIII. **795**; X. **61**, **112**, **227**, **507**, **593**; XI. **203**; XV. **156**; XVI. 222, 568.
§ 374 X. **679**; XI. **43**; XIV. **19**, **292**; XVI. 17.
§ 375 IX. **267**; X. 572; XI. **160**, **474**; XIII. **331**; XVI. 133.
§ 376 IX. **267**; X. **660**; XI. **43**, **160**; XII. **456**, **535**.
§ 377 IX. **100**, **131**, **145**, **246**, **327**, **337**, **341**, **467**, **496**; X. **33**, **124**, 367, 368, 696, **810**; XI. 44, **190**, **203**, **318**, **522**; XII. 129, **447**, 520; XIII. 379, **485**; XIV. **434**, **810**, **812**, **814**; XV. **179**, 401, 742; XVI. 129, 388, 415.
§ 378 IX. **145**; XI. **84**; XIV. **812**; XV. **40**, 304; XVI. 129.
§ 379 IX. **171**, **358**, **647**; X. **651**, **660**; XI. **359**; XII. **96**, **555**; XIII. **362**, **389**, **501**, **587**; XIV. **67**, **432**, **761**; XV. **39**; XVI. 129, 274, 382, 388, 444, 446, 483.
§ 380 IX. **418**; XI. **42**; XII. **456**.
§ 381 IX. **264**, **368**; XI. **54**; XIV. **236**; XV. 290; XVI. 225, 567, 568.
§ 382 X. **558**, **774**, **789**; XI. **64**, **262**, **449**.
§ 383 IX. **244**; XVI. 286, 568.
§ 384 XIV. **93**; XVI. 286.
§ 385 X. **651**; XII. 520; XV. 409.
Abs. 1 X. **262**; XIII. **362**.
Abs. 2 XI. **330**; XIII. **636**; XIV. **623**; XV. **140**; XVI. 521.
§ 386 IX. **171**; X. **6**, **602**, **651**; XI. **470**; XII. **574**; XIII. **587**; XV. **40**; XVI. 43, 389, 797.
§ 387 X. **33**, **67**, **558**, **601**, **737**; XI. **64**, **203**; XIII. **452**, **636**; XIV. **434**; XV. 562.
§ 388 IX. **418**; X. **774**; XI. **42**, **54**, **556**; XIII. **587**;
§ 388 Forts. XV. 304; XVI. 291.
Tit. 16 Abschn. 4 XIII. **451**.
§ 389 IX. **469**; X. **518**, **666**; XI. **263**; XII. **574**; XIV. **810**.
§ 390 IX. **525**, **529**; X. 10, **25**, **33**, **120**, **525**, **602**, **615**, **666**, **789**; XI. **58**, **262**, **330**, **484**; XII. **33**; XIII. **389**, **636**; XIV. **566**, **814**; XVI. 446.
§ 391 X. **322**, **421**; XV. 807; XVI. 350.
§ 392 XV. 290, 886.
§ 393 VIII. **795**; IX. **469**; X. **139**, **520**, 572; XI. **56**, **160**, **203**; XII. **38**, **574**; XIII. **331**, **519**; XIV. **810**; XVI. 413.
§ 394 XIII. **237**.
§ 395 X. **105**.
§ 396 IX. **460**, **469**; X. **139**; XII. **38**.
§ 397 X. **25**, **222**. XVI. 133.
§ 398 IX. **35**; X. **222**; XII. **38**; XIV. **66**, **533**.
§ 399 IX. **462**; XI. **79**, **359**.
§ 400 XVI. 133.
§ 401 X. **25**.
§ 402 VIII. **701**; IX. **552**; XIII. **431**.
§ 403 IX. **427**, **452**; XI. **551**; XII. 165; XIV. **812**; XVI. 133.
§ 404 IX. **244**; XI. **330**; XIV. **434**, **748**.
§ 405 IX. **244**; X. **381**.
§ 406 IX. **264**; X. **421**; XV. 290, 886.
§ 407 IX. **368**, **462**; X. **597**; XI. **490**; XII. 426; XV. 290, 886; XVI. 567, 635.
§ 409 IX. **268**, **368**, **462**.
§ 411 IX. **171**.
§ 412 IX. **264**, **368**; XIV. **236**; XV. 290.
§ 413 XI. **438**; XV. **40**, 301, 566.
Tit. 17. XII. **251**.
§ 414 XI. **338**; XII. **463**.
§ 415 IX. **634**; XI. **435**; XII. **392**; XV. 630; XVI. 562.

Strafprozess-Ordnung v. 25. Juni 1867.

§ 417 IX. ***634***; X. ***679***; XII. ***164***, ***336***; XIV. ***515***; XV. 630; XVI. 333.
§ 418 XI. ***99***.
§ 419 X. ***375***, 748; XVI. 123, 563, 747, 774.
§ 425 X. ***518***.
§ 428 XI. ***238***.
§ 429 IX. ***668***; XI. ***238***; XV. 874.
§ 431 XI. ***238***, ***355***.
§ 433 XI. ***355***.
§ 434 X. ***669***.
§ 436 XII. ***460***.
§ 438 IX. ***630***; XI. ***338***.
§ 440 Abs. 2 XVI. 518.
§ 442 XVI. 20.
§ 445 XI. ***131***; XIV. ***623***; ***812***; XV. 426; XVI. 130, 133, 520.
§ 446 IX. ***98***, ***319***, ***356***; X. ***517***.
§ 447 IX. ***356***; XII. ***593***; XIII. ***422***; XV. ***33***; XVI. 494.
§ 448 IX. ***99***, ***171***, ***646***; XII. ***96***, ***162***; XVI. 552.
§ 449 XII. ***96***.
§ 450 XII. ***96***.
§ 469 XII. ***112***.
§ 473 XII. ***112***.
§ 474 XVI. 498.
§ 477 X. ***713***; XIV. ***144***.
§ 479 XVI. 101.
§ 480 XII. ***432***; XIII. ***395***; XV. 729; XVI. 101.
§ 481 XIII. ***455***.
§ 482 XIII. ***395***, ***455***; XIV. ***144***; XV. 729; XVI. 101.
§ 485 X. ***713***, 787; XI. ***54***; XIV. ***144***; XVI. 350, 444.
§ 486 XI. ***42***, ***331***; XIII. ***185***.
§ 487 XII. ***59***.
§ 488 IX. ***66***; XII. ***470***, ***573***; XVI. 112, 552.
§ 492 X. 31, ***61***, ***112***, ***227***, ***427***, ***593***, ***660***; XI. ***42***, ***160***, ***169***, ***310***, ***474***; XV. ***226***, 475; XVI. 10, 57.
§ 494 XI. ***109***.
§ 495 X. ***531***; XI. ***515***; XII. 520; XIV. ***812***; XVI. 651.
§ 498 XII. ***59***; XIV. ***812***; XVI. 133, 635.
§ 500 XII. ***140***, ***328***; XIV. ***87***; XV. 426; XVI. 130.
§ 502 XIV. ***69***, ***123***.
§ 503 XII. ***140***; XIII. ***537***; XV. 409; XVI. 651.
§ 504 X. ***61***, ***112***, ***227***, ***427***; XI. ***131***, ***160***, ***160***, ***169***, ***310***, ***484***; XII. ***463***; XV. ***226***, 631; XVI. 10.
§ 506 X. ***61***; XII. ***140***, ***328***; XVI. 496.
§ 507 XIV. ***69***, ***123***; XVI. 103, 798.
§ 508 XI. ***515***; XIII. 390; XIV. ***373***; XV. 742.
§ 509 IX. ***131***.
§ 510 IX. ***131***, ***701***; XI. 174.

Bestimmungen über die Berufung zum Schöffenamte.

§ 13 X. ***421***.
§ 15 X. ***753***; XVI. 446.

Einzelne Gesetze, Verordnungen ꝛc.

I. Gesetze ꝛc. früherer Landeshoheiten über einzelne Theile des preußischen Staates.

Kur-Trier.
1720 Oktober 3. Jagdordnung, Th. III. § 62, 82 XI. 388.
1768 Juli 8. Jagdordnung, XI. 388.

Kur-Köln.
1759 Juli 9. Jagd- und Fischerei-Ordnung, Cap. 3. § 22 XII. 122.

Jülich-Berg.
1802 November 2. Brüchten-Ordnung, Sect. B. Nr. 14 XI. 125.

Frankreich.
1667 Ordonnance (über Civilprozeß), Th. 1 art. 8 XVI. 401.

Frankreich. (Fortsetzung).

1669 August. Ordonnance sur le fait des eaux et forêts.
Tit. 19 art. 11 VI. 433.
" 24 " 2 IV. 217; VI. 5, 433.
" 11 VI. 5, 433.
" 25 " 2 VI. 5, 433.
" 3 VI. 5, 433.
" 26 " 1 VI. 5, 433.
" 5 IV. 217.
Tit. 27 art. 18 IV. 217.
" 40 IV. 480.
" 42 XV. 365.
" 43 XII. 172; XV. 365.
" 28 " 7 V. 206.
" 31 " 6 XVI. 695.
" 32 " 8 VI. 5, 433.
" 10 VI. 5, 433.

1790 November 27. — Dezember 26. Décret portant institution d'un tribunal de cassation et reglant sa composition, son organisation et ses attributions, art. 1, 21; XVI. 401.

1791 März 6—27. Décret relatif au nouvel ordre judiciaire, art. 1; X. 741.

1791 September 15.—29. Décret sur l'administration forestière, Tit. 9 art. 2, 3; VI. 137.

1791 September 28. — Oktober 6. Décret concernant les biens et usages ruraux et la police rurale,
Tit. 1 Abschn. IV. art. 9 VI. 425.
Tit. 2 art. 7 XV. 23.
Tit. 2 art. 24 I. 74; II. 1; VI. 425; VII. 713.
Tit. 2 art. 26 I. 74.
Tit. 2 art. 38 VI. 5.
Tit. 2 art. 40 I. 65; VII. 224.

1791 September 29. — Oktober 21. Décret en forme d'instruction pour la procédure criminelle, XVI. 401.

(1795 August 22.) 5. fruct. III. Constitution, art. 256 XVI. 401.

(1795 Oktober 24.) 2. brum. IV. Décret concernant l'organisation du tribunal de cassation, art. 24 XIII. 25.

(1795 Oktober 25.) 3. brum. IV. Code des délits et des peines,
art. 77 VIII. 509.
" 78 VIII. 509.
" 79 VIII. 509.
art. 605 Nr. 9 V. 10.
" 606 V. 10.
" 609 IV. 480; V. 10.

(1796 März 16.) 26. vent. IV. Loi qui ordonne l'échenillage des arbres, X. 674.

(1796 August 10.) 23. therm. IV. Loi relative à la répression des délits ruraux et forestiers, art. 2 V. 10.

(1796 November 4.) 14. brum. V. Loi portant que les demandes en cassation seront toujours précedées d'une consignation d'amende, art. 1 II. 423, 517; III. 373; XI. 465; XII. 100; XIII. 481; XIV. 285; XV. 467; XVI. 136.

(1798 Juli 16.) 18. mess. VI. Arrêté du directoire exécutif, IV. 480.

(1769 Februar 10.) 22. pluv. VII. Loi, qui préscrit des formalités pour les ventes d'objets mobiliers,
art. 1 XI. 101.
art. 7 V. 411; XI. 101.

(1799 November 16.) 25. brum. VIII. Loi, qui autorise une adjonction des jurés et des juges pour suivre les débats dans los procès criminelles d'une étendue considérable XIII. 467.

(1800 Mai 24.) 4. prair. VIII. Règlement sur le service du tribunal de cassation, art. 16 XIII. 25.

Frankreich. (Fortsetzung).

(1803 März 5. — 1804 März 15.) 14. vent. XI. — 24. vent. XII. Code Civil,

art. 264 XIV. 696.	art 682 V. 395.
„ 389 XVI. 682.	„ 1382 XV. 23.
„ 390 XVI. 682.	„ 1383 XV. 23.
„ 556 V. 206.	„ 1384 IX. 374; XV. 23.
„ 681 XI. 236.	

(1803 April 11.) 21. germ. XI. Loi contenant organisation des écoles de pharmacie, art. 36 X. 308.

(1804 März 13.) 22. vent. XII. Loi relative aux écoles de droit, art. 30 X. 741.

(1805 Februar 18.) 29. pluv. XIII. Loi interprétative de l'article 36 de celle du 21 germ. XI. sur la pharmacie, X. 308.

(1805 Februar 28.) 9. vent. XIII. Loi relative aux plantations des grandes routes et des chemins vicinaux, II. 65; VIII. 445.

(1805 Dezember 7.) 16. frim. XIV. Avis du conseil d'Etat sur plusieurs questions relatives aux droits de pâturage et de parcours dans les bois et forêts, VI. 433.

1806 April 14. — 29. Code de procédure civile,

Art. 10 VI. 133.	Art. 91 VI. 133.
„ 11 VI. 133.	„ 118 X. 741.
„ 12 VI. 134.	

1806 April 29. Loi qui préscrit des mesures relatives à la procédure en matière criminelle et correctionelle, XV. 155.

1806 November 12. Avis du conseil d'Etat sur la question de savoir si, sur l'appel émis par la partie civile, les cours criminelles peuvent reformer les dispositions non attaquées de jugements rendus en matière correctionelle, XII. 50.

1807 September 16. Loi, qui détermine le cas où deux arrêts de la cour de cassation peuvent donner lieu à l'interprétation de la loi, XVI. 401.

1807 Septbr. 10. — 14. Code de commerce, art. 614 X. 412.

1808 März 30. Décret contenant règlement pour la police et la discipline des cours et tribunaux,

art. 9 XIV. 55.	art. 49 X. 741; XV. 200.

1810 April 20. Loi sur l'organisation de l'ordre judiciaire et l'administration de la justice

art. 7 V. 563; X. 537; XIII. 499.	art. 21 XIV. 55.
	„ 40 XI. 501.

1810 April 21. Loi concernant les mines, les minières et les carrières, art. 10—12, 43, 44, 93, 96 III. 262; art. 95 VI. 137.

1810 August 18. Décret contenant règlement sur l'organisation des tribunaux de première instance et des tribunaux de police, art. 13 II. 495.

1811 Juni 18. Décret contenant règlement pour l'administration de la justice en matière criminelle, de police correctionelle et de simple police et tarif général des frais, art. 156 IX. 374; XV. 23.

Großherzogthum Berg.
1808 Dezember 17. Dekret, Art. 8 X. 741.
1811 Dezember 17. Dekret, (Justiz-Organisation) Art. 97 X. 741.

Rhein. General-Gouvernement.
1814 August 18. Verordnung über die Jagd &c. X. 779.
§ 7 Nr. 6 III. 80.
§ 8 a. III. 80.
§ 9 Nr. 8 VII. 34.
§ 12 IV. 233.
Wildprettaxe III. 80.

Kur- (Königr.) Sachsen.
1732 Juli 26. Jagdmandat [Cod. Aug. I. Forts. S. 1489] IX. 46.
1799 September 11. Publikandum, XIII. 172.
1814 Dezember 24. Regulativ über Holzhandel in der Grafschaft Henneberg [Henneb. Intell.-Blatt 1815 Nr. 3 S. 18], XIII. 173.

Hohenzollern Sigmaringen.
1827 Mai 10. Jurisdictionsvertrag mit Württemberg [Sigm. GS. III. S. 9], Art. 1, 3, 30, 31 X. 691.
1838 Januar 26. und Februar 9. Uebereinkunft mit Württemberg [Sigm. GS. V. S. 32], Art. 1 ff. X. 691.

Schleswig-Holstein.
Jütisches Low. III. Cap. 61 XIII. ***440***.
1786 August 25. Verordnung (betreffend Chirurgie), XVI. 780.
1807 März 20. Schleswig-Holstein, Patent über Hundezeichen, XVI. 350.
1811 April 17. Verordnung (betr. Fremdenpolizei) § 56 XIV. ***725***.
1814 August 24. Schulordnung, § 31 XIV. ***223***.
1842 März 1. Wegeordnung, § 94 XI. ***202***.
1859 Juni 17. Holsteinische Verordnung (betr. Konkurs), § 13 XI. ***378***; XIV. ***163***.
1863 Juli 14. Holsteinisches Gesetz [Holst. GBl. S. 163] XV. 422.

Hannover.
1834 Dezember 4. Gesetz über Wegegeld,
§ 5 XI. ***357***.
§ 6 Nr. 1. XV. ***191***, 433, 701.
§ 6 Nr. 4 XIII. ***318***.
§ 8 XIII. ***488***.
§ 30 XIII. ***488***.
§ 31 XI. ***357***.
§ 34 XIII. ***318***, ***488***.
§ 35 XIII. ***488***.
1845 Mai 26. Schulgesetz, XVI. 737.
1847 Mai 25. Polizeistrafgesetzbuch, § 125 XVI. 737.
1847 August 1. Gewerbe-Ordnung, § 39 X. ***319***.
1850 November 8. Bürgerliche Prozeßordn., §§ 615—618 XV. 474.
1853 November 18. Notariatsordnung, § 41 XII. ***487***.
1859 März 11. Jagd-Gesetz, § 12 IX. 346.
§ 14 XV. 477.
§ 22 XV. 477.
1859 Juli 10. Gesetz über die Verwaltung der Kirchen- und Gemeindeforsten, XVI. 598.
1859 Juli 29. Ministerial-Bekanntmachung, betr. Ausführung des Gesetzes vom 10. Juli 1859, XVI. 598.
1861 Mai 22. Gesetz über Wegegeld, XV. ***191***.
1862 Januar 4. Ministerial-Erlaß (betr. Wegegeld), XV. 433.

Nassau.

1851 Mai 15. Pfandrechtsgesetz,
§ 48 Abs. 4 XVI. 817. | § 50 XVI. 817.
1854 Juli 26. Gemeindegesetz, X. 787.
1860 Januar 6. Forststrafgesetz, XI. 64; XVI. 352.
1862 September 25. Gesetz betr. den Hausirhandel, X. 711.

Kur-Hessen.

1744 Oktober 30. Notariatsordnung, XII. 532.
1826 April 24. Ministerial-Ausschreiben, § 4 XV. 829.
1828 Dezember 31. Verordnung (betr. ansteckende Krankheiten), § 1 XII. 571.
1833 Oktober 31. Gesetz (betr. Hundesteuer), XIII. 285.
1834 Oktober 23. Gemeindeordnung, XI. 358.
1840 Juni 26. Gesetz (betr. Hundesteuer), XIII. 285.
1843 Februar 18. Gesetz (betr. Branntweinsteuer) XI. 358.
1865 September 7. Jagdgesetz, XII. 549.

Frankfurt.

1848 Juni 8. Gesetz über Eidesformel, XVI. 642.
1851 April 1. Gesetz über die Wege, Art. 1 § 7 VIII. 563;
§ 17 VIII. 563.
1856 September 16. Frankfurter Straf-Prozeß-Gesetz,
Art. 14 XV. 410.
" 50 ff. VIII. 482.
" 130 VIII. 326.
" 327 Nr. 3 VIII. 482.
Art. 328 VIII. 326.
" 330 VIII. 326.
" 361 XV. 301.
" 362 XV. 301.
1856 September 16. Gesetz über Taxen und Gebühren bei den Strafgerichten, XV. 301.
1857 Januar 1. Frankfurter (Großherz. Hessisches) Strafgesetzbuch (vom 7. Septbr. 1841), Art. 187, 190 VIII. 333.
1861 Mai 24. Feldstrafgesetz, Art. 70 VIII. 563.
1864 Januar 12. Gewerbegesetz, Art. 10 VIII. 768.
" 21 VIII. 768.
" 26 VIII. 768.
1864 April 29. Polizeiverordnung (betr. Selbsttaxiren der Backwaaren), VIII, 483.

Lauenburg.

1798 Januar 15. Ministerialausschreiben, XV. 111.
1866 Juni 18. Postgesetz, § 2 XVI. 215.
1869 Dezember 4. Disziplinargesetz, § 35 XII. 535.
§ 36 XII. 535.
§ 41 XII. 535.
1869 Dezember 4. Strafprozeßordnung (StPO. v. 25. Juni 1867) Siehe diese oben S. 851).
1870 Januar 7. Gesetz, XVI. 215.

II. Gesetze 2c. des Fürstenthums Waldeck.

1850 Juni 14. Strafprozeß-Ordnung,
§ 27 XV. 116, 463.
§ 60 X. 348.
§ 119 XI. 414.
§ 135 XV. 116.
§ 136 X. 348.
1855 Mai 15. Einführungs-Gesetz z. Preußischen Strafgesetzbuch, Art. 13 XII. 493.

III. Preußische Gesetze, Verordnungen ꝛc.

(Die dem Titel des Gesetzes ꝛc. in eckigen Klammern beigegebenen Zahlen verweisen auf die Seiten der Preußischen Gesetz-Sammlung).

1620 Dezbr. 9. Kurmärkisches Mandat ꝛc. [v. Rabe I, 27], XII. 663.
1622 Februar 1. Kurmärkische Holzordnung, XII. 663.
1668 Mai 12. Kurmärkisches Edikt [v. Rabe I, 124], XII. 663.
1720 Mai 20. Verbesserte Holz-, Mast- und Jagdordnung für die Mittel-, Alt-, Neu und- Ucker-Mark [v. Rabe I, 531], XII. 663.
1743 April 4. Pommersche Strandordnung, Nr. 10 b. c. II. 486.
1743 Oktober 3. Holz-, Mast- und Jagdordnung für das Herzogthum Magdeburg und das Fürstenthum Halberstadt [Lenţe, Provinzialrecht des Fürstenthum Halberstadt S. 180 ff.],
Tit. 32 § 1 VII. 350.
1756 April 19. Schlesische Jagdordnung,
Tit. 15 § 8 VIII. 776.
Tit. 20 § 1 V. 462; VIII. 776.
Tit. 20 § 2 V. 462.
1765 November 3. Schlesisches Schulreglement, § 25 VI. 388.
1774 Juni 16. Edikt, § 2 V. 466.
1774 Dezember 3. Forstordnung für Ostpreußen und Litthauen,
Tit. 10 § 2 XV. 455.
§ 7 IV. 484, XV. 455.
„ 14 § 9 IV. 439; VII. 190; XV. 268, 610.
Tit. 14 § 10 IV. 439; VII. 190; XII. 183; XV. 268, 610.
§ 11 VII. 190; XV. 268, 610.
§ 32 I. 375.
§ 34 VII. 190.
1776 September 1. Deichreglement für die Altmark, § 71 VII. 3.
1777 Dezember 24. Pommersche Forstordnung,
Tit. 14 § 9 I. 322;
Tit. 14 § 24 III. 103; VI. 538.
1786 Mai 16. Dorfordn. für die Domänenämter im Ostpreußischen und Litthauischen Kammer-Departement, I. 556.
1787 März 13. Pfand- und Leih-Reglement, VIII. 497.
1793 September 6. (1815 Februar 4.) Allgemeine Gerichtsordnung,
Einleitung § 1 X. 596.
Theil I.
Tit. 2 § 9 ff. II. 380; VII. 16.
§ 11 XV. 871.
§ 61 IX. 116.
§ 74 IX. 116.
§ 143 II. 238; V. 433; VI. 130; XI. 56; XIV. 201; XV. 583.
§ 144 VI. 130; XIV. 201.
§ 145 VI. 130; XIV. 201.
§ 146 VI. 130; XIV. 201.
Tit. 2 § 147 VI. 130; X. 360; XIV. 201.
§ 149 I. 329.
§ 178 IX. 17.
Tit. 3 § 28 IX. 53; X. 507.
Tit. 7 § 20 II. 366, 400, 513; XIII. 559; XIV. 166; XVI. 31.
§ 21 I. 308; XV. 792; XVI. 31.
§ 22 XV. 792.
§ 36 I. 308; VIII. 472; IX. 520.
§ 37 II. 54.
§ 38 II. 54.
§ 40 II. 366.
§ 41 I. 428.

Preußische Gesetze, Verordnungen ꝛc.

1793 Septbr. 6. Allgem. Gerichts-Ordnung Theil I. (Forts.).

Tit. 10 § 118 I. 453.
§ 126 II. 366.
§ 129 ff. XII. 179.
§ 129 II. 159.
§ 131 II. 366.
§ 149 ff. IX. 632.
§ 149 X. 700.
§ 152 X. 700; XVI. 371.
§ 157 XII. 335.
§ 180 Nr. 3 II. 339, 511.
Anh. § 82 VI. 371.
§ 203 I. 116.
§ 205 VI. 474.
§ 230 Nr. 11 II. 215; IX. 716.
§ 233 VI. 129.
§ 340 II. 251.
§ 343 IX. 5.
§ 345 ff. V. 466.
§ 347 V. 124.
Tit. 12 § 12 VII. 447.
Tit. 13 § 28 X. 512.
Tit. 22 § 28 ff. V. 145, 300.
§ 29 I. 403.
§ 31 I. 403
§ 32 XIV. 351.
§ 33 ff. V. 145, 300.
§ 33 XII. 485; XIV. 351.
Tit. 24 § 55 I. 403.
§ 56 I. 403.
§ 71 I. 404; II. 553; XV. 406.
Tit. 24 § 110 XIV. 309.
§ 114 X. 771.
§ 128 IV. 121.
Tit. 29 § 81 II. 523.
§ 83 II. 523.
Tit. 34 Anh. § 232 XIII. 477.
Theil II.
Tit. 2 § 127 IX. 284.
Theil III.
Tit. 1 § 23 VII. 320.
§ 30 V. 468; XII. 268; XIII. 381; XIV. 482; XV. 578; XVI. 52.
§ 31 V. 468; XII. 268; XIII. 381; XV. 578; XVI. 52.
Tit. 7 Anh. § 462 XIV. 710.
§ 5 III. 520.
§ 8 III. 520.
§ 10 V. 485.
§ 15 III. 520.
§ 16 III. 520.
§ 19 XIV. 710; XVI. 648.
§ 20 XVI. 648.
§ 21 XVI. 648.
§ 23 IX. 716.
§ 25 VIII. 270.
§ 26 a. VIII. 270.
§ 26 d. XVI. 36.
§ 29 V. 469.
§ 30 V. 469.
Tit. 9 § 364 I. 498.
Tit. 11 § 323 I. 73.

1794 Februar 5. (1803 April 11.) Allgemeines Landrecht.

Publikations-Patent Art. IX. VIII. 60.
Theil I.
Tit. 1 § 44 X. 59.
Tit. 2 § 46 X. 561.
§ 49 XII. 147.
§ 60 X. 561.
§ 108 X. 561.
§ 111 VIII. 570.
§ 112 VIII. 570.
Tit. 4 § 20 V. 131.
Tit. 5 § 36 IV. 221.
§ 94 ff. X. 198.
§ 120 ff. IX. 365.
Tit. 5 § 127 XIII. 517.
§ 142 III. 205.
§ 172 VI. 363; VII. 179, 504.
§ 173 XII. 179, 504.
§ 177 VI. 363.
§ 188 XIV. 406.
Tit. 7 § 19 VIII. 602.
§ 21 VIII. 602.
§ 50 VII. 633.
§ 51 VII. 633.
§ 58 VII. 633.
§ 144 XVI. 18.
§ 145 XVI. 18.

Preußische Gesetze, Verordnungen rc.
1794 Febr. 5. Allgem. Landrecht Theil I. (Forts.).
Tit. 7 § 189 XIV. 450.
Tit. 8 § 118 VII. 220.
Tit. 9 § 76 ff. X. 647.
§ 103 VII. 396.
§ 109 ff. X. 450, 700.
§ 172 IX. 288.
§ 221 XIII. 528.
Tit. 10 § 16 IX. 365.
Tit. 11 § 321—326 XVI. 200.
§ 390 II. 52.
§ 401 II. 281.
§ 424 XI. 75.
§ 425 XI. 75.
§ 579 XVI. 253.
§ 671 II. 199.
§ 740 XIV. 492.
§ 930 VII. 105.
§ 996 ff. VIII. 60.
§ 1016 VIII. 60.
§ 1020 VIII. 60.
§ 1021 VIII. 60.
§ 1022 VIII. 60.
§ 1029 VIII. 60.
§ 1030 VIII. 60.
Tit. 13 § 8 XIII. 136.
§ 22 ff. XVI. 36.
§ 62 XI. 102.
§ 63 XI. 102.
§ 83 XII. 136.
§ 111 VI. 363.
§ 119 ff. XVI. 651.
§ 142 XIV. 406.
§ 239 XIV. 406.
Tit. 14 § 109 XIV. 406.
§ 110 XIV. 406.
§ 202 IX. 368.
§ 232 IV. 293.
§ 242 IV. 293.
Tit. 15 § 47 II. 281.
Tit. 16 § 87 X. 255.
§ 93 VI. 363; XII. 179.
§ 94 VI. 363; XII. 179.
§ 95 XII. 179.
§ 96 XII. 179.
§ 151 X. 198.
§ 399 V. 506.
§ 415 V. 506.
§ 416 V. 506.
Tit. 17 § 363 ff. VII. 220.
Tit. 19 § 17 II. 477.
Tit. 20 § 263 VIII. 497.
§ 286 II. 281.
§ 287 II. 281.
Tit. 22 § 186 VI. 479.
§ 213 II. 477.
§ 215 IV. 242.
Theil. II.
Tit. 1 § 138 ff. IV. 209.
§ 138 I. 416; XIV. 194.
§ 139 XV. 871.
§ 140 I. 416.
§ 149 VIII. 363.
§ 155 I. 416; IV. 209; VIII. 363; XIII. 398; XIV. 194; XV. 871.
§ 163 VI. 226.
§ 170 VI. 25; X. 629.
§ 192 VII. 85.
§ 673 XII. 321.
§ 741 ff. VII. 85.
§ 1010 VIII. 363; XIV. 194.
Tit. 7 § 18 ff. VIII. 681.
§ 46 ff. II. 159; IX. 303.
§ 82 II. 159.
Tit. 8 § 38 VI. 91.
§ 204 VI. 91.
§ 444 I. 437.
§ 621 I. 283.
§ 622 I. 283.
Tit. 10 § 85 XIV. 710
§ 92 III. 521
§ 93 III. 521.
Tit. 11 § 286 IX. 116.
§ 427 IV. 209.
§ 428 IV. 209.
§ 434 IV. 209.
§ 435 IV. 209.
§ 441 IV. 209.
§ 510 XVI. 465.
§ 513 XVI. 465.
§ 750 VI. 91.
Tit. 12 § 12 ff. IV. 35.
§ 43 ff. VIII. 100.
§ 46 VI. 388.
Tit. 13 § 7 IX. 116.
§ 9 II. 272.
Tit. 14 § 78 ff. XII. 579.
§ 78 XIII. 475.

Preußische Gesetze, Verordnungen ꝛc.

1794 Febr. 5. Allgem. Landrecht Theil II. (Forts.)

Tit. 15 § 124 XIII. 612.
§ 126 XIII. 542, 612.
§ 129 XIII. 542, 612.
§ 204 II. 265.
Tit. 16 § 30 III. 380.
§ 31 IX. 288.
§ 35 III. 117.
§ 45 IV. 484.
§ 51 VI. 77; VII. 350.
§ 54 X. 689.
§ 64 V. 462; VIII. 776; IX. 46.
§ 65 V. 462; VIII. 776; IX. 46.
§ 66 V. 462; VIII. 776.
§ 67 V. 462; VIII. 776.
Tit. 17 § 3 ff. VIII. 680.
§ 10 IV. 486; XIII. 609.
Tit. 17 § 11 IV. 486.
§ 121 II. 272.
§ 122 II. 272.
§ 126 VIII. 363.
Tit. 18 § 5 VI. 363.
§ 51 Nr. 2 VI. 363.
§ 53 VI. 363.
§ 68 ff. XV. 374.
§ 145 II. 238.
§ 146 II. 238.
§ 225 XVI. 375.
§ 235 ff. XV. 219.
§ 235 XI. 102.
§ 239 XVI. 554, 713, 793.
§ 287 XVI. 554, 713, 793.
§ 681 IX. 445.
§ 955 XV. 374.
§ 1003 XV. 374.
Tit. 19 § 26 VI. 91.
Tit. 20 § 242 XIII. 107, 612.

1794 März 1. Publikandum der südpreußischen Kriegs- und Domainen-Kammer, § 10 VI. 479.
§ 27 VI. 77.
§ 32 XVI. 622.

1801 März 18. Schlesisches Schulreglement, § 25 VI. 388.

1801 August 4. Ostpreußisches Provinzialrecht,
Zus. 228 Nr. 9, 10 I. 316
„ 232 § 5 XV. 455
„ 240 IV. 439.

1801 Oktober 11. Apothekerordnung, Tit. 3 § 2 I. 166.

1804 Juli 7. Ostpreußische Forstpublikation [v. Rönne, Forst- und Jagdwesen S. 800], §§ 1, 4, 5 XII. 420.

1808 Dezember 16. Publikandum, betr. die Verfassung der obersten Staatsbehörden [S. 361], XII. 413.

1808 Dezember 26. Verordn. wegen verbesserter Einrichtung der Provinzialbehörden [S. 464], § 35 XIII. 565,
§ 36 XIII. 565,
§ 45 IV. 545.

1810 Oktober 27. Verordnung über die neue Gesetz-Sammlung [S. 1], IV. 19, 545.

1810 Oktober 27. Verordnung über die Verfassung aller obersten Staatsbehörden [S. 3], IX. 116; XII. 413.

1810 November 8. Gesindeordnung [S. 101],
§ 9 V. 381.
§ 10 V. 381.
§ 31 II. 339.
§ 51 II. 326.
§ 77 VI. 445; XV. 625.
§ 171 V. 381.

Preußische Gesetze, Verordnungen 2c.

1810 Dezember 28. Reglement wegen Einrichtung der akademischen Gerichtsbarkeit [S. 142], § 4 X. 745,
§ 5 X. 745,
§ 9 X. 745; XIII. 442.
1811 März 28. Verordnung über Einrichtung der Amtsblätter und Publikation der Gesetze [S. 165], IV. 19.
1811 November 15. Gesetz wegen des Wasserstandes und der Vorfluth [S. 352], § 8 VII. 539.
§ 9 VII. 539.
1812 März 11. Edikt betr. die bürgerlichen Verhältnisse der Juden [S. 17], § 3 II. 461.
1812 April 24. Königl. Befehl wegen näherer Bestimmungen der Verordnung v. 27. Oktbr. 1810 [S. 43], XII. 413.
1813 Januar 14. Deklaration wegen des Anfanges der rechtlichen Wirkung der publicirten Gesetze [S. 2], IV. 19.
1813 November 26. Allerh. Kab.-Ordre betr. die Ernennung eines eigenen Finanzministers [S. 129], XII. 413.
1816 Mai 16. Maaß- und Gewichtsordnung [S. 142],
§ 17 VIII. 674.
1816 Juni 26. Grenzvertrag zwischen Preußen und Belgien [1818 Anh. S. 77], § 17 XVI. 728.
1817 Februar 9. Verordnung betr. die Justiz-Verwaltung im Großherzogthum Posen, § 143—146, 148, 150, 156 I. 165.
§ 143 III. 59.
1817 Oktober 23. Instruktion zur Geschäftsführung der Regierungen [S. 248], § 11 IV. 545; IX. 691.
1818 Juli 20. Rhein. Ressort-Reglement, § 2 II. 65; VIII. 445.
§ 15 XIII. 565.
§ 33 III. 485; XIV. 815.
1818 November 19. Rhein. Organisations-Instruktion, § 47 X. 741.
1819 Februar 8. Gesetz, betr. die Besteuerung des inländischen Branntweins, Braumalzes 2c. [S. 97], § 19 XV. 149.
1819 Febr. 8. Ordn. zum Gesetze wegen Versteuerung des inländischen Branntweins 2c. [S. 102].
§ 16 V. 268, 535.
§ 17 VI. 72.
§ 20 XIII. 652; XV. 149.
§ 21 XIII. 652.
§ 28 IX. 748.
§ 30 XII. 263; XV. 149.
§ 31 VII. 569; XII. 263.
§ 32 XII. 263.
§ 33 XII. 263.
§ 35 XIII. 652.
§ 49 III. 122, 534.
§ 50 III. 122, 534.
§ 55 VII. 337; VIII. 489; XI. 592; XII. 424.
§ 56 VI. 328.
§ 60 I. 48, 391; II. 259; III. 61; IV. 360;
§ 60 Forts. V. 105; VII. 154; VIII. 159; IX. 210, 607; XI. 330, 572; XIV. 103, 411, 793; XV. 149.
§ 61 I. 48, 149; IV. 360; VI. 144; VII. 154; VIII. 592; IX. 355, 607; XI. 314; XIII. 321; XIV. 416, 793; XV. 346.
§ 62 I. 48, 391; II. 428; VIII. 113; IX. 333; X. 572; XI. 572; XII. 424, 645; XIII. 350; XIV. 462; XV. 346.
§ 63 II. 428; VIII. 113; IX. 333, X. 572; XI. 355. 572; XII. 424, 645; XIII. 321; XIV. 103, 462; XV. 346.

Preußische Gesetze, Verordnungen 2c.
1819 Febr. 8. Ordn. z. Ges. w. Verst. d. inl. Branntw. (Forts.).
§ 64 XV. 589.
§ 66 III. 212; V. 268, 535; XIV. 36.
§ 67 XIV. 36.
§ 74 IX. 748.
§ 75 X. 82; XV. 149.
§ 78 X. 82; XII. 263,
§ 83 I. 533; II. 39; VI. 144; VII. 106, 273; VIII. 212; IX. 190; XV. 165, 203, 346.
§ 84 III. 315.
§ 85 IX. 126.
§ 86 II. 178; III. 315; IX. 126.
§ 87 II. 178; III. 315; IX. 126; XIV. 740; XV. 589.
§ 88 II. 137.
§ 89 II. 63; III. 534; VI. 444; VIII. 489; XI. 592; XIII. 123; XIV. 718.
§ 90 I. 553; II. 63; III. 534; VII. 569; VIII. 489; IX. 371; XV. 877.
§ 91 XI. 322.
§ 93 X. *750*.
§ 94 XI. 572; XII. 645; XIII. 350.
1819 November 18. Reglement über Verwaltung der akademischen Disziplin [S. 238], § 8 XIII. 442.
§ 11 X. 745; XIII. 442.
1820 Januar 20. Deklaration zur Zoll- 2c. Ordnung, betr. die Provokation auf gerichtliches Gehör in Defraudationsfällen [S. 33], § 3 I. 239.
1820 Mai 30. Gesetz wegen Entrichtung einer Mahl- und Schlachtsteuer [S. 143],
§ 5 XI. 167, 382; XIV. 99.
§ 8 II. 259; VI. 300; IX. 556.
§ 10 III. 530.
§ 11 III. 61; XIV. 71.
§ 14 V. 314.
§ 15 a. I. 48; IV. 30, 122, 356; V. 210, 230; VI. 328; VII. 456; IX. 133, 303, 305, 371, 559; X. 48, 155; XIII. 101, 151, 382; XIV. 71; XV. 120, 248, 877.
b. I. 240.
d. I. 48; II. 303; IV. 30, 122, 356; V. 219; VII. 188; VIII. 488; IX. 305; X. 48, 151, 620; XIII. 151, 312.
§ 15 e. VIII. 488; IX. 445.
§ 16 VIII. 489.
§ 16 a. b. VIII. 597.
c. II. 178; VII. 99; IX. 126; XII. 413.
§ 17 II. 39, 259; IV. 30, 356, 360; VI. 300, 328; VII. 497; VIII. 159, 488, 489; IX. 371, 607; XIII. 100.
§ 17 a. I. 48; II. 303; X. 48, 635; XI. 572; XIV. 411; XV. 120, 248.
b. I. 48, 391; II. 178, 428; III. 61; IV. 30; X. 48, 572; XI. 572; XII. 645; XIV. 411, 740.
d. XI. 592; XV. 877.
§ 19 III. 61; IV. 557; VII. 99; XII. 413; XV. 433.
1820 Mai 30. Gesetz wegen Entrichtung der Gewerbesteuer [S. 147],
§ 1 ff. XIV. 556, 782.
§ 2 V. 179, 234; IX. 672; X. 352, 382, 628.
§ 3 VIII. 245; XI. 479; XVI 316.
§ 4 III. 527; V. 234; XIV. 189; XVI. 316.
§ 5 IX. 672; XIII. 411.
§ 6 aa. I. 549.
§ 10 c. XII. 125; XVI. 740.
e. VI. 168, 321.
§ 18 XI. 472; XIII. 497; XIV. 767, 782; XV. 283.
§ 19 a. I. 543; III. 144; VII. 289, 553; VIII. 576; IX. 547, 619; X. 576, 599, *786*; XI. 284; XIII. 407, 646; XIV. 30, *144*, 242, 655, 782;

1820 Mai 30. Gesetz wegen Entrichtung der Gewerbesteuer. (Forts.).
§ 19a. Forts. XV. 844; XVI. 84, 126, 164, 316, 555, 577.
§ 20 VII. 289, 553; X. 428; XII. 121.
§ 35 IV. 136.
§ 39a. III. 303; X. 576; XV. 843; XVI. 577.
b. I. 543; V. 234; VII. 524; VIII. 569, 576; IX. 619; X. 425, 599,
§ 39b. Forts. X. 628, 786; XI. 284, 479; XII. 280; XIII. 646; XIV. 30, 46, 242, 655, 782; XV. 434; XVI. 316, 555, 577, 655.
§ 40 III. 292; XII. 121; XV. 312.
§ 42a. X. 750; XI. 22; XII. 484; XIV. 67.
Beilage B Nr. 1 V. 527.
" " " 12 H. XI. 273.
" " " 12 Kb. XI. 284.
1820 Juni 1. Gesetz wegen der Löhnung und des Umzugs der Schäfer in Neuvorpommern, Posen und Warschau [S. 109], VII. 479; IX. 511.
1820 Dezember 1. Branntweinsteuer-Regulativ [Schimmelpf. 2. Ausg. S. 226], § 5 XII. 263,
§ 11 III. 122; VI. 72; XII. 263; XIV. 36; XVI. 460.
1820 Dezember 30. Verordn. über die Organisation der Gensd'armerie [1821 S. 1], § 12 II Nr. 1 XV. 98; XVI. 407.
1820 Dezember 30. Dienst-Instruktion für die Gensd'armerie [1821 S. 10], § 26 XIII. 4.
1821 Juni 7. Verordnung über die Competenz der Friedensgerichte in der Rheinprovinz [S. 101], § 4 VI. 5;
§ 8 VI. 5.
1821 Juni 23. Elbschifffahrtsakte [1822 S. 10], Art. XVII VIII. 353.
" XIX. VIII. 353.
" XXI. VIII. 353.
1822 März 7. Gesetz wegen der Stempelsteuer [S. 57],
§ 2 XV. 388.
§ 3a. V. 307.
§ 3b. II. 401.
§ 4 X. 659.
§ 5 XIII. 433.
§ 6 II. 498.
§ 7 XIII. 626; XIV. 174; XVI. 40.
§ 12 I. 53, 462, 488; II. 426; III. 188; IV. 165; V. 59, 143, 307; VI. 310; IX. 283; X. 403, 433, 737; XII. 84, 315, 489; XIII. 433; XV. 444; XVI. 66.
§ 20 I. 231, 296, 299, 311, 351, 462; II. 107, 503; III. 269, 320, 552; IV. 56, 295, 544; V. 210, 232; VI. 155; VIII. 583, 646; IX. 117, 379; X. 583;
§ 20 Forts. XII. 489; XIII. 433.
§ 21 II. 409, 426, 511; III. 483, 491; IV. 165; V. 307; IX. 212, 529; X. 152, 433; XI. 13; XII. 284; XVI. 354.
§ 22 I. 53, 154; II. 400, 409, 503; III. 492; IV. 165; V. 59; VI. 310; IX. 616; X. 594; XVI. 45.
§ 26 I. 296, 299, 311, 351; II. 107, 503; III. 269, 320, 552; IV. 56, 295, 544; V. 210, 332; VI. 155, 197, 514; VIII. 583, 646; IX. 117; 379; X. 583; XII. 263.
§ 29 XII. 382.
§ 30 XIV. 269, 460.
§ 34 IX. 616.
§ 35 III. 204.
Tarif Allg. Vorschr. Nr. 1 II. 223 IX. 399; XIV. 44.
Assignation X. 230.

Preußische Gesetze, Verordnungen ꝛc.

1822 März 7. Gesetz wegen der Stempelsteuer (Forts.).
Tarif Gesindeentlassungsschein V. 381.
Gutachten I. S. 76.
Tarif Schuldverschreibung II. 469.
Vergleich XV. 849.

1823 Januar 9. Allerh. Kab.-Ordre betr. Gewerbesteuerfreiheit des Bergbaues, V. 234.

1823 Februar 16. Verordnung über das Armenrecht in der Rheinprovinz, X. 90; XIII 12.

1823 September 4. Allerh. Kab.-Orde betr. Stempelpflichtigkeit der Dispositionsscheine [S. 163], XI. 46; XVI. 659.

1824 Januar 10. Allerh. Kab.-Ordre die Erhebung der Maischbottichsteuer betreffend [v. Kamptz, Ann. VIII. 48],
Nr. 4 XI. 419.
Nr. 5 I. 148, 172, 173, 279; II. 344; III. 211; IV. 313; V. 390, 438, 528; VII. 154; VIII. 164, 338, 591, 592;
Nr. 5 Forts. IX. 190, *740*; XI. 315, 419, 540; XII. 579; XIII. 321; XIV. *375*, 505, 575, 669, 793; XV. 165, 346, *428*; XVI. 381, 460, 660.

1824 Januar 10. Allerh. Kab.-Ordre die Erhebung der Brausteuer betreffend [v. Kamptz Ann. VIII. 50],
Nr. 1 I. 345; VI. 144; X. 579; XIII. 321.
Nr. 3 I. 345.

1824 April 28. Regulativ über den Gewerbebetrieb im Umherziehen und insbesondere das Hausiren [S. 125], XI. 558,
§ 1 ff. VII. 458; XIV. *378*, 753.
§ 1 VIII. 312, 430; X. 115; XII. *121*, *389*, *450*; XVI. 478.
§ 2 I. 40; II. 439; IV. 400, 404; V. 141; VI. 366, 377, 528; VII. 662; VIII. 186, 451; IX. 283, 414, 595, 699, X. 115, 575, 773; XII. 590, XIII. 359; XIV. 323, 753; XVI. 99, 154.
§ 3 III. 331; XII. *121*, *389*, *450*.
§ 4 I. 340; III. 331; VII. 283, 662; IX. 595; X. *558*; XII. *121*, *389*, *450*; XIV. 257; XV. 98.
§ 5 I. 309; IV. 160, 400, 501; V. 141; VI. 110, 518; VII. 496, 637; VIII. 430; X. 115; XII. *218*; XIV. *66*, 363; XV. 170; XVI. 588.
§ 6 V. 179; XI. 458; XII. *121*, *389*, *450*; XV. 457.
§ 7 VII. 16, 458; IX. 595; X. 605; XII. *121*, 331, *389*, 650; XIV. *66*, 526; XV. 457, 864; XVI. 530, 620.
§ 8 VII. 458.
§ 10 X. 428.
§ 12 VIII. 306.
§ 13 ff. XII. *121*, 331, *389*.
§ 13 IV. 501.
§ 14 ff. III. 292.
§ 14 VII. 282; VIII. 306; XIV. 257; XV. 98; XVI. 532.
§ 16 XIV. 257.
§ 18 V. 514; VI. 165; VIII. 741; XV. 864.
§ 20 IV. 501; IX. 510; XVI. 519.
§ 22 XVI. 126.
§ 25 XVI. 588.
§ 26 I. 309, 555; II. 439; III. 87, 107, 276; IV. 278, 391, 400, 417; V. 4, 368; VI. 165, 528; VII. 454, 458, 495; VIII. 118, 306, 430, 572; IX. 308, 557, 595, 699;

Preußische Gesetze, Verordnungen 2c.

1824 April 28. Regul. ü. d. Gewerbebetr. im Umherziehen 2c. (Forts.)

§ 26 Forts. X. 428; XI. 562; XII. *121*, 331, *389*, 481; XIII. 359; XIV. 594; XV. 12, 312, 457, 739, 864; XVI. 126, 154, 478, 519, 530, 753.

§ 27 V. 3, 141; IX. 557; XVI. 126; 753.

§ 28 I. 340; IV. 391, 501; VII, 454, 458; VIII. 573; IX. 510. 574; XI. 562; XII. 481; XIV. 363, 527; XVI. 126.

§ 30 VI. 166; IX. 510, 578; XVI. 126, 519.

§ 31 III. 276; XVI. 704.

§ 32 V. 368; XI. 322; XIV. 67.

1825 Februar 4. Justiz-Ministerial-Verfügung, X. 741.

1825 Mai 14. Allerh. Kab.-Ordre betr. die Schulzucht [S. 149],

Nr. 1 VIII. 98, 106, 712, 792; X. 448.

Nr. 2 VIII. 100, 236, 767; IX. 129; X. 673;

Nr. 2 Forts. XVI. 462.

Nr. 3 VIII. 792; X. 448.

Nr. 4 VII. 414.

1825 Dezember 31. Instruktion für die Ober-Präsidenten [1826 S. 1], § 11 Nr. 4 VI. 91.

1827 März 11. Verordnung wegen der von den Mennoniten statt des Eides abzugebenden Versicherung [S. 28], IV. 308; VII. 425.

1827 April 20. Westfälische Hengst-Köhr-Ordnung, IV. 546.

1827 Septbr. 7. Minist.-Verordn. über Errichtung des Schiedsmanns-instituts in Ost- und Westpreußen, XIV. 275.

1828 März 27. Allerh. Kab.-Ordre betr. Ankauf von Materialien durch umherreisende Gewerbsgehülfen [S. 49], IV. 160, 401.

1828 Mai 3. Allerh. Kab.-Ordre die Gewerbesteuer für Privatversicherungsanstalten betr. [S. 64], XII. 121; XIII. 411; XIV. 556; XV. 434.

1828 September 30. Allerh. Kab.-Ordre über das Verfahren bei baulichen Anlagen 2c. innerhalb der nächsten Umgebungen der Festungen [S. 119], § 3 I. 162, 298, 425.
§ 5 XVI. 73.
§ 18 X. 13.

1828 November 18. Allerh. Kab.-Ordre zur Erläuterung des Stempeltarifes 2c. [1829 S. 16], II. 223; V. 403.

1829 April 29. Allerh. Kab.-Ordre (über Hundesteuer), XIV. 160.

1829 Dezbr 15. Allerh. Kab.-Ordre betr. Stempelstrafverfahren. gegen Beamte [v. Kamptz Ann. XIV. S. 40], VII. 379; XIV. 460.

1830 Januar 3. Allerh. Kab.-Ordre über die Stempelabgabe beim Verkehr mit Wechseln [S. 9], Nr. 1 III. 75; X. 640.
Nr. 5 I. 296; II. 468.
Nr. 8 XVI. 585.

1830 Februar 24. Allerh. Kab.-Ordre betr. Stempelwesen [v. Kamptz Jahrb. XXXV. S. 296, 297], I. 488; II. 400.

1830 April 17. Verordnung, die Ausübung der Jagd auf dem linken Rheinufer betr. [S. 65], § 5 VIII. 642.
§ 15 VIII. 642.

1830 April 30. Allh. Kab.-Ordre (betr. Stempelgesetz), VII. 379.

1831 Februar 12. Allh. Kab.-Ordre wegen Befreiung der Kaufleute 2c. von Entrichtung besonderer Gewerbesteuer von Gewerbescheinen 2c. [S. 5], IV. 401; IX. 545; XII. *121*; XVI. 588.

Preußische Gesetze, Verordnungen ꝛc.

1831 Mai 25. Allh. Kab.-Ordre betr. das Armenrecht in der Rheinprovinz [S. 67], X. 67.
1831 August 17. Allerh. Kab.-Ordre über Erweiterungen der nachgelassenen Abfindungen wegen der Braumalzsteuer [S. 173], II. 178; IX. 126.
1831 August 20. Allh. Kab.-Ordre (betr. Beleidigungen in Immediateingaben), II. 556.
1831 November 23. Allh. K.-Ordre wegen Bestrafung der Schiffer ꝛc. [S. 255], VI. 445.
1832 April 14. Allh. K.-Ordre wegen Abänderung von § 5 littr. a. b. des Stempelges.'s v. 7. März 1822 [S. 137], VII. 356; X. 659.
1832 Juli 4. Allerh. Kab.-Ordre wegen des Gerichtsstandes von Personen, welche im Dienste Anderer sich befinden [S. 175], XV. 374.
1832 August 11. Allh. Kab.-Ordre wegen Anwendung der Strafgesetze über Amtsvergehen ꝛc. [S. 204], IV. 154; VII. 581.
1832 Oktober 24. Allh. K.-Ordre wonach die steuerfreie Einführung von Weizen ꝛc. Mehl ꝛc. nicht weiter zuzulassen [S. 226], IX. 305.
1833 April 13. Allh. Kab.-Ordre den Rekurs gegen Strafresolute in Stempelsachen betr. [S. 33], VII. 505; XIV. 460.
1833 Juni 17. Gesetz wegen Ausstellung von Papieren auf den Inhaber [S. 75], § 1 I. 443; V. 473.
§ 5 I. 443.
1833 Juli 24. Instruktion zur Verordnung vom 1. Juni 1833, § 42 VIII. 602.
1833 Oktober 14. Allh. K.-O. wegen der Grenzen der Gewerbescheinpflichtigkeit der Musiker [S. 126], V. 514; VI. 165; VII. 16; VIII. 741; IX. 578; XV. 864.
1833 Dezbr. 14. (V.) Gesetz über das Rechtsmittel der Revision und der Nichtigkeitsbeschwerde, § 5 Nr. 5 I. 325; II. 547; V. 433; VI. 130; VII. 483; IX. 110.
Nr. 6 V. 433; VI. 130.
Nr. 7 I. 518; VI. 130.
1833 Dezember 17. Allh. Kab.-Ordre wegen der Gewerbesteuerfreiheit des Hüttenbetriebs ꝛc. [1834 S. 5], V. 234.
1833 Dezember 31. Verordn. wegen Abänderung des Art. 351 der Rhein. Straf-Prozeß-Ordnung [1834 S. 3], II. 191, 525; VIII. 403.
1834 März 4. Verordn. über die Exekution in Civil-Sachen [S. 31], § 9 I. 403.
1834 März 4. Verordnung über den Subhastations- und Kaufgelder-Liquidations-Prozeß [S. 39], § 3 XI. 175.
1834 März 25. Allerh. Kab.-Ordre wegen des Aggravationsrechtsmittels bei gegen Civilbeamte eingeleiteter Criminal-Untersuchung [S. 63], Nr. 5 IV. 311.
Nr. 6 IV. 311.
1834 Juni 16. Verordnung über die Einrichtung der Justizbehörden in Posen [S. 75], § 9 I. 135.

Preußische Gesetze, Verordnungen ꝛc.

1834 Juni 19. Allerh. Kab.-Ordre wegen Stempelpflichtigkeit der Punktationen [S. 81],
I. 53, 388; II. 409, 469; III. 205; IV. 293; VI. 310; IX. 212, 365; X. 152, 433, 649; XI. 13; XIII. 626; XIV. 174; XV. 388.

1835 Februar 7. Allh. Kab.-Ordre in Betreff des Kleinhandels mit Getränken ꝛc. [S. 18], IV. 272; VI. 515; VII. 551, 666; X. 581; XIV. 189.

1835 Mai 23. Pommerscher Landtagsabschied [Stralsunder Amtsblatt 1835 St. 44], VIII. 144.

1835 Juni 20. Allerh. Kab.-Ordre über die Competenz der Polizeiverwaltungsbehörden der Rheinprovinz in Beziehung auf Schulpflichtigkeit [S. 134], Nr. 1 X. 448, 673.
Nr. 2 VIII. 96, 98, 100, 103, 712, 767, 797; X. 448, 673; XVI. 462.
Nr. 3 X. 448, 673.

1835 August 8. Allerh. Kab.-Ordre über die Bekräftigungsformel bei Eiden der Katholiken [S. 182], VIII. 460.

1835 August 8. Regulativ über die sanitätspolizeilichen Vorschriften bei ansteckenden Krankheiten [S. 240],
§ 9 IX. 140; XIII. 307; XVI. 246.
§ 17 XIV. 525.
§ 44 XIII. 307.
§ 93 II. 236.
§ 95 XVI. 247.
§ 99 II. 236.
§ 100 XIV. 525.
§ 111 XIV. 525.
§ 119 IX. 140.
§ 121 XIV. 525.

1835 August 29. Allerh. Kab.-Ordre betr. Kompetenz zur Abfassung der Erkenntnisse dritter Instanz in fiskalischen Untersuchungssachen [S. 197], IV. 311.

1835 September 23. Allerh. Kab.-Ordre wegen der Rechtsverhältnisse der Schiffsführer zu den Schiffsknechten [S. 222], VI. 445.

1835 November 24. Allerh. Kab.-Ordre (das Stempelwesen betr.) [v. Kamptz Jahrb. XLVI. S. 560], I. 53; II. 249; XI. 537; XV. 388, 608.

1835 Dezember 5. Allh. Kab.-Ordre über die Anwendbarkeit der AKO. v. 4. Juli 1832 (den Gerichtsstand der Dienstboten betr.) [S. 291], XV. 374.

1836 März 27. Verordnung betr. die Abänderung des Patents vom 2. April 1803 wegen der Viehseuchen [S. 173],
§ 3 III. 549.
§ 4 III. 549.

1836 März 28. Allh. Conzessions-Urkunde (an die Grafen zu Stollberg-Rosla) § 23 X. 510.
§ 27 X. 510.

1836 August 1. Allerh. Kab.-Ordre die Erhaltung der Einheit der Rechtsgrundsätze ꝛc. betr. [S. 218], IX. 567.

1836 September 16. Reglement den Debit der Arzneiwaaren betr. [1837 S. 41], V. 559; VI. 58, 211; IX. 159, 423.

1836 Oktober 17. Allerh. Kab.-Ordre wodurch das Reglement vom 19. Septbr. 1836 genehmigt wird [1837 S. 41], VI. 58.

Preußische Gesetze, Verordnungen ɾc.

1836 Oktober 28. Allh. Kab.-Ordre betr. Abänderung des Stempelgesetzes vom 7. März 1822 in Beziehung auf Stempelstrafen der Beamten [S. 308], I. 53; VII. 379, 505; XIII. 626; XIV. 174, 239.

1836 Dezember 31. Allh. Kab.-Ordre und Regulativ (v. 4. Dezbr.) den Gewerbebetrieb im Umherziehen betr. [1837 S. 13],
I. 555; III. 87, 276; IV. 401; V. 515; VIII. 306, 569; IX. 308, 545; XV. 99; XVI. 704.

1837 Februar 7. Allh. Kab.-Ordre über die Befugniß der Behörden zu polizeilichen Bestimmungen über die Sonntagsfeier [S. 19], VIII. 679.

1837 März 20. Gesetz wegen Bestrafung der Tarifüberschreitung bei Erhbg. v. Communicationsabgaben [S. 57], § 1 XI. 73.

1837 März 31. Gesetz ü. den Waffengebrauch d. Forstbeamten [S. 65],
§ 1 Abs. 1 Nr. 1 VII. 76.
§ 1 Abs. 1 I. 526.
§ 1 Abs. 3 X. 511.
§ 10 IX. 435; X. 658.

1837 März 31. Gesetz über die Strafe der Widersetzlichkeit bei Forstvergehen [S. 67],
I. 205; VIII. 207, 519; IX. 499, 534, 599, 703; X. 15; XI. 82, 199; XII. 154.
§ 1 ff. VII. 518; VI. 335; X. 153, 462.
§ 1 III 117, 286; IV. 109, 242, 508; V. 49, 101; VI. 319; VII. 256, 355; IX. 164; X. 469, *526*; XII. 97, 512.
§ 2 II. 513; V. 101; VII. 76; X. 511.
§ 3 IV. 508; VII. 126; X. 15; XII. 512.
§ 4 I. 525; IV. 109; VIII. 527; XI. 23.
§ 6 I. 525.
§ 10 V. 17.
§ 11 VII. 117.

1837 Mai 8. Gesetz ü. d. Mobiliar-Feuerversicherungswesen [S. 102],
§ 1 VIII. 570.
§ 2 VIII. 709.
§ 5 V. 542; VIII. 155; IX. 252; 726.
§ 14 V. 361; VII. 472, 527; VIII. 322; IX. 252; X. 69; XIII. 556; XV. 438; XVI. 78, 146, 605.
§ 15 VIII. 322; XVI. 146.
§ 17 II. 548; VII. 734; VIII. 735; X. 26, 286; XI. 239.
§ 18 VII. 527; XI. 239.
§ 20 I. 354; IV. 287; V. 542; VI. 109; VII. 527; VIII. 155; 570; IX. 726; X. 12; XIII. 538; XVI. 173.
§ 21 IV. 287; IX. 726.
§ 22 VI. 165; X. 12.
§ 23 VIII. 709.
§ 24 VIII. 709.
§ 27 IX. 252.
§ 28 I 354; II. 548; IV. 322; VII. 659, 734; VIII. 735; IX. 301; X. 26, 286; XIV. 307; XVI. 810.
§ 30 XIV. 789.
§ 31 V. 361; VII. 472, 527; VIII. 322; X. 69; XIII. 556; XIV. 307; XV. 438; XVI. 78.
§ 33 VIII. 322; XVI 146.
§ 34 VII. 472.
§ 36 XIV. 307.
§ 37 XIV 307.

1837 Juni 11. Gesetz zum Schutze des Eigenthums an Werken der Wissenschaft und Kunst gegen Nachdruck und Nachbildung [S. 165],
§ 1 I. 101, 473; II. 40; IV. 265; V. 50.
§ 2 I. 101, 473; III. 440; IV. 265.

Preußische Gesetze. Verordnungen ꝛc.

1837 Juni 11. Ges. z. Schutze ꝛc. gegen Nachdruck ꝛc. (Forts.).
§ 3 I. 176, 483; II. 40; IV. 265.
§ 4 I. 176.
§ 7 I. 101; V. 50; X. 326.
§ 9 I. 220; III. 455.
§ 10 I. 220, 473, 483; II. 210, 355; III. 440; V. 186; VI. 526; VIII. 798.
§ 11 III. 440; V. 186.
§ 12 I. 473; II. 210; V. 186.
§ 13 I. 220; II. 355; III. 440.
§ 14 II. 40; IV. 265.
§ 15 V. 50, 186; VI. 526; VIII. 798; X. 326.
§ 16 V. 186; VI. 526; VIII. 798.
§ 17 VIII. 798.
§ 18 I. 176; XI. 215.
§ 19 I. 176; IV. 265.
§ 20 IV. 265.
§ 21 III. 455.
§ 24 III. 455.
§ 26 III. 455; IV. 383.
§ 27 IV. 383; XIII. 80.
§ 28 IV. 383.
§ 29 III. 455; IV. 383; XI. 508; XII. 288; XIII. 80.
§ 30 III. 440.
§ 31 XI. 215.
§ 32 IV. 265.
§ 34 IV. 265; V. 186; VI. 526.

1837 November 9. Bundesbeschluß zum Schutze des schriftstellerischen Eigenthums gegen Nachdruck ꝛc. [S. 161],
Art. 1 III. 455; IV. 265; XIII. 128.

1838 Januar 23. Zollgesetz [S. 34],
§ 3 III. 549; IV. 299.
§ 29 I. 265.
§ 31 VII. 317.
§ 33 VII. 317.
§ 36 Nr. 1 V. 553; VIII. 176.
§ 36 Nr. 3 V. 553.
§ 37 II. 239; III. 240.
§ 38 V. 53.
§ 41 III. 350; V. 118; VIII. 40.

1838 Januar 23. Zollordnung [S. 42],
§ 1 V. 133, 135.
§ 2 V. 133, 135.
§ 3 V. 133, 135.
§ 11 VIII. 670.
§ 40 V. 512.
§ 41 VII. 317.
§ 43 V. 53; VII. 317.
§ 46 VII. 317.
§ 55 V. 512.
§ 58 V. 53.
§ 76 III. 350; V. 118; VIII. 40.
§ 83 III. 143; IV. 465.
§ 84 III. 143; IV. 465.
§ 85 I. 265.
§ 92 V. 553; VIII. 176.

1838 Januar 23. Gesetz wegen Untersuchung und Bestrafung der Zollvergehen [S. 78],
§ 1 I. 217, 393; III. 549; IV. 358; V. 135, 402, 548; VIII. 631.
§ 2 V. 553; VII. 700; X. *70*.
§ 3 VIII. 591, 631.
§ 4 II. 36.
§ 6 I. 217; III. 33; V. 402; VII. 700.
Abs. 1 Nr. 1 a. III. 434; VII. 424; X. 629.
Nr. 1 b. VIII. 670.
Nr. 2 IX. 318.
§ 6 Nr. 2 b. I. 393.
Nr. 2 d. I. 265; IV. 132; VII. 294.
Nr. 3 III. 121; IX. 318.
Nr. 4 II. 239; IX. 318.
Abs. 3 V. 105; IX. 303, 318.
§ 7 V. 553; VIII. 176.
§ 9 IV. 30.
§ 11 Nr. 1 III. 121.
§ 12 III. 33.
§ 17 V. 512; VII. 317.
§ 18 X. *70*.

1838 Jan. 23. Ges. w. Unters. u. Bestraf. d. Zollvergehen (Forts.).

§ 19 III. 266; X. 70; XI. 512.
§ 20 V. 553.
§ 21 V. 553.
§ 23 III. 315; VI. 50; X. 713.
§ 24 III. 315, 414.
§ 25 II. 137.
§ 26 III. 241.
§ 28 III. 240.
§ 29 III. 240.
§ 33 IX. 277; X. 713.

1838 Januar 23. Allh. Kab.-Ordre betr. die Modifikation der Strafen bei Steuer-Defraudation [S. 92], IV. 30.

1838 März 31. Verordnung betr. die Ausübung der Polizeigerichtsbarkeit [S. 253], § 1 IV. 486; VIII. 578; IX. 140.

1838 Mai 5. Verordnung wegen Einführung eines gleichmäßigen Verfahrens bei der Insinuation der Erkenntnisse 2c. [S. 273], II. 396; § 3 VIII. 602.

1838 November 3. Gesetz über die Eisenbahnunternehmung [S. 505], § 23 XI. 367.

1838 November 24. Allh. Kab.-Ordre über Stempel von Punktationen, XVI. 696.

1838 Dezember 12. Reglement die Errichtung des Sparkassenwesens betr. [1839 S. 5], Nr. 14 II. 281.
Nr. 22 II. 281.

1839 März 9. Regulativ über die Beschäftigung jugendlicher Arbeiter in Fabriken [S. 156], § 1 VI. 427.
§ 2 VI. 427.
§ 8 VI. 427.

1839 März 17. Verordnung betr. den Verkehr auf den Kunststraßen [S. 80],

§ 1 VI. 459; XI. 34; X. 704.
§ 6 X. 704.
§ 12 X. 491.
§ 15 VI. 459; X. 704.
§ 18 VI. 459.

1839 April 6. Allh. Kab.-Ordre betr. Bestätigung des Regulativs vom 9. März [S. 156], VI. 427.

1839 April 6. Deklaration der Verordnung vom 14. Dezember 1833 über die Revision 2c. [S. 126], Art. 3 Nr. 3 II. 379; VI. 130.
Art. 17 I. 325; V. 433; VI. 130.

1839 April 7. Instruktion zur Ausführung der Verordn. über Revision und Nichtigkeitsbeschwerde vom 14. Dezbr. 1833 [S. 133], Nr. 29 VII. 447.

1839 Mai 28. Rheinische Zuchtstier-Kör-Ordnung, XIII. 512.

1839 Juni 30. Verordnung für Sachsen, Westfahlen und die Rheinprovinz betr. die Kontrole transportirter Hölzer [S. 223], VI. 60.

1839 November 25. Begleitscheinregulativ [Mindener Amtsblatt 1840 S. 95], V. 53.

1840 Februar 29. Chausseegeldtarif [S. 94],

I. 481; III. 405.
Befrg. Nr. 1 XV. 17.
" " 7a. XIII. 565, 673.
" " 7b. VII. 50, 564; IX. 567; X. 458; XI. 271; XII. 511;
Befrg. Nr. 7b. Forts. XIII. 676; XIV. 699; XV. 73.
§ " 7c. VII. 702; IX. 429; X. 458; XI. 41; XII. 47; XIII. 120.
" " 8 II. 288; VI. 248.
Zus. Vorschr. Nr. 2 VI. 367; VII. 119; XIV. 644;

Preußische Gesetze, Verordnungen rc.

1840 Februar 29. Chausseegeldtarif (Forts.).

Zus. Vorschr. Nr. 2 Forts. XV. 480.
= = = 3 IX. 590, 743; X. 205.
= = = 4 V. 116.
= = = 5 II. 255, 338, 558; V. 154, 298; VI. 15, 18, 349, 367; VII. 119, 296, 400, 702; VIII. 397; IX. 107, 590, 743; X. 23, 26, 141, 205, 687; XI. 107, 363,

Zus. Vorschr. Nr. 5 Fts. XI. 388, 528; XII. 511; XIII. 634, 673; XIV. 129, 580, 644, 671, 774; XV. 358, 480.
= = = 6 V. 116.
= = = 8 V. 154; VII. 296, 702.
= = = 9 II. 451.
= = = 10 XI. 528; XV. 92.
= = = 11 VI. 271; XV. 834.
= = = 15 X. 491.
= = = 16 X. 391; XV. 829.
= = = 17 XV. 829.
= = = 18 XI. 200.
= = = 19 I. 157.
= = = 20 X. 491.
= = = 22 XI. 262.

1840 April 12. Allh. Kab.-Ordre betr. Modifikation des § 1 der Verordnung v. 17. März 1839 (betr. die Radfelgenbreite) [S. 108], X. 704; XI. 34.

1840 September 9—27. Staatsvertrag mit Anhalt-Bernburg [S. 250], Art. 35 IX. 229.

1841 März 30. Publikandum betr. die Jagd in Posen [Pos. Amtsbl. 1842 S. 145], VI. 77.

1841 März 31. Gesetz zur Aufrechterhaltung der Mannszucht auf Seeschiffen [S. 64], VI. 445.

§ 5 I. 400; II. 491.
§ 7 XII. 253.
§ 8 XII. 253.

1841 Mai 30. Allh. Kab.-Ordre über Ausdehnung der § 14, 15 des Gesetzes vom 8. Mai 1837 auf Versicherung von Immobilien [S. 122], VIII. 332; XIII. 556; XVI. 146.

1841 Mai 30. Allh. Kab.-Ordre (betr. die Weidfrevel in Posen) [Pos. Amtsbl. 1842], VI. 480.

1841 Oktober 31. Allh. Kab.-Ordre (die Theilnahme an Uebertretungen betr.) [JMBl. 1842 S. 176], V. 353.

1841 November 18. Allerh. Kab.-Ordre (betr. die Schonzeit für die Jagd) [JMBl. 1842 S. 79], II. 498.

1841 Dezember 18. Allh. K.-Ordre betr. Beleidigungen in Immediateingaben, II. 556.

1842 April 27. Allh. Kab.-Ordre über Insinuation der ersten Vorladung in Abwesenheit des Verklagten [JMBl. S. 196], IX. 520.

1842 Mai 11. Gesetz über Zulässigkeit des Rechtsweges auf polizeiliche Verfügungen [S. 192], XIII. 276;

§ 1 X. 596; XVI. 292.

Preußische Gesetze, Verordnungen ꝛc.

1842 Dezember 9. Verordnung wegen Ermäßigung der auf die Verletzung der Schonzeit gesetzten Strafen [1843 S. 2], IV. 484; VI. 269; X. 689, 779.

1842 Dezember 23. Allh. Kab.-Ordre betr. Ausdehnung der Ordre v. 28. Oktober 1836 zum Stempelgesetz [1843 S. 21], XIV. 174, 269.

1842 Dezember 31. Gesetz über Erwerb ꝛc. der Eigenschaft als preußischer Unterthan [1843 S. 15], § 6 VII. 384.
§ 15 ff. V. 75.
§ 20 V. 92.

1843 Februar 24. Gesetz über die Benutzung der Privatflüsse [S. 41],
§ 1 III. 477.
§ 16 III. 477.
§ 25 III. 477.

1843 Mai 3. Allerh. Kab.-Ordre (betr. die Strafe der Gewerbesteuerdefraudation [nicht publ.], III. 87.

1843 Juli 20. Verordnung über die Ehrengerichte des Offizierstandes [1844 S. 299],
§ 3 Nr. 1b. I. 347.
§ 4d. I. 347.
§ 2 Nr. 2 IX. 570.
§ 7 IX. 570.
§ 32 IX. 570.

1843 Juli 21. Verordnung über die Befugniß der Justizkommissarien zur ꝛc. Legalisirung von Rechtsschriften [S. 295], VI. 124.

1843 Oktober 19. Regulativ für den Betrieb ꝛc. der Stein- und Braunkohlengruben ꝛc. [1861, S. 356], § 5—7 IX. 111.
§ 12 VII. 389; IX. 111.

1843 Dezember 8. Allh. K.-Ordre betr. die zum Suchen von Waarenbestellungen ꝛc. herumreisenden Personen [1844 S. 15], II. 505; IV. 501; VII. 496; VIII. 430; IX. 377; XII. 28; XVI. 588.

1843 Dezember 22. Verordnung die Bestrafung des Spielens an der Bank zu Köthen betr. [1844 S. 16], VIII. 466.

1843 Dezember 22. Allh. K.-Ordre wegen Bestrafung der Mahlsteuer ꝛc. kontraventionen [1844 S. 46], VII. 99; VIII. 489; XI. 592; XII. 413; XIV. 51; XV. 433.

1844 April 13. Additionsakte zur Elbschiffahrtsakte [S. 458].
§ 31 VIII. 353.
§ 32 VIII. 353.
§ 33 VIII. 353.
§ 34 VIII. 353.
§ 41 VIII. 353.

1844 Mai 24. Allh. Kab.-Ordre betr. Verwandlung der Stempelstrafe in Freiheitsstrafe [S. 238], III. 484; IX. 237.

1844 Juni 7. Regulativ betr. das Verfahren bei Chausseepolizeiübertretungen [S. 167],
§ 1 XI. 262.
§ 3 XI. 262.
§ 5 XI. 262.
§ 10 VI. 61; XI. 9.
§ 15 XI. 9.
§ 16 XI. 9.
§ 17 XI. 9.

1844 Juni 21. Allerh. Kab.-Ordre betr. Kleinhandel mit Getränken [S. 214], VII. 551, 666.

1844 Juni 28. Verordnung wegen Abänderung der Eidesformel ꝛc. [S. 249], § 3 II. 334; X. 700; XVI. 371.

Preußische Gesetze, Verordnungen ꝛc.

1844 August 19. Gesindeordnung für die Rheinprovinz [S. 410],
§ 16 II. 326.
§ 42 II. 322.
§ 50 II. 322.

1844 September 14. Allerh. Kab.-Ordre (betr. den Gerichtsstand bei Steuervergehen) [JMBl. S. 218], IV. 541.

1845 Januar 7. Staatsminister.-Beschluß über die Erlasse von Polizeiverordnungen [JMBl. S. 34], IV. 545.

1845 Januar 17. Gewerbeordnung [S. 41],
§ 14 III. 292; VI. 373; IX. 651.
§ 16 V. 285; VI. 232; IX. 595; XI. 273.
§ 22 III. 158; IV. 124; VI. 373; VII. 289, 527; IX. 578.
§ 23 III. 158; VI. 373.
§ 26 III. 477.
§ 27 III. 477.
§ 42 III. 274.
§ 45 VI. 499; X. 568.
§ 48 IX. 595.
§ 49 III. 158, 292; VI. 232, 284; VII. 527, 707; VIII. 34, 310.
§ 50 III. 158.
§ 51 VI. 284; VIII. 34.
§ 56 X. 568.
§ 59 V. 285.
§ 61 III. 267, 537; V. 285.
§ 62 III. 267, 537; V. 285.
§ 71 ff. III. 274.
§ 71 III. 274; X. 556.
§ 73 III. 274.
§ 75 VI. 366; X. 576.
§ 88 ff. IX. 355.
§ 151 IV. 441.
§ 171 X. 556.
§ 171 ff. III. 274.
§ 173 VI. 257; IX. 423.
§ 176 IV. 124, 136; VII. 527; IX. 104, 578; XI. 275.
§ 177 III. 292; IV. 272; VI. 232, 257; VII. 567, 707; VIII. 34, 310, 575, 687; IX. 595, 658; X. 425, *522*, 568, *786*; XI. 57, 455.
§ 180 III. 470.
§ 186 IX. 355.

1845 Jan. 31. Gesetz über das Verfahren in Wald- ꝛc. Frevel-Sachen bei Civileinreden ꝛc. [S. 95],
I. 74; IV. 9, 554; IX. 12, 199; XI. 199, 269; XIII. 276, 639; XVI. 292.
§ 1 I. 271, 494; II. 30, 65;
§ 1 Forts. V. 251, 258; VI. 425; VII. 556; VIII. 789; X. 596; XI. 300.
§ 2 II. 30, 65; X. 596.

1845 März 7. Fischerei-Ordnung für die Binnengewässer der Provinz Preußen [S. 114],
§ 1 XV. 6.
§ 30 XV. 6.
§ 31 VII. 324.

1845 April 3. Strafgesetzbuch für das Heer [S. 287],
§ 42 IX. 605.
§ 43 IX. 605.
§ 113 VIII. 434.
§ 146 XIII. 432.
§ 168 IX. 605.
§ 173 IX. 570.

1845 April 3. Militärstrafgerichtsordnung [S. 329],
§ 1 Nr. 2 XV. 731.
Nr. 3 XI. 194.
§ 5 I. 105.
§ 6 Nr. 2 XI. *155*.
§ 6 Nr. 5 I. 347; VII. 171; XVI. 406.
§ 7 XI. 54, 513; XIV. 215.
§ 9 X. 91; XII. 421.
§ 10 X. 91; XII. 421.
§ 11 X. 91; XII. 421.
§ 13 VII. 536; VIII. 181, 409; XI. 54, 513; XIV. 215.
§ 15 IX. 570; XII. 602.
§ 16 Nr. 1a. I. 347.

Preußische Gesetze, Verordnungen rc.

1845 April 3. Militärstrafgerichtsordnung (Forts.).

§ 18	XIII. 432.	§ 77	XIII. 391.
§ 23	XV. 18.	§ 227	IV. 311.
§ 45	XI. 563.	§ 245	XIV. 286.

1845 Juni 19. Bundesbeschluß den Nachdruck betr. [1846 S. 31], III. 440; Nr. 6 XIII. 128.

1845 Juli 11. Gesetz über das Verfahren bei Aufnahme von Notariatsinstrumenten [S. 487],

§ 3	II. 380; VIII. 342.	§ 11	X. 399.
§ 5	IX. 186.	§ 19	III. 488.
§ 6	V. 102; VI. 275, 435; VII. 435; VIII. 162, 270; IX. 241; XIII. 535.	§ 21	III. 488; VIII. 277.
		§ 36	VIII. 277.
		§ 44	III. 488.
		§ 45	XIII. 623.

1845 September 27. Allh. Kab.-Ordre betr. die Bestrafung des Zweikampfs zwischen Offizieren und nicht zum Offizierstande gehörender Personen [S. 681], I. 347.

1846 April 3 Gesetz betr. die Publikation der Gesetze [S. 151[, IV. 19.

1846 Juli 17. Revidirtes Reglement für die Land-Feuer-Societät der Neumark [S. 351], § 23 X. 69.

1846 Juli 17. Allh. Kab.-Ordre betr. die Verwendung der Stempel zu den Urkunden der rheinischen Gerichtsvollzieher [S. 391], Nr. 4a. VII. 505.

1846 Juli 21. Verordnung über das Verfahren in Civilprozessen [S. 291], § 28 X. 626.

1846 August 7. Verordnung über Besteuerung des Rübenzuckers [S. 335], § 13a. II. 146.
§ 17 Nr. 1 II. 146.

1846 September 29. Verordn. wegen Einführung von Gesindedienstbüchern [S. 467], I. 191.

1846 Dezember 21. Verordn. betr. die beim Bau von Eisenbahnen rc. beschäftigten Handarbeiter [1847 S. 21], XI. 391.

1847 März 8. Allerh. Kab.-Ordre Wildpretsteuer für Berlin betr. [S. 195], XIV. 740.

1847 März 30. Patent die Bildung neuer Religionsgesellschaften betr. [S. 121], Nr. 2 X. 544.

1847 April 30. Verordnung über die Bildung eines Ehrenrathes rc. [S. 196],

§ 1	XVI. 559.	§ 10	IV. 84; XIV. 276.
§ 2	IV. 38; V. 224; VI. 126; VIII. 71, 184; X. 289.	§ 11	IV. 84; IX. 3.
		§ 12	IV. 84; VII. 108; XV. 822.
§ 4	XIV. 276.	§ 13	IV. 84.
§ 5	VII. 77; VIII. 729; XII. 22; XIV. 276.	§ 18	IV. 84.
		§ 20	II. 312.
§ 6	VII. 440.	§ 24	V. 29, 264.
§ 7	VII. 440.		

1847 April 30. Allerh. Kab.-Ordre betr. den Stempel zu Kauf- rc. Verträgen in kaufmännischem Verkehre [S. 201], I. 558; VI. 392; VIII. 809; IX. 399.

1847 Juli 5. Verordnung betr. das Spiel in auswärtigen Lotterien [S. 261], § 1 II. 337; VIII. 466; XV. 638; XVI. 507.

Preußische Gesetze, Verordnungen ꝛc.

1847 Juli 23. Gesetz über die Verhältnisse der Juden [S. 263],
§ 7 V. 466.
§ 71 IV. 350.

1847 August 18. Verordn. zum Schutze der Fabrikzeichen ꝛc. [S. 335],
§ 12 VII. 78.

1847 November 1. Feldpolizeiordnung [S. 376],
§ 14 X. 407.
§ 41 XI. 133.
Nr. 6 I. 576.
§ 42 XI. 133; XIV. 613.
§ 42 Nr. 1 XII. 446, XVI. 703.
Nr. 2 I. 194, 207, 327; II. 747; IV. 140, 415; VI. 308, 456; IX. 153; XI. 183, 553; XII. 446; XV. 338.
§ 42 Nr. 3 II. 11, 164; VIII. 189, 550; XII. 446; XIII. 328.
§ 43 Nr. 1 V. 171, 287; VIII. 435; IX. 264; XI. 133.
Nr. 4 IX. 199.
§ 44 IX. 142.
§ 45 II. 164; V. 171, 287; VI. 308.
§ 50 VI. 347; XI. 335.
§ 51 VI. 347; XI. 335; XVI. 87.
§ 52 VI. 347.

1848 Januar 24. Allh. K.-Ordre betr. die Competenz ꝛc. bei Gewerbepolizei-Uebertretungen [S. 73], II. 286; XI 525; XII. 207.

1848 Februar 11. Verordnung über Errichtung von Handelskammern [S. 63], § 11 X. 412.

1848 April 24. Allh. Erlaß wegen Einführung einer Wildpretsteuer ꝛc. [S. 131], XIII. 100; XIV. 740.

1848 August 11. Gesetz betr. Aufhebung des eximirten Gerichtsstandes in Untersuchungssachen [S. 201], X. 745.

1848 Oktober 31. Gesetz betr. Aufhebung des Jagdrechts ꝛc. [S. 343],
§ 1 VIII. 534.
§ 2 VIII. 534.
§ 4 VIII. 295; IX. 562.
§ 8 VIII. 295.

1848 Dezember 18. Verordnung betr. ꝛc. die Abänderung der Injurienstrafen [S. 423], I. 105.

1849 Januar 2. Verordnung über ꝛc. die Organisation der Gerichte [S. 1],
§ 1 XI. 9.
§ 5 X. 565.
§ 9 I. 105.
§ 10 X. 745; XIII. 442.
§ 17 I. 379.
§ 35 IV. 121, 244, 272; VII. 320; XIV. 172.

1849 Februar 9. Verordnung betr. ꝛc. Abänderung der Gewerbe-Ordnung [S. 93],
§ 23 I. 364; III. 267; V. 285; IX. 443, 651; XI. 273.
§ 50 XI. 304.
§ 68 III. 158.
§ 74 I. 364; VIII. 575; IX. 443; 651.
§ 75 XI. 304.

1849 Juli 10. Verordnung betr. die Dienstvergehen der Richter ꝛc. [S. 253], § 41 IX. 282.
§ 45 IX. 282.
§ 84 IX. 282.

1850 Januar 31. Verfassungsurkunde [S. 17],
§ 9 II. 477.
§ 12 I. 291, 416; XVI. 782.
§ 15 I. 416; XVI. 490.
§ 23 I. 396.
§ 27 III. 290; VII. 555.
§ 30 I. 416.
§ 31 I. 416.
§ 33 II. 265.

1850 Januar 31. Verfassungsurkunde (Forts.).
§ 37 I. 105.
§ 49 I. 293.
§ 51 VII. 494.
§ 70 X. 412.
§ 74 V. 412.
§ 77 VII. 494.
§ 84 IV. 485; V. 405; VII. 54; VIII. 130, 412.
§ 87 X. 565.
§ 91 X. 565.
§ 106 XVI. 485.

1850 Februar 12. Gesetz zum Schutze der persönlichen Freiheit [S. 45],
§ 1 VII. 709; XIII. 4.
§ 2 IV. 321; XI. 198; XIII. 4.
§ 4 XI. 322.
§ 5 XI. 322.
§ 7 XII. 85; XIII. 609; XIV. 13.
§ 8 XIV. 13.
§ 10 XIII. 103; XIV. 13.
§ 11 V. 519; VI. 359; IX. 716; X. 317; XIII. 449; XIV. 13, 79, 628; XV. 98.
§ 12 IX. 716; XIV. 13.

1850 März 7. Jagdpolizeigesetz [S. 165]
§ 2a. III. 233; VIII. 534; X. 740; XI. 375.
§ 2b. X. 711; XIII. 71.
§ 4 III. 233; VIII. 534; XI. 585; XVI. 732.
§ 5 XII. 522.
§ 6 XII. 522.
§ 7 III. 233; XVI. 481.
§ 9 XI. 585; XII. 522; XVI. 378, 495.
§ 10 XI. 585; XV. 495.
§ 14 VII. 361, 667, 709; VIII. 73; XI. 602.
§ 15 VII. 667.
§ 16 II. 264; VII. 361, 709; VIII. 73; XI. 602.
§ 17 III. 89, 233; VII. 138; X. 711; XII. 522; XVI. 481.
§ 18 VI. 77; VIII. 295; IX. 562.
§ 48 VI. 83.
§ 54 VI. 86.

1850 März 11. Gesetz über ꝛc. die Abänderung der Injurienstrafen [S. 174], § 5 I. 105; V. 506; VIII. 514.
§ 6 XIII. 477.

1850 März 11. Gesetz über die Polizeiverwaltung [S. 265],
§ 5 ff. IX. 199, 448.
§ 5 III. 487, 493; V. 174, 237; VI. 91, 465; VII. 555; X. 774; XII. 502; XVI. 490.
§ 6 III. 290, 487; V. 237; VI. 91, 465; VII. 166, 486; X. 131, 207, 774; XV. 436; XVI. 239.
§ 7 III. 487; VII. 486.
§ 8 VII. 491.
§ 11 I. 433; III. 487, 493; V. 174, 237; VI. 91, 465; VII. 671; X. 131,
§ 11 Forts. X. 207; XII. 502; XIII. 594; XVI. 490, 506.
§ 12 III. 487; VI. 91, 465.
§ 14 VII. 671.
§ 15 I. 433; III. 264; IV. 332; V. 237; VI. 91, 465; X. 27; XI. 234, 236, 375.
§ 17 III. 85, 264, 290; V. 237; VI. 91, 465; VII. 491, 555, 671; IX. 199; X. 27; XI. 234, 236, 375.
§ 20 X. 42; XI. 198; XVI. 239.
§ 42 VII. 671.

1850 März 11. Verordnung über das Versammlungs- und Vereinsrecht [S. 277],
§ 1 III. 152; VIII. 291, 681; XIII. 425.
§ 2 VIII. 291; X. 280; XI. 346; XIV. 225; XV. 230,
§ 2 Forts. XV. 786, 790; XVI. 452, 719.
§ 3 VIII. 291.
§ 4 V. 272.

Preußische Gesetze, Verordnungen ꝛc.

1850 März 11. Vdn. ü. d. Versamml.- u. Vereinsr. (Forts.).
§ 5 V. 272; IX. 720.
§ 6 V. 272; IX. 720; XIII. 663.
§ 7 IV. 433; IX. 720.
§ 8 VIII. 291; IX. 720; X. *56*, 280; XIV. 172, 607; XVI. 452, 719, 759, 800, 800.
§ 8b X 280; XIV. 172, 607; XV. 209, 786; XVI. 452, 538, 719.
§ 9 I. 287; III. 5, 48; VII. 310; XIV. *340*; XVI. 235, 510.
§ 10 I. 287; III. 48, 513; VII. 310; XI. 222;
§ 10 Forts. XVI. 235, 510.
§ 12 III. 152; VIII. 291; XIII. *425*; XV. 750.
§ 13 XI. 346; XIV. 225; XV. 230, 790; XVI. 452.
§ 14 V. 272.
§ 15 IX. 720.
§ 16 X. *56*, 280; XIII. 663; XIV. 172, 607, 731; XV. 209, 786, 790; XVI. 452, 719, 759, 800.
§ 17 I. 287; III. 5, 48; XI. 222; XIV. *340*; XVI. 510.
§ 21 X. *56*; XVI. 800.

1850 April 16. Ferienordnung [JMBl. S. 129], § 2 VII. 89.

1850 Juni 6. Verfügung des Ministers des Innern [VMBl. S. 176], XIII. 594.

1850 Juli 18. Geschäftsregulativ für die Gerichte erster Instanz, § 34 XII. 566.

1850 August 2. Instruktion für die gerichtlichen Unterbeamten, § 70 I. 404.

1851 März 2. Staatsministerial-Beschluß [JMBl. S. 151], V. 485.

1851 April 26. Gesetz betr. Zusätze zur Vdn. v. 2. Jan. 1849 [S. 181],
Art. 2a. II. 534.
Art. 5 Nr. 1 II. 349; IX. 641.
Nr. 2a. I. 164, 325, 379, 518, 538; II. 238, 379, 544, 547; IV. 62, 157; VII. 483, 589, 605, 644;
Art. 5 Nr. 2a. Forts. X. 360, 625, 645; XI. 56; XIV. 201; XV. 432.
Art. 7 XII. 566.
Art. 10 XIV. 460; XVI. 466.
Art. 13 IV. 244.

1851 Mai 1. Gesetz betr. Einführung einer Klassen- und klassificirten Einkommensteuer [S. 193], § 10 VIII. 108.

1851 Mai 7. Gesetz betr. die Dienstvergehen der Richter [S. 218],
§ 1 IV. 412; V. 151; VI. 471; XV. *20*.
§ 7 IV. 205; V. 149.
§ 8 IV. 205; V. 149.
§ 13 XIV. 347, *483*.
§ 15 IX. 261.
§ 17 XIII. 431.
§ 18 XV. *20*.
§ 19 VIII. 657.
§ 20 II. 383; VIII. 657; XIII. 668.
§ 25 XII. *22*; XIII. 668.
§ 31 IV. 84.
§ 32 IV. 84.
§ 33 IV. 84; VI. 400.
§ 36 VIII. 277; XIV. 70.
§ 37 IV. 84; IX. 3; XIV. 256.
§ 41 VI. 400.
§ 42 IX. 282.
§ 43 IX. 282; XII. *156*, *251*.
§ 47 VII. 328.
§ 52 IV. 539.
§ 68 XII. *251*.
§ 81 VII. 320; IX. 282.

1851 Mai 10. Gesetz betr. den Ansatz der Gerichtskosten [S. 622],
§ 13 VII. 116; X. 63; XVI. 517.
§ 16 I. 76; V. 307; IX. 283.
Tarif § 67 X. 63.

Preußische Gesetze, Verordnungen ꝛc.

1851 Mai 11. Gesetz wegen der Kriegsleistungen und deren Vergütung [S. 362], § 17 ff. XII. 496.
§ 32 XII. 496.

1851 Mai 11. Gesetz betr. den Ansatz ꝛc. der Gebühren der Notare [S. 651],
§ 6 XV. 261.
§ 9 XV. 261.
§ 10 XV. 261.
§ 15 XV. 261.

1851 Mai 12. Gesetz über die Presse [S. 273],
§ 1 II. 403; III. 125; VI. 257; VII. 729; VIII. 543.
§ 2 II. 172, 425.
§ 5 IX. 281; XV. 643.
§ 7 III. 207, 508; V. 27; VI. 396; VII. 450; XII. *448*; XIII. 468; XV. 643, 786.
§ 8 VI. 396; VII. 450; XV. 786.
§ 9 III. 100, 125.
§ 10 V. 382; VI. 201.
§ 11 I. 264; VI. 115; VII. 353; VIII. 44, 543; IX. 701; X. 24, 365, 622; XI. 342, 416; XIII. 560, 637; XIV. 639.
§ 14 VI. 115.
§ 15 VIII. 543.
§ 16 II. 172.
§ 17 I. 264, 531; II. 425; VI. 115; VII. 353; VIII. 44, 231, 309; X. 24, 365, 622; XI. 342, 416, 447.
§ 18 II. 172.
§ 19 VII. 259; XII. 266.
§ 20 XIV. 321.
§ 22 VI. 159; IX. 610; X. 359; XII. *448*.
§ 24 III. 207; X. 140; XIV. 639.
§ 25 III. 371.
§ 26 VI. 387.
§ 28 IV. 28; V. 161; VII. 431; IX. *427*.
§ 29 II. 476, 506; III. 168, 207; IV. 436; VI. 196; X. 359, 489.
§ 30 IX. 281.
§ 32 II. 535; V. 270;
§ 32 Forts. VII. 155, 431; IX. 702; XV. 320, 643.
§ 33 II. 535; IV. 6; V. 270, 418; VI. 236, 518; VII. 155, 431, 450; IX. 271, 411, 702; XIV. 147; XV. 322.
§ 34 III. 207, 281, 424; V. 418, 419; VI. 236; VIII. 568, 599; IX. 623; XIV. 281.
§ 35 ff. II. 267.
§ 35 III. 73, 424, 503; IV. 371, 425; V. 168, 169, 387; VI. 73, 162; VII. 130; VIII. 37; IX. 562; XII. 606; XV. 127, 157.
§ 36 III. 73, 424; VIII. 37.
§ 37 III. 48, 73, 312, 424, 425, 503; IV. 279, 371, 451; V. 164, 333; VI. 150; IX. 125, *522*; X. 308; XII. *219*, 355; XIII. *21*; XV. 252; XVI. 334.
§ 38 IV. 429; VI. 177, 272; VII. 171, 236; VIII. 232; IX. 203.
§ 39 III. 207, 508; V. 27; XV. 643.
§ 40 III. 207; IX. 610; XIII. 468; XIV. 639; XV. 456, 643.
§ 41 VI. 396; VII. 450; XV. 786.
§ 42 I. 264, 531; II. 172, 425; IV. 310; VI. 115; VII. 259, 353, 567; VIII. 44, 231, 309; IX. 701; X. 24, 359, 365, 622; XI. 342, 416; XII. 266; XIII. 560, 637; XIV. 94.
§ 44 XIV. 639.
§ 48 I. 226, 456; II. 434; III. 280; VI. 196; VII. 299, 510; VIII. 38, 167, 599; IX. 404; X. *615*; XI. 148.
§ 49 Abs. 2 X. 20.
Abs. 3 XII. *219*; XVI. 409.
§ 50 II. 100, 473, 476; III. 207;

Preußische Gesetze, Verordnungen ꝛc.

1851 Mai 12. Gesetz über die Presse (Forts.).
§ 50 Forts. III. 508; IV. 28, 436; VI. 196, 487; VII. 369; IX. *427*, *522*, 617, 710; X. 489; XIII. 192; XIV. 72; XV. 34.
§ 52 VI. 488; VII. 393.
§ 53 VI. 488; VII. 393.
§ 54 II. 403; III. 459; V. 25, 164, 227; VI. 554; VII. 304, 429, 567; VIII. 546; XI. *70*; XIV. 94.
§ 55 VII. 450.

1851 Mai 12. Gesetz betr. den Ansatz der Gebühren der Rechtsanwälte [S. 656], § 6 X. 485.
§ 9 VIII. 673; IX. 415.
Tarif Allg. Best. Nr. 4 VIII. 673.

1851 Juni 4. Gesetz über den Belagerungszustand [S. 451],
§ 3 XI. 609; XII. 215.
§ 8 XI. 609; XII. 89.
§ 15 XII. 646.

1852 April 2. Gesetz zur Ergänzung des Mahl- und Schlachtsteuergesetzes [S. 107], II. 39.
§ 1 II. 98; VIII. 488; IX. 305; X. 621.
§ 1 a. I. 545; IV. 543; V. 132; X. 607; XIV. 103.
§ 1 b. IX. 61.
§ 1 b. Nr. 1 II. 303; III. 258, 304; V. 180, 314; VI. 250, 353; VIII. 92;
§ 1 b. Nr. 1 Forts. XV. 120.
§ 1 b. Nr. 2 III. 189, 304; VI. 250, 353; VII. 410; XI. 381.
§ 1 Abs. 2 II. 98.
§ 2 I. 171; III. 90; V. 235; VII. 284; XIII. 550.
§ 3 Nr. 2 I. 240.

1852 April 15. Gesetz die Abänderung der Militärstrafgesetze betr. [S. 115], § 2 XIII. 432.
§ 5 IX. 605.

1852 Mai 14. Gesetz über die vorläufige Straffestsetzung wegen Uebertretungen [S. 245], § 1 VI. 61; XV. *114*.
§ 8 VIII. 595.
§ 9 XIII. 258; XIV. 24.

1852 Mai 22. Gesetz betr. Ergänzung des Einf.-Ges.'s zum StGB. [S. 250],
Art. I. § 1 Nr. 1 XII. 80, 518; XIII. 133; XV. 447.
Art. IV. XII. 627; XV. 548.
Art. V. V. 368.

1852 Mai 26. Gesetz betr. die Besteuerung der trockenen Wechsel ꝛc. [S. 299], I. 129; III. 75, 552; VII. 244; VIII. 646; X. 640; XI. 46; XVI. 354.

1852 Juni 2. Gesetz den Diebstahl an Holz ꝛc. betr. [S. 305],
§ 1 ff. XIV. 685.
§ 1 II. 11, 112; IV. 47; V. 148; VI. 268; XI. *331*.
Nr. 2 X. 802.
Nr. 3 I. 467; II. 252; III. 548; IV. 242.
§ 2 IV. 47; VI. 268.
§ 3 ff. VIII. 550.
§ 3 VI. 268; VII. 267.
§ 4 V. 316.
§ 6 IV. 409; VII. 182.
§ 7 VI. 268; X. 416.
§ 8 IV. 409; V. 236; VII. 532; VIII. 479; X. 416; XVI. 12.
§ 10 III. 298; XIII. 629.
§ 11 XII. 499, 546; XIII. 629.
§ 12 VII. 183; XIII. 639; XIV. 15.
§ 13 VII. 183.

Preußische Gesetze, Verordnungen ꝛc.

1852 Juni 2. Gesetz den Diebstahl an Holz ꝛc. betr. (Forts.).
§ 16 I. 433; IV. 47, 409; V. 63, 85, 236; VII. 532; VIII. 479; XII. 586; XVI. 12.
§ 18 I. 433; VII. 267; IX. 714; X. 106; XII. 586.
§ 21 I. 526; IV. 321; X. 317; XIII. 449; XIV. 79.
§ 22 I. 526; IV. 253, 321; XIII. 449.
§ 23 XIII. 449.
§ 24 ff. III. 435.
§ 24 XI. *490*; XV. *15*, 362.
§ 25 ff. II. 235.
§ 27 V. 316.
§ 28 V. 316; XIII. 120.
§ 29 V. 316; XI. *490*.
§ 31 IV. 141; X. 445.
§ 32 I. 517; X. 445.
§ 33 I. 517; IV. 141; X. 445; XII. 641.
§ 34 X. 445.
§ 35 X. 445.
§ 38 VII. 200, 267; X. 416; XII. 36; XV. *15*; XVI. 366, 683.
§ 40 XV. *15*.
§ 42 VII. 183.
§ 44 ff. III. 103.
§ 54 I. 517.

1852 Juni 5. Gesetz über das Postwesen [S. 345],
§ 1 VI. 502.
§ 5 VI. 502.
§ 7 VI. 502.
§ 32 ff. III. 445; VI. 256.
§ 35 Nr. 4 I. 441, 534; § 35 Nr. 4 Forts. II. 293; VII. 426; VIII. 793.
Nr. 6 V. 33; VII. 725; IX. 44.
Nr. 7 IV. 60.
§ 50 I. 441; VIII. 793.

1852 Juni 16. Staatsvertrag mit den Vereinigten Staaten von Nord-Amerika wegen ꝛc. Auslieferung der Verbrecher ꝛc. [1853 S. 645], VI. 345.

1852 Juli 21. Gesetz betr. die Dienstvergehen der nichtrichterlichen Beamten ꝛc. [S. 465],
§ 2 II. 312; IV. 38; V. 224; VIII. 10, 71, 184; X. *289*; XIV. 182; XVI. 266.
§ 3 II. 312.
§ 4 II. 312; XIII. *606*.
§ 5 II. 312; VII. 493.
§ 6 II. 312.
§ 7 II. 312; XIII. *606*.
§ 8 V. 149.
§ 9 V. 149.
§ 18 III. 374.
§ 19 III. 374.
§ 21 III. 374.
§ 22 VII. 440.
§ 23 III. 374; VII. 440.
§ 32 III. 374.
§ 33 III. 374.
§ 42 XIV. 257.
§ 59 XIV. 347.
§ 62 III. 374.
§ 66 IV. 38, 84; V. 224; VIII. 71, 184; X. *289*.
§ 68 IV. 84; VIII. 71, 184; XV. 822.
§ 70 III. 412; V. 264; VII. 97, 145; VIII. 727.
§ 71 V. 264; VII. 440.
§ 74 IV. 84; VI. 400; VIII. 277; IX. 3; XIV. 70.
§ 75 VII. 145; XVI. 726.
§ 88 III. 473.
§ 89 III. 473.

1853 Februar 19. Handels- und Zollvertrag mit Oesterreich]S. 357], § 17 I. 551.

1853 April 4. Staatsvertrag die Fortdauer ꝛc. des Zollvereins betr. [S. 406], Art. 3 IV. 404.
Art. 18 IV. 404.

Preußische Gesetze, Verordnungen ꝛc.

1853 April 25. Gesetz betr. die Kompetenz des Kammergerichts zur Untersuchung ꝛc. der Staatsverbrechen ꝛc. [S. 162],
§ 1 III. 168.
§ 5 III. 168; V. 523.
§ 6 V. 523.
§ 8 II. 141; XII. 340.

1853 Mai 2. Gesetz ꝛc. zur Beseitigung von Kompetenzstreitigkeiten ꝛc. [S. 169], § 2 I. 538; III. 90; VII. 164; VIII. 509.

1853 Mai 3. Gesetz betr. den Ansatz der Gerichtskosten ꝛc. [S. 170],
§ 3 II. 233; IV. 219; VII. 199; VIII. 23.
§ 15 III. 125.

1853 Mai 4. Gesetz betr. das Rhein. Verfahren wegen wiederholten Diebstahls ꝛc. [S. 176], VIII. 567; XIII. 481; XVI. 11, 136.

1853 Mai 7. Gesetz betr. die Beförderung von Auswanderern [S. 729], XI. 114.
§ 1 XIV. 28; XV. 245, 341, 368.
§ 7 XII. 355.
§ 10 XIV. 347; XV. 245, 341 368, 558.

1853 Mai 16. Leggeordnung für den Kreis Lübbecke [S. 233],
§ 2 V. 480.
§ 3 IV. 80; V. 480.

1853 Mai 17. Gesetz betr. den Geschäftsverkehr der Versicherungsanstalten [S. 293], § 7 XIV. 207.

1853 Mai 24. Gesetz betr. die Zerstückelung von Grundstücken ꝛc. [S. 241],
§ 6 III. 346, 347, 508; IV. 416; VIII. 343; XIV. 439.
§ 7 III. 346, 347, 508; IV. 416; VIII. 343.
§ 8 III. 346, 347, 508; IV. 416; VIII. 343; XIV. 439.
§ 9 III. 346, 347, 508; IV. 416 VIII. 343; XIV. 439.

1853 Mai 24. Gesetz betr. die Stempelung ꝛc. der Waagen [S. 589],
§ 7 VI. 33.

1853 Mai 30. Städteordnung [S. 261],
§ 1 XVI. 735.
§ 5 V. 136.
§ 7 V. 136; XI 260.
§ 54 XVI. 735.
§ 56 XII. 323.
§ 66 X. 78.
§ 68 XVI. 735.

1853 Juli 30. Verordnung betr. die exekutorische Beitreibung der Steuern ꝛc. [S. 909],
§ 8 VIII. 59.
§ 9 VIII. 59.
§ 14 I. 404.
§ 16 XII. 608.
§ 17 I. 404.
§ 18 XV. 491.

1853 Dezember 20. Staatsvertrag zwischen Preußen und Anhalt-Dessau [1854 S. 145], Art. 7 IV. 404.
Art. 9 IV. 400, 404.
Art. 13 IV. 404.

1854 Februar 13. Gesetz betr. die Konflikte bei gerichtl. Verfolgungen wegen Amts- und Diensthandlungen [S. 86], § 10 II. 310.

1854 März 13. Gesetz betr. die Zulassung von Ausländern zur Eingehung einer Ehe [S. 123], § 1 II. 385.
§ 3 II. 385.

1854 März 20. Gesetz betr. das Civilprozeßverfahren ꝛc. [S. 115],
§ 18 XII. 68; XVI. 538.

Preußische Gesetze, Verordnungen ꝛc.

1854 April 24. Gesetz betr. Abänderung von ALR. II. 1 Abschn. 11 [S. 193], § 6 IX. 208.
§ 9 IX. 208.
1854 April 24. Gesetz betr. Abänderung der Verordn. v. 18. August 1847 [S. 213], VII. 78.
1854 April 24. Gesetz betr. die Verletzungen der Dienstpflichten des Gesindes [S. 214], § 1 II. 322; VII. 5.
§ 2c. VII. 528.
1854 Mai 9. Gesetz betr. den Ansatz ꝛc. von Gerichtskosten ꝛc. [S. 273], Art. 21 I. 488; V. 307; IX. 283; XV. 608.
1855 Januar 15. Revidirtes Reglement der Land-Feuer-Societät für die Kurmark ꝛc. [S. 68], § 27 XIII. 556.
1855 Januar 29. Allh. Kab.-Ordre (betr. die Mahlsteuer), X. 48.
1855 Mai 8. Konkursordnung [S. 321],
§ 33 Nr. 4 II. 104.
§ 101 I. 180.
§ 113 II. 143; VII. 358, 627; XIII. 383.
§ 114 Nr. 1 VI. 342.
§ 116 II. 143; XV. 870.
§ 122 II. 143.
§ 137 ff. VIII. 548.
§ 143 Nr. 5 VIII. 548.
§ 144 IX. 672.
§ 188 II. 143.
§ 221 IX. 672.
§ 282 XV. 870.
§ 307 XV. 870.
§ 308 I. 180, 568; II. 143; IV. 498; VII. 278, 358, 627; VIII. 784; IX. 628; XII. 31, 453, 636; XIV. 97; XV. 482, 719, 853; XVI. 197, 766.
§ 309 II. 143, 500; III. 232, 233; VIII. 292; XI. 552; XII. 351, 453.
§ 310 XI. 260.
§ 322 II. 143.
§ 332 II. 143.
§ 341 III. 232, 233.
1855 Mai 11. Gesetz betr. Abänderung des Verfahrens im Appell.-Ger.-Bezirk Köln [S. 548],
Art. 9 I, 128.
Art. 10 ff. XIII. 679.
Art. 10 VI. 428.
Art. 11 XV. 749.
1856 März 10. Gesetz betr. das Verfahren gegen ausgewanderte Militärpflichtige ꝛc. [S. 133],
XIV. 158, 287.
§ 3 Nr. 3 III. 128.
§ 10 V. 92; VI. 568.
§ 11 V. 92.
1856 März 19. Landgemeindeordnung für die Provinz Westfalen [S. 265], § 2 XVI. 732.
§ 43 VIII. 193.
1856 März 26. Gesetz betr. Abänderungen des Gesetzes über die Dienstvergehen der Richter ꝛc. [S. 201], IX. 261.
1856 März 26. Gesetz über Bestrafung unbefugter Gewinnung von Mineralien [S. 203], § 1 VII. 389; IX. 111.
1856 April 14. Gesetz betr. Abänderung des Einführungsgesetzes des StGB.'s [S. 208], Art. I § 1 I. 512; VIII. 773.
Art. I § 1 Nr. 4 XIV. 244.
Art. II IV. 9; XIII. 639.
1856 April 14. Gesetz betr. die Landgemeindeverfassung der östlichen Provinzen [S. 359], § 1 XIII. 527.
§ 21 XIII. 527.

Preußische Gesetze, Verordnungen ꝛc.

1856 April 14. Gesetz betr. die ländlichen Ortsobrigkeiten ꝛc. [S. 354], VIII. 578. | § 1 XIV. 307.

1856 Mai 7. Gesetz betr. Erhaltung der Einheit der Rechtsgrundsätze in den richterlichen Entscheidungen des Obertribunals [S. 293], § 2 IX. 567. | § 4 IX. 567.

1856 Mai 7. Gesetz den Betrieb der Dampfkessel betr. [S. 295], VII. 292.
§ 1 X. 646.
§ 2 X. 646.

1856 Mai 15. Städteordnung für die Rheinprovinz [S. 406], § 7 X. 412.

1856 Mai 17. Gesetz wegen Besteuerung des Braumalzschrotes in Hohenzollern [S. 453], § 33 II. 137.

1856 Mai 27. Postregulativ, § 15 I. 441, 534.

1856 Oktober 27. Verordnung wegen Abänderung des Mahl- und Schlachtsteuergesetzes [S. 911], IX. 293.

1857 März 2. Gesetz über unerlaubtes Creditgeben an Minderjährige [S. 111],
IV. 285; VII. 503; IX. 293.
§ 1 IV. 163, 195; V. 431; VIII. 809; XI. 433.
§ 2 IV. 195; VIII. 809; X. 174; XI. 504.
§ 3 IV. 195.

1857 Mai 25. Gesetz betr. die Revision der Aktiengesellschaften im Stempelinteresse [S. 517], § 3 II. 57.

1857 Juli 29. Bekanntmachung den Debit der Arzneiwaaren betr. [S. 654], VI. 211.

1857 September 14. Gesetz betr. den Gewerbebetrieb im Umherziehen in Hohenzollern [1858 S. 9], III. 331; VI. 165.

1858 September 16. Berliner Steuerregulativ, § 18 VIII. 204.

1858 November 15. Miethssteuerregulativ für Berlin, XVI. 250.

1858 Dezember 9. Militär-Ersatz-Instruktion,
§ 2 Nr. 1 V. 156.
§ 3 IV. 453.
§ 21 Nr. 4 VI. 568.
Nr. 8 VI. 568.
§ 34 Nr. 1 V. 156.
Nr. 4 IV. 453; VI. 568.
§ 36 Nr. 5 IV. 453; VI. 568.
§ 168 V. 156.

1859 Mai 2. Staatsvertrag mit Sachsen-Meiningen zur Regulirung der Gerichtsbarkeit [S. 221], Art 34—36 II. 479.

1859 Mai 9. Gesetz wegen Abänderung des Rhein. Handels-Gesetz-Buchs [S. 208], Art. 442 IX. 692.

1859 Juli 2. Allerh. Erlaß betr. Conzessionirung von Versicherungsgesellschaften [S. 394], VII. 706.

1859 Juli 2. Fischerei-Ordnung für die Oder, das Haff ꝛc. [S. 453], I. 266.

1860 Mai 21. Gesetz wegen Einrichtung des Zeitungskautionswesens [S. 211], VIII. 543.

1860 Juni 27. Gesetz betr. Erlaß eines Zolltarifs [S. 301], Abth. 1 pos. 17 III. 279.

1860 September 21. Gesetz wegen Abänderung der Steuerordnung [S. 433], § 2 I. 533; II. 39; III. 204; VI. 144; VII. 106, 273, 676; VIII. 212; XI. 52, 474; XIII. 321; XV. 165, 346.

1860 Dezember 21. Postreglement, § 15 VII. II. 293; VIII. 793.
§ 15 IX. VII. 426.

Preußische Gesetze, Verordnungen 2c.

1861 Januar 12. Allerh. Gnaden-Erlaß, I. 293.
1861 Mai 21. Gesetz betr. Einführung einer allgemeinen Gebäudesteuer [S. 317],
§ 16 IX. 540; XV. 35, 716.
§ 17 Abs. 3 IX. 540; XV. 35, 716; XVI. 382, 416, 421, 593.
§ 17 Abs. 4 XV. 560.
§ 19 XV. 35. 716; XVI. 382, 416, 421, 593.
1861 Mai 24. Gesetz betr. die Erweiterung des Rechtsweges [S. 241],
§ 11 II. 223; IV. 352; V. 209; VII. 379, 511, 522; VIII. 809.
§ 12 II. 223; IV. 352; VII. 379, 511, 522.
§ 13 II. 223; IV. 352;
§ 13 Forts. VII. 379, 511, 522.
§ 14 II. 223; III. 268; IV. 352; V. 209; VII. 379, 511, 522; VIII. 224, 809; XI. 109; XIV. 320.
1861 Juni 22. Gesetz betr. die Abänderung der Gewerbe-Ordnung [S. 441], Art. I. (s. die Gew.-Ordn. oben S. 876).
Art. II. III. 274.
Art. III. III. 158.
1861 Juni 24. Einführungs-Gesetz zum Deutschen Handels-Gesetzbuch [S. 449],
Art. 9 § 2 VIII. 34.
§ 3 V. 411; VI. 284.
§ 5 V. 38.
Art. 18 VIII. 405.
Art. 53 § 8 VI. 20.
§ 9 VI. 20.
Art. 60 Nr. 3 IX. 118.
1861 Juni 29. Gesetz wegen Erhebung der Stempelsteuer von Zeitungen [S. 689], § 1 IX 218, 237.
§ 3 IX. 218; XII. 382, 478.
§ 6 XII. 382, 478.
1861 Juli 1. Gesetz betr. die Errichtung gewerblicher Anlagen [S. 749],
§ 1 III. 477.
1861 Juli 19. Gesetz betr. Abänderungen des Gewerbesteuer-Gesetzes [S. 697],
VIII. 245.
§ 3 Nr. 1 X. 591.
§ 10 a. Nr. 3 VIII. 269; XII. 280.
§ 12 XI. 472; XVI. 106.
§ 15 XI. 472; XIV. 46, 594; XVI. 767.
§ 20 IX. 545; XVI. 530.
1861 Septbr. 18. Allh. Erlaß betr. 2c. die Privat-Feuerversicherungsgesellschaften und deren Agenturen [S. 790], VII. 706.
1861 Oktober 18. Allerh. Amnestie-Erlaß, II. 193.
1862 Juli 17. Allerh. Erlaß betr. Klassifikation der Militärpersonen [S. 224], XII. 421.
1863 April 4. Elbzollvertrag [S. 385[, Anl. A 3 Nr. 7 VIII. 352.
1864 März 26. Gesetz betr. die Rechtsverhältn. der Schiffsmannschaften [S. 693], VI. 445.
1864 Dezember 14. Ministerial-Erklärung betr. Uebereinkunft mit Württemberg [1865 S. 13], X. 691.
1865 Mai 16. Staats-Vertrag über Fortdauer des Zoll- und Handelsvereins [S. 641], Art. 11 II. XII. 473; XV. 568.
1865 Juni 24. Berggesetz [S. 705], § 73—76 XV. 458.
§ 193—203 XVI. 508.

Preußische Gesetze, Verordnungen ꝛc.

1865 Juni 29. Gesetz betr. die Gerichtsbarkeit der Consuln [S. 681],
§ 51 XII. 327. | § 54 XII. 327.
§ 52 XII. 327.

1865 September 13. Gesetz betr. die Beförderung im Umherziehen aufgekaufter Gegenstände ꝛc. [S. 957], IX. 545.

1866 Mai 12. Verordnung über die vertragsmäßigen Zinsen [S. 225], VII. 670.

1866 November 27. Allerh. Erlaß betr. die Regelung der Militärrechtspflege ꝛc. [S. 793], XI. ***155.***

1867 Februar 22. Gesetz betr. Bestrafung unbefugter Aneignung von Bernstein ꝛc. [S. 272], Art. 1 VIII. 751; XVI. 396.
Art. 3 XVI. 396.

1867 April 28. Verordn. betr. Einführung direkter Steuern in Hannover [S. 533], XII. 121; XVI. 593.

1867 April 28. Verordnung über Einführung der direkten Steuern in Kurhessen [S. 538], § 16. XIII. ***285.***

1867 April 28. Verordnung betr. Einführung der direkten Steuern in Schleswig-Holstein [S. 543], § 2 X. ***750.***
§ 12 XVI. 382.

1867 Mai 8. Uebereinkunft wegen Erhebung einer Abgabe von Salz [S. 1313], Art. 2 XII. 75.

1867 Mai 11. Verordnung betr. die Branntweinsteuer in den neuen Landestheilen [S. 633], § 51 XI. ***365***; XIV. ***375.***
§ 57 IX. ***741***; X. ***77, 337***; XIII. ***664***; XIV. ***375.***
§ 64 XV. 165.

1867 Juni 24. Civilprozeßordn. für die neuen Landestheile [S. 885],
§ 83 IX. ***701.*** | § 85 XI. ***390.***

1867 Juni 26. Verordnung über die Gerichtsverfassung in Schleswig-Holstein [S. 1073], § 35 XI. ***390.***

1867 Juni 26. Verordnung über die Gerichtsverfassung in Kurhessen und Nassau [S. 1094], § 21 XVI. 466.

1867 Juli 4. Verordnung über Erhebung der Wechselstempelsteuer [S. 1063[, § 1 X. ***230.***
§ 2 Nr. 3 X. ***230.***

1867 Juli 19. Verordnung betr. das Stempelwesen [S. 1191],
§ 5 XI. ***210***; XIV. ***751.*** | § 21 XVI. 466.
§ 13 XI. ***210***; XVI. 466. | § 22 XV. 152; XVI. 466.
§ 14 XIV. ***751***; XV. 388. | Tarif Nr. 1 XIV. ***44.***
§ 16 XVI. 466. | Nr. 56 b. Abs. 2 XV. 849.
§ 17 XVI. 466. | Nr. 57 XIV. ***44.***

1867 Juli 29. Verordnung betr. Einführung des Zollstrafgesetzes ꝛc. in Hessen, Nassau und Hannover [S. 1268], IX. ***70.***

1867 Juli 29. Ordnung für das Verfahren bei Entdeckung und Untersuchung von Zuwiderhandlungen gegen die Zollgesetze für Hessen, Nassau, Hannover und Schleswig-Holstein [S. 1270],
§ 6 XVI. 466. | § 8 XVI. 466.
§ 7 IX. 277; XVI. 466. | § 9 XVI. 466.

1867 August 30. Verordnung betr. Gerichtskosten ꝛc. in Nassau und Hessen [S. 1399], § 3 XI. 210.

Preußische Gesetze, Verordnungen 2c.

1867 August 30. Verordnung betr. die Gerichtskosten in Strafsachen in den neuen Landestheilen [S. 1412],
§ 7 XVI. 57. | § 19 XV. 301.
§ 18 XI. *174*. | § 22 X. 31.

1867 September 11. Allerh. Erlaß betr. die Schwurgerichte im vorm. Kurfürstenthum Hessen [S. 1527], IX. 195.

1867 September 16. Verordnung über die Zulässigkeit des Rechtsweges 2c. [S. 1515], X. *70*.

1867 September 20. Verordnung über die Polizeiverwaltung in den neuen Landestheilen [S. 1529],
§ 5 XII. *502*. | § 15 IX. *438*.
§ 6b. IX. *437*. | § 17 IX. *438*.
§ 11 XII. *502*.

1867 September 23. Verordnung betr. das Disziplinargesetz in den neuen Landestheilen [S. 1613], Art. V XII. *22*, *251*.

1867 September 23. Verordnung betr. die Staatsdienerverhältnisse in den neuen Landestheilen [S. 1619], § 1 XV. 572.

1867 Dezember 23. Gesetz betr. die Stempelsteuer von Spielkarten [S. 1921], XII. 658; XIII. 116, 206; XV. 593.

1868 März 9. Gesetz betr. Verwendung der Jagdscheingebühren 2c. [S. 207], X. *224*.

1868 März 17. Gesetz über Aufhebung gewerblicher Berechtigungen 2c. [S. 249], § 4 XIII. *452*.

1868 Oktober 23. Dienstinstruktion für die preußischen Förster, § 41 XIII. 449.

1869 März 15. Subhastationsordnung [S. 421],
§ 5 XI. 293. | § 10 XI. 175.
§ 8 XI. 175. | § 57 XIII. 669.
§ 9 XI. 175; XII. 22.

1869 März 15. Gesetz betr. die Eide der Juden [S. 484], X. 793.

1869 März 15. Gesetz betr. das Civilprozeßverfahren 2c. [S. 485], § 8 XIII. *537*.

1869 Mai 6. Gesetz über die juristischen Prüfungen und die Vorbereitungen zum Justizdienste [S. 656], § 11 XVI. 303.

1869 November 24. Circularrescript über Hausirvergehen [BMBl. S. 288], XV. 99.

1869 Dezbr. 28. Ministerialverfügung [BMBl. 1870 S. 19], XV. 98.

1870 Januar 30. Ministerialverfg. über Hausiren [BMBl. S. 131], XV. 98.

1870 Februar 26. Gesetz über Schonzeiten des Wildes [S. 120],
XIII. 79; XV. 455. | § 2 XII. 663.
§ 1 Nr. 10 XII. 663. | § 7 XIV. 761.

1870 März 26. Ministerial-Rescript (über Gewerbebetrieb) [Bresl. Amtsbl. Nr. 13 Beil.], XVI. 269.

1872 Februar 28. Allerh. Erlaß betr. die zu Zuchthausstrafe Verurteilten [S. 259], XVI. 432.

1872 Mai 5. Gesetz über Eigenthumserwerb 2c. der Grundstücke 2c. [S. 433], § 1 ff. XIV. 439; XVI. 438.
§ 30 XVI. 326.

1872 Mai 5. Gesetz über Form der Verträge bei Zertheilung von Grundstücken [S. 508], XIV. 439.

Preußische Gesetze, Verordnungen ꝛc.

1872 Juni 24. Frankfurter Polizeiverordnung, XVI. 365.
1872 Dezember 13. Kreisordnung [S. 661], XVI. 607, 724.
1873 Mai 11. Gesetz über die Vorbildung und Anstellung der Geistlichen [S. 191],
§ 1 XV. 289, 332, 335, 655, 767; XVI. 397, 639, 679.
§ 2 XV. 289, 332, 335, 655, 767, 822; XVI. 639, 679.
§ 3 XV. 289, 332, 335, 655, 767; XVI. 337, 639, 679.
§ 15 XV. 116, ***180***, 289, 294, 332, 347, 655, 718; XVI. 755.
§ 18 XV. 414.
§ 22 XV. 116, ***180***, 285, 289, 298, 313, 634, 639, 767; XVI. 339, 397, 755.
§ 23 XVI. 184, 267, 465, 639, 679.
§ 23 Abs. 1 XV. ***172***, ***197***, 213, 236, 282, 289, 335, 347, 353, 634, 655, 697, 713, 726, 767, 771, 822, 867.
Abs. 2 XV. 413.
1873 Mai 12. Gesetz über die kirchliche Disziplinargewalt und über Errichtung des Königlichen Gerichtshofes für kirchliche Angelegenheiten [S. 198], § 35 XVI. 427.
1873 Mai 13. Gesetz über Grenzen des Rechts zum Gebrauch kirchlicher Straf- und Zuchtmittel [S. 205], § 2 Nr 1 XVI. 470.
1873 Mai 14. Gesetz über Austritt aus der Kirche, [S. 207], XVI. 580.
§ 1 XVI. 782.
1874 März 24. Finanz-Ministerial-Verfügung über Gebäudesteuer [VMBl. S. 208], XVI. 382.
1874 Mai 20. Gesetz über die Verwaltung erledigter katholischer Bisthümer [S. 135], XVI. 427.
1874 Mai 21. Gesetz über Ergänzung des Gesetzes v. 11. Mai 1873 [S. 139], Art. 2 XVI. 150, 267, 460, 465, 485, 527, 581, 639, 698.
1874 Juni 5. Gesetz über Gewerbesteuer [S. 219],
§ 2 XVI. 403, 418.
§ 4 XVI. 403, 418.
§ 5 XVI. 403, 418.

IV. (Nord-) Deutsche Gesetze ꝛc.

(Die dem Titel des Gesetzes ꝛc. in eckigen Klammern beigesetzte Zahl verweist auf die Seite des (Bundes-) Reichs-Gesetz-Blattes.)

1815 Juni 8. Deutsche Bundesakte [Pr. GS. 1818 Anh. S. 143], Art. 14 V. 75.
1867 Juli 8. Zollvertrag zwischen dem Norddeutschen Bunde, Baiern, Württemberg, Baden und Hessen [S. 81], Art. 5 Nr. II. XII. 473; XV. 568.
1867 Juli 26. Norddeutsche Bundesverfassung [S. 1],
Art. 3 IX. 389; X. 378.
Art. 4 XI. 558.
Art. 68 XI. 609.
1867 Oktober 12. Gesetz über das Paßwesen [S. 33], XI. 567.
1867 Oktober 12. Gesetz betr. Erhebung einer Abgabe von Salz [S. 41], § 13 XII. 75.
§ 15 XII. 75.

(Nord-) Deutsche Gesetze rc.

1867 Oktober 25. Gesetz betr. die Nationalität der Kauffahrteischiffe [S. 35], § 11 XV. 580.
§ 12 XV. 580.
§ 15 XV. 580.

1867 November 1. Gesetz über die Freizügigkeit [S. 55],
§ 1 IX. 389, ***405***, 415.
§ 3 IX. 389, ***405***, 415.
§ 12 IX. 389, ***405***, 415.

1867 November 2. Gesetz über das Paßwesen [S. 61],
§ 2 XII. 261.
§ 27 Nr. 2 XII. 31, 261.
§ 30 Nr. 1 XII. 31, 261,
§ 30 Nr. 2 X. 424; XI. 349.
Nr. 4 X. ***320***.

1867 Dezember 11. Postreglement [BMBl. S. 7],
§ 14 Nr. VIII X. 424.
§ 15 XI. 349.

1867 Dezember 29. Verordnung die Einführung des Preuß. Militärstrafrechts betr. [S. 185], B. II e. XIII. 432.

1868 März 9. Handels- und Zollvertrag mit Oesterreich [S. 239],
Art. 4 XIV. 304.

1868 März 26. Miliär-Ersatz-Instruktion [Potsd. Amtsblatt 1868 Nr. 34 Beil.], § 20 Nr. 4 XIV. 158.

1868 Mai 26. Gesetz die Besteuerung des Tabaks betr. [S. 319],
§ 1 XVI. 120.
§ 3 XVI. 120.
§ 10 XVI. 120.

1868 Juni 14. Gesetz betr. Pensionen der Offiziere der vormaligen Schleswig-Holsteinischen Armee [S. 335], XI. 563.

1868 Juli 8. Gesetz betr. Besteuerung des Branntweins [S. 384], XV. 568.

1868 Juli 8. Gesetz die subsidiarische Haftung des Brennereiunternehmers rc. betr. [S. 404],
X. 200, ***221***; XI. 52, 474.
§ 1 XI. 579; XV. 165, 346.
§ 2 XII. 579.
§ 3 XII. 579; XIII. 475.

1868 Juli 8. Gesetz betr. den Betrieb stehender Gewerbe [S. 406],
X. ***319***.
§ 2 X. 486, 568.

1868 August 17. Maaß- und Gewichts-Ordnung [S. 473],
§ 10 XIV. 267; XV. 509.
§ 18 XIV. 267.

1869 April 7. Gesetz Maßregeln gegen die Rinderpest betr. [S. 105],
§ 1 XII. 312.
§ 7 XII. 312.
§ 8 XII. 174.
§ 12 XII. 174.
§ 14 XII. 174.

1869 Mai 26. Allerh. Erlaß betr. Instruktion zur Ausführung des Gesetzes über die Rinderpest [S. 149],
§ 14 ff. XV. 487.
§ 23 ff. XII. 174, 344.

1869 Juni 5. Deutsche Wechsel-Ordnung [S. 382], (In Preußen eingeführt durch Ges. v. 6. Jan. 1849 und 15. Febr. 1850 w. m. s.),
Art. 4 II. 85.
" 7 II. 85.
" 10 XII. 629.
" 12 III. 155.
" 13 III. 155.
Art. 23 VII. 278.
" 41 VIII. 646.
" 81 VI. 514.
" 98 Nr. 6 VIII. 646.
Nr. 8 I. 311.

(Nord-) Deutsche Gesetze ꝛc.

1869 Juni 5. Deutsches Handels-Gesetzbuch [S. 404], (In Preußen eingeführt durch Gesetz v. 24. Juni 1861, w. m. s.),
Art. 4 VII. 128; VIII. 46, 245, 512; IX. 165; X. *120*, 304, 513; XI. 241.
" 10 V. 95, 311; VII. 642; VIII. 46, 56, 160, 161, 194, 312, 368, 379, 788; IX. 165; X. 46; XI. 561.
" 11 VIII. 245.
" 15 VI. 299.
" 16 VI. 299.
" 20 IV. 509.
" 28ff. IX. 165.
" 28 VII. 227; X. 399.
" 29 VII. 227, 509; VIII. 503; XIII. 429; XVI. 545.
" 47 IX. 178.
" 66 V. 411; VI. 272, 284.
" 67 V. 411.
Art. 69 Nr. 1 V. 38.
" 99 VII. 124.
" 105 VII. 124.
" 112 VII. 124; XI. 475.
" 150 XI. 475.
" 209 XVI. 695.
" 210 XVI. 695.
" 249 XVI. 683, 698, 698.
" 271 VIII. 46; X. 304, 513; XI. 241.
" 272 Nr. 1 VIII. 46; X. 304, 513.
Nr. 4 V. 411; VI. 284; VII. 707; VIII. 34.
" 273 Abs. 2 XVI. 228.
Abs. 3 VIII. 46.
" 291 Abs. 1 XVI. 228.
" 357 VIII. 77.
" 408 VI. 84.
" 436 VI. 20.
" 437 VI. 20.

1869 Juni 10. Gesetz betr. die Wechselstempelsteuer [S. 193],
§ 2 XIV. 365.
§ 4 XII. 442; XIII. 50; XIV. 48, 443; XV. 451, 805; XVI. 624.
§ 5 XII. 442; XIII. 50; XIV. 48, 269, 673; XV. 451, 805.
§ 6 XV. 451, 805; XVI. 624.
§ 7 XII. 515; XIII. 592; XIV. 365; XVI. 790.
§ 11 XV. 805.
§ 13 XII. 516; XIV. 759;
§ 13 Forts. XV. 805.
§ 14 XIII. 650; XIV. 269, 759; XV. 805.
§ 15 XII. 442, 467; XIII. 650; XIV. 48, 269, 673; XV. 805.
§ 16 XII. 515; XIII. 592; XIV. 365; XV. 284; XVI. 790.
§ 17 XV. 805.
§ 18 XIV. 269.
§ 21 XVI. 585.
§ 24 XI. 46.
§ 29 XII. 238.

1869 Juni 12. Gesetz betr. die Errichtung eines obersten Gerichtshofes in Handelssachen [S. 201], § 17 XIII. 264, 562; XV. 600.
§ 18 XIII. 264, 562.

1869 Juni 21. Gesetz betr. die Beschlagnahme des Arbeitslohnes [S. 242], § 1 XIV. 763.
§ 2 XIV. 763.

1869 Juni 21. Gewerbeordnung [S. 245], XII. 343.
§ 1 XI. 104, 544; XII. 42; XIV. 585; XV. *21*, *111*; XVI. 208, 814.
§ 5 XI. 558; XII. 42; XIV. *66*, 323, 444; XVI. 208.
§ 6 XIII. *503*.
§ 7 XVI. 215.
§ 7b. XI. 558; XIV. 444.
§ 11 XII. 11, 42.
§ 14 XII. 125; XIII. 251; XIV. 624; XVI. 126.
§ 16 XV. 344; XVI. 374, 535.
§ 29ff. XV. *21*.

(Nord=) Deutsche Gesetze rc.

1869 Juni 21. Gewerbeordnung (Forts.).
§ 29 Abs. 1 XI. 82, 85, 220, 506, 581; XII. 11, 152; XIII. 403; XIV. 585.
Abs. 5 XVI. 780.
§ 30 XI. 85, 220; XII. 11.
§ 31 XI. 104.
§ 33 XII. 125; XIII. 188, 251, *503*, *520*, 526, 605; XIV. 189, *603*, 655, 672; XV. 146, 198, 403, 811; XVI. 106, 164, 288, 731, 814.
§ 34 XV. *111*.
§ 35 XVI. 200.
§ 37 XV. 436; XVI. 533.
§ 38 XVI. 200.
§ 41 XIV. 3; XVI. 208.
§ 42 XI. 558; XIV. 444.
§ 44 XII. 28; XIII. 414; XIV. 444; XV. 739.
§ 45 XIV. 444, 655; XV. 883; XVI. 731.
§ 46 XIV. 655; XVI. 731.
§ 55 XI. 558; XII. 28, 125, 590; XIII. 414; XIV. 3, 257, *378*, 444; XV. 98; XVI. 203, 208, 530.
§ 56 XV, 98, *111*.
§ 58 XI. 558; XIV. 444.
§ 59 XIV. 3; XVI. 208.
§ 60 XVI. 208.
§ 62 XII. 481; XV. 797; XVI. 189.
§ 64 XI. 589; XVI. 532.
§ 66 XII. 590; XV. 98; XVI. 532.
§ 69 XI. 589.
§ 70 XVI. 359.
§ 75 XI. 569.
§ 76 XV. 436.
§ 119 XVI. 799.
§ 130 ff. XV. 123.
§ 131 XVI. 158.
§ 134 XV. 342; XVI. 28.
§ 136 XVI. 28.
§ 143 XI. 558; XII. 242, 260, 266, 632, 645; XIV. 444.
§ 145 XV. 344.
§ 146 XV. 342; XVI. 28.
§ 147 XI. 525, 558; XII. 207; XIII. 444.
§ 147 Abs. 1 Nr. 1 XI. 85, 220, 455, 472; XII. 11, 125; XIII. 251, 315, *503*, 526, 605; XIV. 3, 189, 655, 672; XV. *21*, 146, 198, 403, 811; XVI. 164, 288, 731, 814.
Nr. 2 XV. 344; XVI. 374, 535, 620.
Nr. 3 XI. 82, 506, 581, XII. 152, 520; XIII. 294, XVI. 389, 780. 812.
Abs. 2 XIII. 384; XV. 48; XVI. 84, 273, 625, 762, 767.
§ 148 XI. 85, 220, 558; XIII. 414; XIV. 444; XV. 48; XVI. 126, 200, 625.
§ 149 Nr. 5 XV. 797; XVI. 189.
Nr. 6 XVI. 359.
Nr. 7 XV. 123.
§ 150 XV. 232; XVI. 158.
§ 152 XVI. 530.
§ 153 XIV. 561, 619; XV. 362; XVI. 503, 530.
§ 154 XVI. 28.
§ 155 XI. 569.

1869 Juni 21. Gesetz betr. die Gewährung der Rechtshülfe [S. 305],
§ 20 XVI. 97.
§ 27 XI. *464*.
§ 33 XII. 5, 248.
§ 35 XIV. 12.
§ 37 XVI. 97.

1869 Juli 1. Vereinszollgesetz [S. 317],
§ 2 XIII. *118*.
§ 13 XVI. 21.
§ 19 XVI. 769.
§ 75a. XVI. 21,

(Nord-) Deutsche Gesetze ꝛc.

1869 Juli 1. Vereinszollgesetz (Forts.).
§ 76 XVI. 21.
§ 119 XVI. 769.
§ 124 XIV. ***43***; XVI. 269.
§ 126 Abs. 2 XIV. 43.
§ 129 XVI. 769.
§ 134 XII. 650; XIII. ***118***, 508; XV. 3.
§ 135 XIV. 64; XV. 382; XVI. 435.
§ 136 XIII. 508; XVI. 435.
§ 136 Nr. 1a. XII. ***393***; XVI. 21.
Nr. 1c. XII. ***393***; XVI. 21.
§ 136 Nr. 5a. XIII. 508.
Nr. 5d. XIV. ***513***; XVI. 91, 257.
Nr. 7 XVI. 269.
§ 137 XIII. ***118***, 508; XVI. 91, 257, 435.
§ 145 XVI. 329.
§ 146 XV. ***137***.
§ 152 XVI. 512.
§ 154 XIII. 118.
§ 155 XIII. 118; XV. 3.
§ 158 XIV. 64.
§ 162 XVI. 329.
§ 165 XIV. 269.

1869 Juli 16. Eichordnung [Nach S. 602], § 25 XVI. 33.

1869 Dezember 13. Bekanntmachung zur Ausführung des Gesetzes betr. Wechselstempelsteuer [S. 691], XII. 268, 442, 516; XIV. 541; XV. 451.

1870 Juni 1. Gesetz über Erwerb und Verlust der Bundes- und Staatsangehörigkeit [S. 355], XVI. 728.

1870 Juni 10. Eisenbahn-Betriebs-Reglement [S. 461],
B. § 5 Nr. 4 XIII. 5.

1870 Juni 11. Gesetz betr. das Urheberrecht ꝛc. [S. 339],
§ 32 XIII. 264, 562; XV. 600.
§ 45 XIII. 562.
§ 47 XIII. 562.

1870 Juni 11. Gesetz betr. Commanditgesellschaft auf Aktien und Aktiengesellschaften [S. 375], XIV. 556; XV. 434.

1870 Juli 21. Verordnung betr. die Erklärung des Kriegszustandes [S. 503], XI. 609.

1871 April 16. Verfassung des Deutschen Reichs [S. 63],
Art. 3 XIII. 403.
Art. 22 XVI. 147, 298.
Art. 68 XII. 215.

1871 Juni 23. Bekanntmachung betr. die Wechselstempelsteuer [S. 267],
II. 1 XIV. 269.
II. 2 XII. 516; XIV. 759.

1871 August 11. Bekanntmachung betr. Reichsstempelmarken [S. 323], XVI. 624.

1871 August 30. Einf.-Gesetz in Elsaß-Lothringen, Art. XII XII. 622.

1871 Dezbr. 21. Gesetz betr. die Beschränkungen des Grundeigenthums in den Umgebungen von Festungen [S. 459], XVI. 73.
§ 35 XIV. 815.
§ 45 XIV. 815.

1872 März 25. Verordnung betr. den Verkehr mit Apothekerwaaren [S. 85], XIV. ***725***; XV. 674.

1872 Mai 31. Gesetz wegen Erhebung der Branntweinsteuer [S. 153],
§ 13 XV. 254.
§ 14 XVI. 596.
§ 29 XV. 254; XVI. 596.
§ 35 XVI. 524.

1872 Juni 12. Gesetz zur Gewerbeordnung [S. 170],
§ 2 XVI. 232.

(Nord-) Deutsche Gesetze 2c.
1872 Juni 20. Militärstrafgesetzbuch [S. 173]; § 3 XVI. 406.
§ 4 XVI. 406.
1874 Mai 2. Militärgesetz [S. 45], § 60 Nr. 2 XV. 598.
1874 Mai 7. Gesetz über die Presse, XV. 467.
§ 6 XV. 643.
§ 7 XV. 456; XVI. 571.
§ 8 XV. 456.
§ 9 XV. 643.
§ 17 XVI. 537.
§ 18 XV. 643.
§ 20 XVI. 334, 392, 413, 432, 537, 571, 575,
§ 20 Forts. XVI. 786.
§ 21 Abs. 2 XVI. 96, 413, 432, 584, 617, 655.
§ 22 XVI. 300.
§ 23 XVI. 290.
§ 27 XVI. 300.
§ 29 XVI. 290.
§ 37 XVI. 617.
1875 Januar 4. Kaiserliche Verordnung über den Verkehr mit Arzneimitteln [S. 5], XVI. 232.

II. Sach-Register.

(Die rheinischen Rechtssätze sind unter Rhein. Verfahren aufgeführt.)

A.

Abdeckerei, Befähigungszeugniß. VI 499.
Abendmahl,
Verweigerung. XVI. 469.
Aberkennung ic., s. Ehrverlust.
Aberration, Körperverletzg. I. 523.
Abgaben, s. Steuervergehen.
Abgeordneter, Verantwortlichk. IV. 485.
Abhang, Verwahrg. VIII. 584.
Ablehnung, s. Beweisantr. ic., Geschw.
Abolition ohne Gesetz. I. 293.
Abpflügen, öffentlich. Weg. X. 596.
Abschriften.
Angekl., Ankl. III. 308, 427.
" Beschl. XIII. 30.
" Erkenntniß. VIII. 609, IX. 524. XIII. 551.
" Ermessen. VII. 675, XII. 625.
Gewesene Beschuldigte. IX. 174.
St.-A., Beschl. XII. 575.
Vertheidiger. I. 66, 337.
Voruntersuchungsakte. X 596.
Absperrungsmaßregeln, s. Viehsperre.
Abstimmung, s. Geschworne.
Abtreibung d. Leibesfrucht, Beihülfe. XVI. 98.
Dritter. XIII. 336, XV. 826, XVI. 98.
Versuch. XV. 826.
" Fragstellg. VI. 39.
Acker, bestellter, Darübergehen. IX. 142.
Adel, Verlust, Ehefrau. X. 264.
Advokat, vgl. Rechtsanw., Verth. ic.
Konkurskurator i. Hann. XV. 474.
Vollmacht. XVI. 20.
Aggravation, weitere Verthdg. IV. 311.
Akten, vgl. Abschr., Geschw., Urk. ic.
Einsicht, Angekl. II. 285, VII. 14.
" Verthdgr. V. 364, IX. 174.
Verlust, Aufbebg. d. Urth. V. 115, VII. 499.
Vorlegung, Beweis. X. 272.
Aktiengesellschaft, Baareinlage. XVI. 698.
Falsche Angaben. XVI. 683, 698.
Stempelstrafe. II. 57.
Verpflichtungsschein. XVI. 698.
Zahlungseinstellg., Anzeige. XV. 870.
Altkatholiken, Beschimpf. XV. 687, XVI. 537.
Altmark, Deichregl. VII 3.

Amnestie, s. Begnadigg.
Amtl. Bescheinigg., Gegenbeweis. XIV. 801.
Amtsanmaßung.
Auszug a. Kirchenbüch. XII. 379.
Beglaubigg. e. Urk. XIV. *813*.
Begriff. IX. 728.
Bewußtsein. XI. 63.
Handlungsbevollm. IX. 177.
Religionsunterricht. IV. 35.
Schriften i. Rechtssachen. V. 469, XV. 780.
Sim. Cess., Aufn. IX. 529.
" Einklagg. III. 11, XII. 209.
" Erwirkg. e. Mandats. XIV. 754.
" Prozeßführg. I. 201, XI. 575, XIV. 484.
Suspendirter Beamter. IX 504.
Thatbestand. II. 291.
Ueberschreitung. VII. 363, X. 86.
Vertretg. im Prozeß. III. 10, XI. 89. 515.
Amtsbeleidigung, vgl. Beamter, Behörde, Diensteid.
Amtscharakter, App.-R. XVI. 301.
" Rechtsirrth. X. 78.
Anweisung d. Just.-M. IV. 89.
Aufrechnung. IV. 261.
Ausgeschiedene Beamte. VII. 187. X. 36.
Ausschreitg. e. Beamt. XIII. 449.
Auswärt. Behörde. XIII. 263.
Bekanntm. d. Verurth. IV. 206, IX. 227, X. *769*, XV. 543.
Bestrafg. w. eins. Bel. I. 496.
Beziehg. a. d. Beruf XV. 44, 246.
Dolmetsch., Notarialakt. XV. 144.
Dolus. X. 77, XIII. 620.
Eingabe an e. Behörde. IX. *740*.
Ermächtigg. XIV. 686.
Gericht, Perhorrescenz. II. 547, VII. 483, 589, X. 360, 362, XIV. 201, XV. 432.
Gesammtheit. VII. 121, X. 78, 173, 516.
Mild. Umst. VII. 272.
Person d. Beamten. XIII. *21*, XV. 91, 246, 866.
Remonstration. VII. 208.
Strafverfolgungsantr., Amtsvorsteher. XV. 680, XVI. 607.

Amtsbeleidigung (Forts.).
Strafverfolgungsantr., App.-G. Plen. XIII. 643, XV. 482.
" Bergw.-Inspekt. XVI. 721.
" Eingabe an d. Vorgesetzten. IV. 76, XVI. 789.
" Feststellung. XI. *27*.
" Frist. XVI. 6.
" Gerichtsdirektor. XIV. 347, XV. 432.
" Gerichtskomm. XVI. 665.
" Kollegium, Mtgl. XV. 91.
" Kreisausschuß. XVI. 607.
" Kriegsminister. XV. 576.
" Neuer Antrag. XVI. 412.
" Richter. XII. 452, XV. 583.
" Uebermittlg. XII. 614.
" Vertreter. VIII. 332, XV. 817.
Unkenntn. d. Amtsausübg. XIII. 620.
Urth.-Ausfertigg. X. *769*.
Waldeck, öffentl. Klage. XII. *493*.
Zeitungsredakteur. XIV. 686
Zuständigk. I. 325, XV. 432, XVI. 552.
Amtshandlung, vgl. Bestechg., Diensteid, Geistl., Widersetzlichk. ꝛc.
Ausruf. XI. 166.
Befehl, Befugniß. IV. 486, VII. 517, VIII. 653, IX. 97, XI. 257.
" Gesetz. VI. 431, VIII. 747.
" Oertl. Zuständigk. III. 224.
Beob. reglem. Vorschr. X. *106*.
Dorfgericht. VII. 65, IX. 191.
Exekutor. VI. 431, VIII. 653, X. 512, XI. 257, 396.
Forstbeamte, Anhalten verdächt. Pers. IV. 253, VIII. 519, 713.
" Forstschutz auf Wegen. X. 153.
" Haussuchg. VII 65, X. 317.
" Nöthigg. zur Rückkehr. III. 498.
" Pfändg. gefrev. Holzes. I. 526, XI. 483.
" Veranlassg. zur Thätigk. X. *526*.
Forstbeamte, Vorwürfe. IV. 109.

Amtshandlung (Forts.).
Gendarm. VII. 517.
Gesetzwidr. Verfahren. VIII. 772, X. 354.
Guter Glauben. VIII. 145.
Hausfriedensbruch. XIII. *470.*
Jägerlehrling. IV. 508.
Jagdaufseher. X. 775, XIII. 48.
Körperl. Untersuchg. VI. 359.
Nachtzeit. X. 354.
Nothwehr. XI. *39.*
Oertl. Zuständigk. III. 134, IV. 305, XI. 54, 450, XIII. 472.
Ortspolizeibeamter. IV. 305, V. 201.
Polizeidiener, Haussuchg. X. *106.*
Testamentsaufnahme. XIII. 472.
Transport v. Gef. VI. 183, 436.
Vermessung, Richter. XI. 556.
Amtsunterschlagung.
Ableugnen d. Besitzes. X. 282.
Absicht d. Ersatzes. III. 544, IX. 570, X. 250.
Abstimmung d. Geschw. VI. 291, 570, XI. 531.
Amtl. Empfang, Auftrag. IX. 572, XIII. 228.
" Ermächtigg. I. 406, VI. 451, VII. 602, VIII. 78, XI. 86, 438, XII. 249.
" Geschenk. XI. 438.
" Täuschg. I. 406, XI. 438, 525, XVI. 226.
" Voraussetzg. VIII. 251, 587.
Amtsschreiber. VII. 515.
Anstellg., interim. VI. 277.
Aukt.-Komm. I. 360, IV. 542, VIII. 692.
Buchführg. ꝛc., Beruf. I. 522.
" Beziehung. X. 748.
" Eigne Verwaltg. III. 147.
" Einnahmeregist. III. 470.
" Erbsch.-St.-Tab. XVI. 257.
" Kontroll.-Reg. I. 247, VII. 246, IX. 455, XIII. 24, XVI. 257.
" Post-Ann.-B. III. 470.
" Strafgesetz. IX. *243.*
" Unterlassg. II. 318.
" Urkunde. II. 318, III. 148.
Dolus. VI. 277, X. *117.*

Amtsunterschlagung (Forts.).
Exekutor. III. 16, X. 282, XII. *286*, XV. 109, 357, 852.
Feststellg. d. Defekts. IV. 369.
Fragstellung. VII. 86.
Gesetzeswechsel. IX. *243.*
Konkurrenz, Betrug. I. 406.
" Münzverbr. XI. 131.
" Urk.-Fälschg. IV. 27.
Lehrer. VI. 260, XV. 269.
Nachtheil. X. 516.
Notar. III. 544, VII. 92, 576.
Oder Betrug? I. 232.
Personenzettel. V. 35, X. 98.
Postexpeditionsgehülfe. IV. 154.
Rechtsanwalt. VII. 576, X. 485.
Städtische Verwaltg. IX. 728.
Verfälschg., Bücher. I. 247.
" Rechnungen. III. 147.
Vorschuß, Erstattg. I. 232.
Amtsurkundenfälschung, Bürgerm. in Nassau. XIII. *584.*
Privaturk. V. 215.
Steuer-Erhebungs-Journ. XIII. 159.
Vermögensvorth. XII. *426.*
Amtsvergehen, vgl. Bestechg., Gefangene, Körperverl., Strafvollstr. ꝛc.
Amtsverleumdung, Bestechg. X. 589.
Wahrheitsbeweis. IX. 386.
Anerkennung, Rechtskr. XI. *238.*
Zurücknahme. VIII. 184, XI. 254.
Zuständigk. IX. *194.*
Angeber, Mittheilg. an d. Angekl. XV. 537.
Angehörige, Nichte. XV. 193, XVI. 51.
Angeklagter, vgl. Abschr., Beschw., Beweisantr. ꝛc., Verhafteter, Vor-Unt.
Anwesenheit, Beweis. VII. 657, XI. 568.
" Ermittlungen. I. 62.
" Kommissar. Vernehm. XIII. 652, XVI. 489.
" Protokoll. XVI. 740.
" Prüfg. d. Geisteskräfte. I. 319.
Anwesenheit, Urtheilsverkündg. XV. 473, 812.

Angeklagter (Forts.).
Bezeichnung. X. 565.
Blödsinn. IX. 546.
Ehefrau. VI. 312.
Entfernung, freiw. II. 464, IV. 448, X. 233.
- Ungebührl. Betr. I. 183, IV. 435, X. 676.
- Vernehmg. d. Mitangekl. XVI. 135.
Gehör vor Beschl. XVI. 756.
Geisteszustand, Antrag d. Prüfg. XV. 76.
- Aussetzg. d. Verfahrens. IX. 410, X. *220*.
- Hauptverhdlg. I. 319, VII. 402.
- Kenntniß d. Gerichts. II. 43.
- Nichtigkeitsgrd. VII. 402, X. 159, XIV. 250.
- Nichtigkeitsinst. III. 512, X. 544, XV. 601.
- Prüfg. v. Amtsw. IV. 153.
- Schwurgerichtshf. IX. 478.
Krankheit. XIV. 571.
Letztes Wort, Auffordg. XIII. *362*.
- Schwurgerichtsf. VI. 70, XI. 266, XIV. 44.
- Verlangen. XV. 575, XVI. 44.
- Wirkung. XVI. 521.
Namensverwechselung. I. 237.
Taubheit. XIII. 533.
Unmündiger. XV. 641.
Väterl. Gewalt. VIII. 486.
Verhör, Ausführ. d. St.-A. XII. *309*.
- Vor d. Beweisaufnahme. XVI. 521.
Verwechselung. I. 237.
Vorladung, vgl. Behändigg., Kont.-Verf.
- Frist. V. 137, VII. 686. VIII. 486, XIII. 459, XVI. 291.
- Wes. Förml. XII. 329, 500.
Angriff, vgl. Widerstand 2c.
Berechtigg., Ueberschreitg., X. 795.
Gemeinsch. IV. 548, XVI. 710.
Urs. e. Körperverl. XVI. 792.
Anklage, vgl. Befassg., Erschöpfg., Gesichtsp. 2c.

Anklage (Forts.).
Antr. auf Nichteröffng. III. 113.
Ausdehng., Gegenst. IX. 523.
- Stellen e. Schrift. X. 143, 429.
- Thatsachen. X, 523.
Druckschrift, Theil. IX. 451.
Erläuterung, Vorsitzdr. V. 119.
Erschwer. Umst. VII. 274.
Fallenlassen. VII. 51.
Förmliche. XIII. 130.
Nähere Umst. II. 259.
Ortsangabe. XI. 429.
Prüfg. d. Inst.-R. III. 275.
Substantiirung. III. 5.
Ueberschreitung. VII. 499.
Verbindung. I. 512.
Widerspr. früh. Verurth. IX. 186.
Zeitangabe. V. 265, VII. 562.
Zurücknahme. I. 550.
Anklagebeschluß, Beschw. d. St.-A. II. 368, IX. 362.
Ergänzung. II. 376.
Gründe. VI. 532.
Mittheilg. IV. 396, VI. 8, 249, IX. 353.
Rechtskraft. VII. 154.
Uebersetzung. XV. 538.
Verlesung. IV. 368, IX. 353, XIV. 249.
Anklagekammer, Befassung. VIII. *632*, XI. *550*.
Setzen auss. Verfolgg. X. *518*.
Verweisung zur Strafkammer. IX. *98*.
Anklagepunkt, App.-R. X. 225.
Anklageschrift, vgl. Anklage.
Abweichg. v. Ankl.-Beschl. I. 431, VIII. 233, IX. 548.
Anführg. d. Strafges. X. *531*, XII. *137*.
Einhändigg. an d. Geschw. I. 570.
Ergänzg. d. Ankl.-Formel. II. 376.
Handzeichnung. XV. 41.
Mittheilung. VII. 214.
- Abschr. VIII. 8, XV. 746.
- Anlagen. XVI. 129.
- Uebersetzg. XIII. 182.
- Unterlassg. VI. 249, IX. 353, X. 684.
- Vorlesung. III. 308, XI. 612, XIII. 205.

Anklageschrift (Forts.).
Neue. XIV. 712.
Uebersetzung. XV. 538.
Verlesung, Abth.-S. IV. 34.
- Auslassungen. II. 329.
- Gerichtsschreiber. IV. 368.
- Zeitpunkt. VI. 324.
Anklagesenat, Ausdehng. d. Verfahrens. VI. 390.
Befassung. IX. 191, 407.
Beschw., Erschöpfg. d. Ankl. XI. 259.
- Versetzg. in Anklagestand. IV. 98, VII. 501, VIII 601.
- Verwerfg., Gründe. VIII. 366.
Ergänzg. d. Vor-Unt. VI. 390, XIV. 452.
Eröffng. d. Unt. w. Vergehens. VIII. 182, IX. 93, 477, X. 671.
Komp.-Konfl. m. Rathsk. IX. 93.
Konnexe Sachen. I. 233, IX. 93.
Richterzahl. XI. 385.
Vorbehalt. IX. 41, 191.
Anklagestand, Aufhebg. durch Schw.-G.-H. XII. 163.
Beschwerde, St.-A. XIV. 149.
- Subs. Haftb. I. 492.
Voruntersuchg. IX. 302.
Anlage, s. Gewerbsanl., Sachbeschäd.
Anordnung d. Obrigk., vgl. Schmähung 2c.
Aufgehobene. IV. 363.
Begriff. XVI. 474.
Bundesbehörde. X. 155.
Ges.-Vorlage. XIV. 55, XVI 231.
Konkrete Maßnahme. VII. 449, XVI. 474.
Kriegserklärung. XV. 313, 735.
Maßnahmen d. äußern Politik. III. 430.
Preußische Obrigk. VII. 268.
Richterl. Entsch. V. 163.
Unterlassung. XV. 385.
Verbot, einzelnes. VII. 449.
Wahlerlaß. III. 63.
Anpreisung, Aufruhr. VI. 73.
Hochverrath. V. 138.
Anreizung, s. Friedensgefährdung.
Anschluß, s. Disz.-Verf., Fiskalbehörde.
Anschuldigung, falsche, Abs. II. 490.
Anzeige e. konkreten That. III. 37.
Behörde. IV. 132, IX. 291, XIV. 788.
- Zuständigk. XV. 258.
Beleidigung. XV. 53.
Dolus. III. 37, VIII. 440, XIII. 404.
Feststellg. d. strafb. Handlg. V. 182, VII. 258, XIV. 769.
Form. XVI 410.
Gendarm. XI. 538.
Immediateingabe. XV. 257.
Injurienklage. XV. 612.
Mittheilg. Anderer. VI. 304.
Privatklage. XV. 270.
Schlußfolgerung. II. 33.
Unwahrheit. XVI. 411.
Verfahren, Innehalten. XI. 328.
Verjährung. VI. 180.
Verleumdung. XI. 608.
Verschweigen, Strafausschl.-Gr. XIV. 728.
- Wesentl. Umst. VI. 136, XIV. 811.
Vertheidigung. VI. 120, XIII. 404.
Anstiftung, Amtsverbr. XIII. 159, XVI. 581.
Anleitung. VI. 498.
Anreizung. X. 803.
Aufforderung. XV. 536.
Auftrag. XII. 328.
Bedingter Entschluß. V. 32.
Einwirkg. auf fremden Willen. XI. 360.
Entschlossener. I. 303, II. 232.
Erschw. Umst. I. 547, IX. 294.
Feststellung. II. 376, VIII. 336, X. 806.
Fragstellg. VII. 44, 288, 366, XVI. 649.
Gehülfe. XV. 239, XVI. 147.
Geschwornenspruch. IX. 470.
Mißbrauch d. Ansehens. I. 258.
Mittel. II 376, IX 470, X. 806.
Mittelsperson. I. 563.
Rathsertheilg. XVI 778.
Realkonkurrenz. XVI. 478.
Strafunmündiger. IV. 102.
Strafverfolgungsantr. XVI. 406.
Ueberredung. VII. 366.
Uebertretung. V. 353.

Anstiftung (Forts.).
Verleitung. X 803.
Versuch. XII. 353.
Anstiftungsversuch, s. Meineid rc.
Antragsvergehen, s. Strafverfolgungsantr.
Apotheker, Anzeige d. Destillirgeräthe. V. 534.
Haftbk. für Gehülfen. I. 166.
Kleinhandel mit Spirituosen. XIII. 503.
Appellation, vgl. Berufung.
Anmeldg., Analph. VI. 363, 440.
" Bedingg. XI. 254.
" Frist, Belehrg. IX. 466.
" " Gegenvorstellg. VII. 360.
" " Verhafteter. II. 173.
" " Verlängerg. XVI. 759.
" Neg. gestor. XIII. 348.
" Rekurs. VII. 554.
" Sitzungsprot. I. 408, II. 516, IV. 58, VIII 139, IX. 466, X. 267.
" Stellvertreter. V. 483.
" Unmündiger. XV. 473.
" Unterkreuzg. VI. 363, 440.
" Unterschrift. IV. 111, VI. 243, 363, X. 661, XII. 97, XIII. 348.
" Unzufriedenh.-Erkl. V. 471, VIII. 641, XIII. 433.
" Vater. V. 386, VII. 610.
" Verhaftet. II. 173, V. 471.
" Verlust. XI. 538.
" Vor d. Erk. VI. 324.
Beantwortg, Mittheilg. XI. 136, XIV. 180.
" Unterlassg., Aufforderg. XII. 280.
" Verspätung. VII. 103.
Instruktion, Mängel. X. 206.
Rechtfertigg., Beschw. IV. 230, V. 37, IX. 377, X. 86.
" Frist. XI. 376, XIV. 330.
" Fristverlängerg., Ablehng. VII. 606.
" " Nach Ablauf. IX. 336, X. 75.
" " Prüfg. XV. 26, XVI. 759.
" " wiederholte. IX. 448.
" Mittheilg. VII. 497, VIII. 87, XV. 730.

Appellation (Forts.).
Rechtfertigg., Nachträgl. Erläuterg. IX. 35, XIV. 591.
" Thats. u Beweism. I. 152.
" Unterlass. Vorlegg. XVI. 796.
" Unterschrift. XV. 154.
" Verweisg. a. and. Schriftst. IV. 449, XV. 188.
" Vollm., mündl. XI 421.
" Vorbehalt, Beweisantr. VIII 745.
" Zulassg. I. 152, XII 463, XVI. 759.
" Zurückweis. XIII. 674.
Statthaftigk. Gew.-St.-Kontrav. V. 216.
" Nachdruck, Beschädigter. VIII. 798.
" Person, Namen. I. 237.
" Urth. d. Pol.-R. I. 141.
" Verurth. w. Uebertr. VII. 183, XII. 36.
Verzicht, St.-A. X. 73.
" Verurtheilter. XI. 254.
Zurücknahme, bedingte. XIII. 669.
Zurücknahme, St.-A. IV. 525, VI. 379.
Zurückweisung, Beschl. XII. 133, XIII. 250.
" Beschw. XV. 321.
" Nicht.-Beschw. I. 572.
Appellationsgericht.
Assessor. X. 565.
Beschw. ü. Schw.-G.-H. VII. 101.
Richter, Mitwirkg. in erster Inst. I. 517.
" Verwandtsch. I. 190, VII. 102.
Strafverfolgungsantr. XIII. 643, XV. 432.
Appellationsinstanz, Ausdehng. VII. 623.
Inform. Zeugenverng. XI 2 76.
Referent. II. 216, VII. 377, X. 676, XIV. 132, XV. 776.
Sitzungsprot. III. 408, XI. 351, XIV. 404, XV. 36, XVI. 528.
Strafverfolgungsantr. XIII. 259, XVI. 369, 378.
Verlesung d. Ankl. IX. 54.
Verlust e. Instanz. VII. 657.

Appellationsrichter, vgl. Ber.-R., Rechtskr. (relat).
Abw. Feststl., Altern. XV. 200.
- Amtscharakter. XVI. 301.
- Andere That. IX. 371.
- Begründg., Beweisergebn. III. 343, V. 127, VII. 171, 550, X. 721, XII. 604.
- Begründg., Schlußfolgerg. II. 14, 256.
- Begünstigg. statt Theiln. XI. 579.
- Dolus. XIII. 581, XIV. 78.
- Einzelner Fall. XIV. 467, XVI. 413.
- Erkl. d. Verth. IV. 227.
- Erschöpfg. d. Ankl. XI. 133.
- Notorietät. XI. 172.
- Ortsangabe. IX. 215.
- Pers. d. Verletzten. IX. 109, XIV. 685.
- Resultatlos. Beweisaufn. III. 401, 480.
- Richtg. d. Beweisaufn. III. 45.
- Schriftvergleichg. X. 806.
- Theiln. statt Hauptthat. XII. 347.
- Uebereinstimmg. d. Beweisergebn. XI. 506, XIII. 15, XIV. 313.

Abw. Feststl., Umfang d. Beweisaufn. X. 225.
Akten-Bezugn., abweich. Feststellg. XI. 50, 172.
- Beibehaltg. d. Feststellg. VIII. 528, XVI. 228, 307, 358, 748.
- Beseitigg. v. Bedenken. VII. 571.
- Prozedurstücke. VII. 70.
- Prüfg. v. Beweisantr. IX. 569, X. 113, 762, XIII. 490, XVI. 307.
- Skrut.-Verhdlg. IV. 232.

Antragsverg. VII. 623, XIII. 324.
Ausdehng. d. Verfahrens. VII. 623.
Auslegg., Beweisantr. XVI. 739.
- Feststellg d. ersten R. VII. 695.

Appellationsrichter (Forts.).
Bedenken, Antrag. VII. 695, VIII. 624.
- Bei einem Punkt. XII. 7.
- Mitth. VIII. 666, XI. 280.
- Prüfg. VII. 695, XVI. 28.
- Vorverhandlung. X. 362.
- Widerlegung. XI. 45.

Befassg., App. d. St.-A. IV. 230, XIII. 418.
- App. d. Verurth. V. 37, IX. 335.
- Beschwerdepunkte. IX. 377, X. 86, XIII. 417, XIV. 591.
- Ob.-Trib.-Erk. IX. 57. XI. 402.

Beibehaltg. d. Feststellg., Angabe v. Gründen. XII. 87.
- Begründg., andere. VIII. 389, X. 662, 718, XII. 129, XV. 25, 162, XVI. 472, 548.
- Begründg., Verweisung auf d. erste Urth. I. 47, VII. 485, VIII. 528, IX. 203.
- Begründg., Verweisung auf e. and. Entsch. XV. 840.
- Nach Beweiserneuerg. X. 373, XIII. 492, XVI. 328.
- Schriftstück, Verlesung. XVI. 28.
- Theilweise. XI. 133, 416, XII. 7, 347, XIV. 120, XVI. 449.
- Unzulässige. VII. 681, VIII. 93, IX. 214.

Bestätigg. d. Urth., Richtigk. VII. 70, VIII. 136.
Beweisantrag, Entsch. im Erk. X. 431.
Beweisantr. des Angekl., Ausbleib. XI. 443, XII. 183.
- Auslegung. XI. 368.
- Beweis d. Unschld. I. 244.
- Entsch. im Erk. VI. 153.
- Erfolglosigk. d. früh. B. IX. 558.
- Erheblichk. IX. 584.

Appellationsrichter (Forts.).
Beweisantr. des Angekl., Erschütterg. d. Feststellg. XII. 44.
- Gegenbeweis. VI. 182, X. 452, 642, XI. 292, XV. 167, XVI 307, 342.
- Glaubwürdigk. XI. 368, 377, 378, XIII. 580, XIV. 418.
- Inh. d. Sitz.-Prot. X. 4.
- Irrth., Verspätg. XIV. 39.
- Mitangekl. VIII. 390.
- Neuer Einwd. XVI. 80.
- Nichtprüfg., Verschulden. XII. 451.
- Nichtwiederholen. II. 122, 491, VII. 398, XIII. 660.
- Richterl. Ueberzeugg. IX. 287, X. 709, XI. 14, XVI. 112.
- Sachv.-Gutachten. X. 19.
- Strafmaß. IX. 576, XII. 432.
- Substantiirg. X. 452, XV. 695.
- Thatsachen. XIII. 178.
- Trunkenheit. XI. 14, XII. 226.
- Unstatth. XIV. 314.
- Unverständl. XIV. 43.
- Widerlegg. d. ersten Feststellg. IV. 261.
- Wiederholg. VI. 188, VII. 596, IX. 689.
- Zeugen erst. Inst. IV. 263.
Beweisantr. des St.-A., Erheblichk. IV. 223.
Einwand, Prüfg. II. 446, XV. 74.
Ergänzg. d. Feststellg., Beweis, I. 209, VII. 434, 591, XV. 747, XVI. 464, 466.
- Dolus. VII. 656, IX. 332, XII. 221.
- Ohne Beweis. VII. 70, XII. 459, XV. 591, XVI. 341.
- Selbstverständl. Merkm. IV. 351, VI 261, IX. 56, 535, X. 107, 695, XII. 582, XV. 298.

Appellationsrichter (Forts.).
Ergänzg. d. Urth. aus d. Gründen. XVI. 391.
Erschw. Umst. VII. 274, XVI. 325.
Freisprechg. I. 158, 209, II. 110, XII. 221.
Gesetzeswechsel. X. 200, 418.
Glaubwürdigk. v. Zeugen. IX. 537, XI. 377, 378, XVI. 122, 443.
Gründe, Bezugn. auf. e. vernichtetes Erk. II. 87.
- Unverständlichk. II. 49.
Heilung e. Nichtigk., Beweis. X. 93, 313, XII. 247, XIII. 239.
- Sachv., Vereidg. IX. 216,
- Zeugenvereidg. IV. 247, X. 79.
Kontum.-Verfahren, Androhg. I. 532.
- Herbeiruf. d. Verthdgrs. VIII. 36.
- Unzuständigk. VIII. 608.
- Verhafteter. IX. 520, XV. 457.
Mehrere Strafthaten. VII. 614, XVI. 413.
Mildernd. Umst. V. 409, IX. 14, X. 528.
Mündl. Verhdlg. IX. 163, XV. 36, XVI. 206, 443.
Obertribunal, Disz.-S. XVI. 726.
Selbstständige Beweisaufn. XVI. 682.
Strafantritt, Anrechng. XVI. 309.
Strafausschl. Gr., Prüfg. VII. 382.
Strafe, unzuläss. XVI. 275.
Strafverfolgungsantr. VII. 623.
Strafzumessg. IV. 283, IX. 576, XII. 432, XVI. 275.
Untersuchungshaft, Anrechng. III. 365.
Unzuständigkeitserkl. IV. 62, V. 348, VII. 47, IX. 308, XI. 600. XVI. 483.
Verhafteter, Beweisantr. VI. 483, VII. 398, XI. 93.
- Mittheilg. d. Zeugen. XI. 136.
Verjährung, Unterbr. VII. 70.

Appellationsrichter (Fortſ.).
Verleſung, Ankl. VII. 679
= Ausſage d. Angekl., Sitz.-Prot. IV. 117, VIII. 119.
= Ausſage d. Angekl., Vor-Unt. I. 459, X. 509, XII. 151, XIII. 239, XV. 421.
= Ausſage e. Mitbeſchuld. III. 497, XII. 176.
= Beweisaufn. III. 408, 497, XVI. 528.
= Geſtändn. im Skrutin.-Verf. X. 528.
= Gutachten. II. 460.
= Nothwendigk. IV. 232, IX. 163, XV. 36.
= Zeugen-Auſſ. I. 438, II. 441, VIII. 192, 648, IX. 163.
= Sitz.-Prot. VI. 136.
Vermuthg., Behaupt. d. St.-A. V. 163.
Vernehmg. d. Angekl. II. 82, 217, X. 676, XI. 424, XII. 154, XVI. 48.
Vernichtg., Fehler d. Verfahrens. II. 110, IV. 247, 329, X. 485, XI. 314, XV. 696, XVI. 259, 295.
= Geſetzesverletzg. I. 206, II. 255, 401.
= Mangelh. Feſtſtellg. I. 209, XI. 488.
= Ohne Antrag. I. 209, VIII. 136, IX. 341, X, 784, XII. 318, 380, 433, 596, XV. 106, XVI. 135, 179, 362.
= Weſentl. Fehler. II. 148, VIII. 136.
Verſpät. Beweisantr., Erheblichk. XIV. 652.
= Erläuterg. IV. 477.
= Erſchöpfg. XII. 117.
= Förml. Antr. I. 152.
= Gründe d. Ablehng. XI. 74.
= Neues Verfahren nach Vernichtg. XIII. 516.
= Neue Thatſ. XI. 524, XII. 500.

Appellationsrichter (Fortſ.).
Verſpät. Beweisantr., Prüfg. IV. 324, VI. 312, VII. 484, X. 346, XI. 557.
= Wiederholung. XV. 666.
Verſpät. Beweismittel. VII. 162.
Vertagungsantrag, Ablehng. III. 164, VIII. 279, XII. 318, XIII. 493, 498, XIV. 571, XV. 584.
= Berückſichtigg. XV. 598.
= Beſcheidung. XV. 457.
Vertheidiger, Antrag. I. 459, II. 447, XI. 402, XIII. 181, XV. 26.
= Befragg. d. Angekl. VII. 372, XV. 169.
= Befragg. ü. Antr. d. Angekl. XI. 3.
= Beſchränkg. XII. 117, 183.
= Mittheilg. d. Namens. XIII. 657.
= Vorladung. XV. 588.
Verweiſ. zum Schw.-G. XI. 600.
Vorbehalt. I. 211.
Vorführg., Antrag. II. 106, III, 1, XIV. 509.
= Geſuch am Gericht erſter Inſt. XV. 163.
= Bſg., Berückſ. IX. 520.
= Verhaftg. in and. Sache. XV. 585.
Vorladung d. Angekl. XI. 518, XVI. 806.
Wiederholg. der Beweisaufn. VII. 712, XVI. 549.
Zeugenvernehmg. II. 82.
= Kommiſſar. V. 368, IX. 585, XIV. 199.
= Vorläuf. XIII. 479.
Zurückverweiſung, Ermeſſen. VII. 657, IX. 447.
= Verluſt e. Inſt. VII. 657.
= Zuläſſigk., and. Geſichtsp. XIV. 166.
= Zuläſſigk., Civilrechtsweg. III. 269.
= Zuläſſigk., Geſetzesverletzg. I. 206, II. 255, 401.
= Zuläſſigk., Strafverf.-Antr. XIII. 259.

Appellationsrichter (Forts.).
Zurückverweisung. Zulässigk., Ungenügende Feststellg. X 611, XI. 488, XIII. 328.
Zuständigkeit. IV. 62, 91.
Approbation.
Entziehung. III. 274.
Schröpfen. II. 270.
Wasserheilanstalt. II. 195.
Arbeiter, jugendliche, Beschäftigg. XV. 232, XVI. 158.
Arbeitseinstellung, Strike. XIV. 561, 619, XV. 362, XVI. 503.
Arbeitsscheu, Weigerung. II. 357, VII. 13, 395.
Arrestbruch.
Beschlagnahme, Arrestatorium. VII. 583.
" Aufhebg. XV. 163.
" Dispos.-Verbot. VIII. 548, 796, XII. 66, 422. XV. 304.
" Falliment. IX. 692.
" Fiskalbehörde. XI. 289.
" Förmlichk. VI. VIII. 237, 548, IX. 393, XIII. 282, XV. 407, 490, XVI. 401.
" Forderung, Inhib. V. 119, XIII. 346.
" Fremdes Eigenthum. I. 422, VI. 44, VII. 583, VIII. 392, XI. 87.
" Früchte. XV. 675, XVI. 326.
" Gutsinventar. X. 499.
" Irrth. XIV. 188, XVI. 358.
" Konkurs. VIII. 548, XIII. 585.
" Lohnarrest, unzuläss. XIV. 763.
" Mangel des Auftrags. X. 496.
" Observation. X. 771, XIV. 309.
" Offene Exek.-Ordre. XV. 304.
" Pfändungsprot. I. 404, IV. 396, XVI. 660.
" Regl. Vorschr. VIII. 548.
" Sequestr., Ankündigg. XI. 169, XIV. 758.

Arrestbruch (Forts.).
Beschlagnahme, Subh. VIII. 145, X 449, XI 500, XIV. 188.
" Subh., Endigg. XIV. 73.
" Subh., Theilg. XII. 81.
" Subh.-Vermerk. XI. 175, 293, XII. 22.
" theilw. IV. 396.
" Unpfändb. Sach. XV. 406.
" Verschwender. XIV. 240.
" Vollendung. VIII. 705, XIII. 672.
" Wild. XII. 551.
" Zubehör, Bestimmung. XII. 559.
" Zubehör, Früherer Verkauf. X. 561.
Besitz eines Dritten. XI. 548, XII. 68, XIV. 115, XV. 512, XVI. 538.
Dauer. XII. 274.
Dolus, Absicht. IX. 530, XII. 360.
" Bewußtſ. XIII. 228, XV. 406.
" Guter Glaube. VII. 284.
" Kenntniß d. Beschlagn. V. 66, X. 630, XI. 371, 427, 565, XII. 667, 669.
" Rechtsirrthum. X. 638, XI. 427, 605, XV. 676.
" Unkenntniß d. Rechtmäßigk. XIV. 465.
" Wille. IV. 260, VIII. 667.
Dritter. XII. 667, 669.
Eignes Recht. VIII. 667.
Eigenthümer. VII. 583, XI. 87, 351, 371, XIII. 360.
Einwilligg. d. Gläub. in Aufhebg. d. Exek. VII. 284.
Erwerb. e. Dritten. II. 553.
Falsches Geld. VIII. 152.
Forderung, Cession. VI. 150, XII. 542, 572.
" Einziehung. (Zahlg.) III. 310, IX. 738, XII. 68, 360, 507, XIII. 346.
" Entziehung. XII. 360, 507.
Holzkaufgelder. IX. 312.
Hund, Scharfrichter. III. 25.
Hypothek des Eigenthümers. VIII. 689.
Interesse des Gepfändeten. IX. 414, XI. 351.

Arrestbruch (Forts.).
Miether, Zurückbeh.-R. d. Verm. II. 104, IX. 327.
Nachtheil. VIII. 145, X. 558, XI. 366, XII. 360, XIV. 73, 413, XV. 406, 789.
Polizei-Sergeant. X. 74.
Privatpfändung. VII. 153.
Rechtsanwalt, Gebühr. XIII. 163.
Sequestration, Forts. nach Zuschlagsurth. XIII. 666.
- Kenntniß d. Einl. I. 559.
- Pächter. XI. 208.
- Steinbrechen. X. 563.
- Zubehör. XIV. 115, XV. 67, XVI. 223.
Sicherungsarrest. IX. 179.
Strafverfolgungsantr. XII. 542.
Subh., Früchte. XV. 675, XVI. 326.
- Pertinenzstücke. IX. 542, X. 638, 706, XV. 675.
- Zuschlagsurth., Sequestr. XIII. 666.
Superarrest. XIV. 309.
Tilgg. d. Schuld. I. 260.
Verkauf. X. 314, XVI, 538.
Verschweigung d. Orts. IV. 316.
Verstreuen. X. 579.
Verwarng. I. 422, VIII. 145, 549, XIII. 228.
Verwechslung. XIII. 34.
Wegnahme d. Pfandobj. VI. 537.
- Mitbesitz. V, 301.
- Privatpfändg. VII. 153.
Wegschaff. gefällt. Holz. XI. 361.
Wohnungswechsel. XIV. 181, 410.
Zerstörung. XI. 361.
Ziegelei, Holzvorrath. XII. 147.
Arznei, Begriff. VI. 58, XV. 632, XVI. 231.
Elixir. VI. 211.
Fabrikat. VI. 211, IX. 159.
Feilhalten. XV. 673.
Handel, Erlaubniß. V. 559.
Liqueur-Fabrikant. IX. 423.
Mixturen. IX. 423.
Ueberlassen. XIII. 269, *486*, XVI. 646.
Verkauf. VI. 59.
- Gewerbsmäßigk. IX. 356.
Zuber. zu Heilzw. XIV. *725*.
Arzt, ähnl. Bezeichng. XII. 520.
Arzt (Forts.).
Ausstellg. unricht. Zeugn. I. 272, VIII. 89.
Doktortitel. XV. 271, XVI. 389.
Entziehung d. Approb. III. 274.
Gewerbebetrieb. XIII. 293.
Naturarzt. XVI. 812.
Reichs-Indigenat. XIII. 403.
Sachv., Vereidg. V. 266, X. 9.
Titel. XIII. 293.
Vernehmg., Zwang. XVI. 302.
Verweigerte Hülfe. VIII. 384.
- Nassau. IX. *685*.
Wundarzt erster Klasse. XI. 581.
Assessor, App.-Ger. X. 565.
Disziplin. IV. 205.
Schw.-G.-H. III. 30, VII. 630.
Aufbewahrung 2c., s. Urk. 2c.-Vernichtg. 2c.
Aufforderung, öffentl., zu Verbr. 2c., Beihülfe. III. 120.
Aufforderung zu e. hochverräth. Unternehmen, bestimmtes Untern. II. 141, VI. 375.
Oeffentl. IV. 6.
Aufforderung zu Ungehorsam 2c.
Annahme e. Vfg. I. 362.
Anordnungen. IX. 16.
Dolus. XVI. 631.
Erfolg. III. 120.
Hülfeleistg. III. 120.
Nichtbefolgg. e. Ges. XV. 303.
Nichtgebrauch e. Rechts. I. 565.
Nichtzahlg. v. Steuern. VII, 536.
Redakteur. XVI. 786.
Schulbesuch. III. 126.
Spezielle Vfg. II. 476.
Veröffentl. e. Dok. XVI. 786.
Aufgebot, Ausländer. II. 385.
Aufklärung, s. Verlesung.
Auflassungserklärung, Stempel. XVI. 438.
Auflauf, Aufforderung. XIV. *600*.
Gendarm. XVI. 407.
Aufruf der Sache. XIV. 491, XVI. 740.
Aufruhr.
Befreiung e. Gef. XI. 329.
Drohung. III. 531.
Festst. d. Begr.-Merkm. III. 382.
Zusammenrotten, Begr. III. 365, XI. 290, 381.

Aufruhr (Forts.).
Zusammenrotten, Eigner Antrieb. V. **431**.
" Früheres Zusammensn. V. **431**, XVI. 363.
" Oeffentl. XI. 381.
" Zweck d. Verein. III. 531.
Aufsammeln, Dünger. I. 567.
Aufseher, Bestellg. XIII. 461, XIV. **480**.
Aufzug, vgl. Prozession, Versammlung.
Bewußts. d. fehlend. Genehmigg. XVI. 510.
Herkommen. III. **48**, 513.
Kirchl. Ceremonie. XI. 221.
Wasserstraße. VII. 310.
Augenschein, s. Ortsbesichtigg.
Ausbleiben, s. Kontumazialverfahren.
Ausfuhrverbot, s. Kontrebande.
Ausgangsabgabe, s. Zollvergehen.
Aushang, s. Behändigg.
Ausländer, vgl. Inländer.
Ausweisung. II. 540.
Ehrenrechte. IV. 317.
Landesverweisung. VIII. 3.
Schwurgerichtshof. VI. 236.
Strafverfolgg. X. ***343***, 690.
Trauung. II. 385.
Zuständigk. X: ***343***.
Ausländisches Gesetz.
Fragstellg. VIII. 505.
Höhe d. Strafe. X. ***785***.
Nichtigk.-B. VIII. **464**, XI. 61.
Notorietät. VII. 77.
Privatbelehrung. VI. 16.
Schw.-G.-H. XI. 263.
Strafverfolgungsantr. IX. 387, X. 233.
Verlesung. XI. 519.
Zeugenvereidung. I. 370.
Ausland, Amnestie. IV. 147.
Aufruhr. IV. 147, V. 392, VI. 73.
Beförd. d. Fahnenflucht. VII. 550.
Bundesstaat. XIII. ***75***, 126, ***521***.
Ehrverlust. II. 218, V. 260.
Feldfrevel, Anh.-Beruh. IX. 229.
Fragstellung. V. 475.
Nachdruck. I. 220.
Neues Strafverfahren. II. 218.
Staatsvertrag. II. **479**.
Ausland (Forts.).
Strafbk., konkr. IV. **214**, VI. **16**, VII. **160**, XI. 263.
Vereinigg. mit Preußen. VIII. **4**.
Vergehen. II. **71**, **75**.
Zurückn. d. Antrags. IX. 387.
Auslegung e. Schriftst., Bhdlg. II. 535.
Auslieferungsvertr., Unterschlag. öffentl. Gelder. VI. 345.
Aussetzung, Kindsmord. XIV. ***748***.
Aussetzung d. Strafverfahrens, s. Berechtigungseinrede.
Ausspielung, Chance. XII. **222**, **454**.
Erlaubniß, Irrth. IX. **584**.
Geschicklichk. X. **493**.
Oeffentl. XIII. **515**.
Auswanderung, ausländ. Agent. XII. 355.
Beförderung. XIV. 347.
Deutscher. XI. **114**.
Dolus. V. 92.
Entlassungs-Urk. V. 91.
Landwehrmann. III. 230, XV. 552.
Reservist. XIII. 336, 436.
Verjährg. XIII. 336, **436**, XIV. **265**, **455**, XV. 552.
Vermittlg. XIV. **28**, XV. **245**, **341**, 368.
Vertrag mit Preußen. XI. **114**, XV. 558.

B.

Bahnpolizei, Ortspolizei. XI. 232.
Bankerutt, Beihülfe. XVI. 771.
Eingetr. Genossensch. XV. 753.
Fabrikbesitzer. I. 430.
Gastwirth. I. 372.
Gesetzeswechsel. XIII. 647.
Gutsbesitzer. VI. 207.
Kaufmann, Firma. IX. 293.
" Firmenregister. VII. 128, X. ***120***.
" Fragstellg. III. 2, VIII. 405, 737, 747, X. ***578***.
" Gewerbesteuer. XI. 536, XII. **104**.
" Handelsgesetzb. XIII. 558, XV. 70, ***175***.
" Namen. XIII. 579.
Konkurrenz, betr. u. einf. B. VIII. **405**, XI. ***99***, XVI. 771.

Bankerutt (Forts.).
Müller. X. 513.
Pfandscheinhändler. XI. 241.
Restaurateur. I. 372.
Zahlungseinstllg., als Kfm. XV. 70.
- Entsch. d. Strafrichters. VII. 358, 695, X. 643.
- Erklärung. XVI. 770.
- Fragstellg. XV. 70.
- Konkurseröffng. VI. 332, X. 643, XIII. 579, XV. 700.
- Konk.-Ordn. XIII. 353, XV. 700.
- Nach Aufg. d. Geschäfts. XVI. 685.
- Unzurechnungsfähigkeit. X. 799.
- Zahlg. durch Wechsel. XII. 419.
- Zahlungsunfähigkeit. III. 383, XV. 700.
- Zeitbestimmung. II. 68, VII. 358.

Bankerutt, betrüglicher.
Analogie. II. 68.
Anerkenng. v. Schulden. V. 420, VIII. 664.
Beihülfe. XV. *175*, XVI. 751, 771.
Beiseiteschaffen. VII. 600, X. 348, 524, XI. 66.
- Durch Dritte. II. 68. XIII. 18.
Bewußtſ. d. Benachth. VII. 214, 600, XI. 241, XIII. 18.
Fragstellg., Absicht. I. 520, II. 331, IV. 313.
- Alternative. V. 88.
- Besond. Fr. V. 87.
- Eventualfr. VII. 386.
- Spezialis. VII. 664.
Geltendm. erdicht. Ford. XV. *175*.
Interesse e. Dritten. I. 568.
Konkurrenz. XV. 223.
Theilnahme. VII. 600, VIII. 603, X. 348, XV. *175*.
Verfolgg. nach Freispr. w. einf. B. II. 395.
Verheiml. durch Dritte. XVI. 751.
Zahlungseinstellg., Beziehg. d. Einzelhandl. II. 68, VIII. 738, XV. 70, XVI. 90.

Bankerutt, betrüglicher (Forts.).
Zahlungseinstellg., Zeitp. d. Einzelhandl. III. 84, VIII. 603, 738.

Bankerutt, einfacher.
Aufwand. XI. 281.
Bilanz, Beginn d. Gesch. VII. 608, XI. 495.
- Einf. HGB. VI. 153, VII. 227, VIII. 196.
- Fristbewill. VII. 501, 509.
- Gefälligk.-Accepte. IV. 15.
- Irrthümer. VIII. 387.
- Jahresfrist, Betriebsj. VII. 302, VIII. 501, IX. 165, XIII. 273.
- Jahresfrist, Möglichk. VII. 509, VIII. 501.
- Jahresschluß. VIII. 354.
- Konkurrenz. XV. 613.
- Letzte B. IV. 14.
- Neuer Gesellsch. VII. 302.
- Nichtvollendg. XVI. 545.
- Rechtsirrthum. X. 672.
- Uebersichtlichk. VIII. 46, X. 398, XII. 358.
- Unterlassg. IX. 118, XI. 542, XII. 104, XV. 612.
- Waarenlager, Inv. XIII. 177, XIV. 78, XVI. 545.
- Waarenlager, Schätzg. VIII. 503, XIII. 255.
Buchführg., Analyſ. VIII. 312.
- Ankl., Thats. XI. 503.
- Beginn d. Gesch. XIII. 429.
- Einf.-HGB. VI. 153, 399.
- Fähigk. I. 356, VIII. 312, XII. 300, XV. 307.
- Firmenregister. VIII. 378, XI. 561, XIV. 350.
- Genossensch., Vorstand. XV. 753.
- Gewerbesteuer. XIV. 350.
- Grund d. Zahlungseinstellg. I. 346.
- Handelsgesellsch. VII. 124, 306, XIII. 579, XVI. 88.
- Handelsl., gleich Hökern ꝛc. V. 95, VII. 642, X. 46.
- Handwerksbetrieb. VIII. 46, 368.
- Hausirer. VIII. 56, 194, 312

Bankerutt, einfacher (Forts.).
Buchführg., Kaufmannsstatut. VIII. 379, IX. 118.
- Privatvermög. XIII. 273.
- Restaurateur. VIII. 788. XI. 339.
- Uebersichtlichk. IX. 118, XI. 369, XII. 358, XIII. 177.
- Unterlassg. X. 643, XII. 104.
- Vernichtg. e. einzelnen Buchs. XIII. 298.
- Verzögerung. XII. 39.
- Wirth. V. 311, VIII. 160. 788, XI. 339.

Differenzhandel, e. einziges Gesch. XI. 61.
- Ernstl. Zeitkäufe. II. 306, VIII. 77, XI. 591, XIII. 255.
- Spekulation auf. d. Diff. VIII. 197, XVI. 378.
- Verschulden d. Verlusten. XII. 435.

Dolus. VII. 124, IX. 731, XIV. 523.
Fahrlässigk. XII. 508, XIII. 648, XIV. 523.
Guter Glaube. XII. 300.
Handelsgesellsch. IV. 556.
Konkurrenz. IX. 118, XII. 104, 358.
Neues Schuldenmachen. IV. 558, V. 370, VII. 229, 306, 386.
Verfolgg., ausser V. wegen betr. B. XI. *99*.
Verheimlichg. v. Handelsbüch. II. 6.
Verjährung. V. 42, XI. 598.
Zahlungseinstellg., Ursache. IX. *635*, XI. 455.
- Vollendg. d. Vergehens. XIII. 647.

Bauhandwerker, Aufstellg. d. Gerüsts. VI. 148.
Ausführg. d. Baues. X. *634*.
Konzession. XI. 372.
Verabsäumg. v. Sicherungsmaßr. IX. 747.
Verantwortl. f. Arbeiter. VII. 105.

Bauunternehmer, Verantwortl. VIII. 552.

Bauverbot, Verjährg. XV. 709.

Beamter, vgl. Amtsbel. rc., Diensteid, Vollstr.-B.
Advokat, Hannover. X. *270*.
Amtl. Auskunft. I. 88.
Amtsger. Gehülfe. XI. *114*.
Amtsschreiber. VII. 515, XVI. 724.
Armenkomm., Vorsteher. IV. 489.
Bestallg., Dauer. VII. 581, XIII. *505*.
- Diensteid. VII. 581, VIII. 193, XI. 86, XVI. 724.
- Dienstkleidung. XI. 86.
- Vorbehalt. XII. *388*.
- Waldeck. X. *187*.

Bezirksvorsteher. X. 77.
Chausseegeldpächter. III. 294, XI. 262.
Civilsupernumerar. XV. 7.
Dolmetscher. XV. 144.
Dorfrichter. IX. 303.
Eisenbahn-B. XI. 367, XIV. 775, XVI. 707.
Entsch. Schw. GH. III. 296, X. 699.
Feldhüter. VI. 346, X. 498, *687*, XVI. 87.
Feststellung. IX. *739*.
Feuerdistriktskommissr. XVI. 332.
Feuersoc.-B., Prov. II. 14, VIII. 579.
Förster. I. 540, IX. 17, X. 445, 510.
Fragstellung. III. 296.
Gefangenenaufseher. X. 744.
Gefangenentransportr. XVI. 356.
Geistlicher. XV. 335, 375, 655, 768.
Gemeindediener. VIII. 193, 471.
Gem.-Vorsteher, Nassau. X. *787*.
Gendarm. XIV. *600*.
Geodätiker. XIII. *505*.
Im Sinn d. StrGB. XII. *554*.
Jagdaufseher. X. 775.
Kirchen-Koll. Mitgl. XII. 161.
Kreis-B. XVI. 724.
Landesoberschultheiß, Gehülfe. XI. *114*.
Landschafts-Dir.-Mitgl. XI. 580.
Lehrer. I. 396, VIII. 504.
Lotterie-Kollekteur. XVI. 644.
Nachtwächter. VIII. 471, X. 764, XV. 554.

Beamter (Forts.).
Obersekretär, Gehülfe. IX. *653*.
Pfarrer. XIV. 318.
Postexpeditionsgehülfe. III. 296, V. 504.
Postillon. XI. *39*.
Presbyter. X. 693.
Rechtsanwalt. X. 486.
Sachverständig. I. 248, XVI. 273.
Schaffner. VII. 581.
Schulze. IX. 303.
Sparkasse, Rechnungsführer. XI. 408.
Stadtv.-Vorsteher. XIII. 431.
Steuer-Einschätz.-K.-Mitgl. XI. 499.
Steuererheber, örtl. XIII. 461.
Syn.-Gem.-Vorsteher. II. 550.
Unfähigk. zu öffentl. Aemtern. X. 744.
Vergütung. XIII. *505*.
Wahlvorsteher. IX. 604.
Wege-Kommissar. XIV. 356.
Bedrohung, s. Erpressg., Widerstand rc.
Bedrohung mit Brand rc., Dolus. X. *554*.
Ernstlichk. III. 271, IX. 732.
Feststellung. XI. 397.
Friedensgefährdg. XII. 374.
Gefährlichk. XV. 869.
Zerstörg. durch Pulver rc. VII. 21.
Beerdigung, s. Leiche.
Befassg., d. Instanz-Ger., vgl. App.-R., Gerichtsst., Gesichtsp.
Antrag d. St.-A. VI. 511, IX. *249*.
Ermittl. v. Amtsw. VII. 248, X. 43, 527.
Fallenlassen d. Ankl. VII. 51.
Handlung, Ankl. XI. 429, XIII. 123, XV. 595.
„ Mehrh. XV. 460.
Nach Vernichtg. II. 448, IX. 69, X. *120*, XI 26.
Befassg. d. Ob.-Trib., Beschw.-P. IV. 277.
Befreiung e. Gefangenen, Anstiftg. XV. 602.
Kriegsgef. Offizier. XII. 416.
Versuch. IV. 141.
Begnadigung, Abolition. I. 293.
Ausländ. Amnestie. IV. 147.
Begnadigung (Forts.).
Endgült. Entsch. II. 193.
Gesuch, Strafvollzug. I. 279, VII. 428.
Niederschlagg. e. Unters. I. 293.
Polizeiaufsicht. II. 272.
Preßvergehen. VIII. 546.
Rückfall. II. 299, IX. 333.
Strafmilderg. II. 272.
„ Anrechng. d. Unters.-H. I. 79.
Begriffsmerkmal, s. Feststellg., Unkenntn.
Begünstigung, Abwendg. d. Strafvollzugs. VIII. 538.
Aufforderg. nicht zu verrathen. XII. *553*.
Bankerutt. XVI. 771.
Gnadengesuch. XI. 283.
Konkursgläub., s. Zahl.-Einst.
Nichtanzeige. IX. *218*.
Strafmaß. XIV. 92.
Uebertretg. II. 44, 239.
Unterschlagg. XV. 719.
Vortheil. XVI. 443.
Behändigung, vgl. Erk., Geschwornenliste rc.
Angehörige. II. 513.
Aushang, ausländ. Wohnort. XVI. 806.
„ Rechtf.-Schrift. IV. 258.
„ Unbek. Wohng. XIII. 323, 625.
„ Verlass. Wohng. I. 246, 308, VIII. 472.
„ Wohnungsanzeige. XII. 514.
„ Wohnungswechsel. IX. 520, XIII. 559.
Auswanderg. nach gült. Ladung. IV. 258.
Bevollm. II. 342, IX. 520, XI. 467, XV. 732.
Bureaugehülfe. XIV. 166.
Eheleute. XVI. 51.
Falscher Bericht. I. 428, VI. 35.
Formfehler, Deckg. II. 399.
Gefängniß. I. 385, III. 107, 498, XI. 256, XV. 845.
Hausgenosse. II. 513.
Hauswirth. I. 308, XV. 792.
Kenntniß d. Angekl. XIII. 251.
Nachträgl. Bescheinigg. I. 87.

Behändigung (Forts.).
Ortsangabe. II. 366.
Postbote. VIII. 602.
Rechtsmittelfrist. XV. 624, 732.
Schreiber e. Rechtsanw. XVI. 31.
Vertheidiger. VIII. 126.
Verweigerg. d. Annahme. II. 54.
Wohnung, Abmeldg. I. 246.
" Anheften. I. 308, VIII. 602.
" Antrag, Vollmacht. XV 732.
" Haft in and. Sache. III. 107.
Behauptung rc. v. Thats. rc., vgl. Anordnung rc., Beleidigg.
Abdruck e. Schriftst. XIV. 397.
Absicht e. Handlg. XIV. 285.
Bedingung. I. 456.
Beweggrund. XIV. 395, XV. 127, 692, XVI. 214, 544.
Bezeichnung d. Reg.-Organs. IV. 474, V. 163.
Dolus. IV. 10, XIV. *60*.
Einzelvorgang. XVI. 214.
Erledigte Thats. IV. 474.
Gerücht, Nacherzählen. V. 68.
Kritik. XVI. 69, 214.
Meinungsäußerung. XIV. 476.
Regierungsmaxime. IV. 10.
Schlußfolgerung. XIV. 395, XV. 685, XVI. 544.
Staat, Angriff. IV. 10.
Urtheilende Aeußerg. V. 67.
Zweck. XV. 127, 313.
Behörde, vgl. Sachv., Verlesung.
Bergwerks-Insp. XVI. 721.
Dep. d. städt. Verwaltg. I. 470.
Ehrenrath. XVI. 559.
Einschätzungskomm. VIII. 108, X. 288.
Gerichts-Komm. XVI. 665.
Hospitalvorstand. V. 507.
Innung. I. 204.
Kirchenkollegium. X. 134, XV. 91.
Magistrat. X. 288.
Ministerium. IX. 151, XIV. 686.
Presbyterium. VIII. 324.
Regiment. IX. 197.
Wahlvorstand. IX. 394.
Zuständigk., Pol.-Vdn. I. 433.
Beihülfe, vgl. Diebstahl rc.
Amtsvergehen. XVI. 581.
Anstiftung. XVI. 147.
Dolus. VIII. 636.
Beihülfe (Forts.).
Feststellung. XIII. 282.
Fragstellung. XVI. 649.
Gewerbebetrieb. XIII. 315.
Rathsertheilung. XVI. 778.
Redakteur. XVI. 392.
Strafmaß. XV. 556.
Thatbest.-Handl., sämmtl. II. 77.
Uebertretung. XIV. 130.
Unterlassg. e. Pflicht. I. 199, XVI. 613.
Verheimlichen. III. 502.
Wesentlichk. IX. 680, XIV. 653.
Beischlaf, s. Verführg. rc.
Beiseiteschaffen, s. Urk. rc.
Beleidigung, vgl. Amtsbeleidig., Behauptg. rc., Verleumdg.
Absicht d. Beleid., Erforderniß. V. 336, VII. 493, IX. 485, XVI. 259, 739.
" Feststellung. VI. 313.
" Unangenehmes zu sagen. XVI. 740.
Animus injuriandi. IV. 211, XI. 423.
Anschuldigung. XV. 53.
Anspucken. XIV. 422.
Anzeiger, Bestrafg., Verfahren. XVI. 749.
App.-R., Feststellg. XII. 459, XV. 591.
" Stelle d. Schrift. VII. 657, XII. 7.
" Worte, Handl. XVI. 449.
Aufrechnung, Körperverletzg. VI. 485, IX. 518, XII. 280.
" Schrift. Bel. VIII. 310.
Bedingung. IV, 206, IX. 695, XIV. 499, XV. 703.
Begriff. XVI. 802.
Bekanntm. d. Verurth., Aufnahmepflicht. III. 371.
" Befugn. d. Erben. VII. 129.
Bekanntm. d. Verurth., Privatgenugthuung. XVI. 450.
" Realkonkurrenz. VII. 195.
" Stelle d. Ztg. XVI. 477, 583.
" Bfg. im Erk. VII. 170.
" Wahl d. Ztg. X. 275.
Bericht e. fremden Aeußerung. IV. 206.

Beleidigung (Fortſ.).
Bestrafg. w. Bel. e. and. Person. XV. *142*.
Bestrafg. w. e. and. Aeusserung. XVI. 520.
Bewußtſ. III. 146, IV. 211, X. *323*, XI. 423, 546, XII. *44*, XIII. *296*, XIV. 106.
- Feſtſtell. XIV. 660, XV. 583.
Bezeichnung d. Beleidigten. XIV. 171, XV. 91, XVI. 229.
Brief. X. *8*, 624, XIV. *340*, XVI. 807.
Civilklage, Privatgenugthuung. IX. *265*.
Erwiderung. XIII. *390*, 514, XVI. 449.
Fremder Auftrag. XIV. 520.
Gegenw. d. Beleidigten. X. *322*, XV. 703.
Ger.-Verhdlg., Bericht. IV. 211.
Herabwürdigg., Bewußtſ. XIII. 631, XIV. 49, 660.
Herabwürdigg., Wahrh. d. behaupt. Thatſ. XIII. 649.
Immediateingabe. II. 556.
Innehalten m. d. Verfahren. VI. 34, XIII. 385.
Intereſſenwahrung, Abſ. d. Beleid. XIII. 295, 480.
- Amtsſtellg. XV. 226.
- App.-R. XVI. 341.
- Beſprechg. öffentl. An- XIII. *456*.
- Erklärung. XIII. *518*.
- Feſtſtellg. d. bel. Abſ. XIV. 166, XV. 815, XVI. 259, 785.
- Gemeinde-Int. XI. *174*.
- Pekuniäre Int. III. 351.
Intereſſenwahrung, Wahrheit. XVI. 814.
- Widerlegg. e. Gerüchts. XIV. 470.
- Zeitſchr., Kirche. XV. *138*.
- Zeitungsleſer. XVI. 229.
Irrthum, Berechtigg. XIII. *140*.
- Perſon. XIII. 645.
Kaufmann. XVI. 772.
Kenntniß d. verletzten Perſon. XI. *515*, 546, XIII. *390*, XIV. 49, XV. 575.

Beleidigung (Fortſ.).
Konkrete Beurtheilung. XI. 20.
Landtag. IX. 617.
Mehrheit d. Beleidigten. XV. 627.
Militärgerichtsſtand. I. 105.
Mittel. XIII. *3*.
Nöthigg. XIV. 561, 618, XVI. 772.
Oberhaupt e. fremden Staats. V. 146.
Objektive Beurtheilg. X. *68*.
Oeffentlichk., Ort. II. 523, X. *270*, 275, XI. 387, *466*, XIII. 555.
- Perſonen. XI. 21.
- Poſtk. XIII. 549, XVI. 77.
Privatklage, Antragsfr. XVI. 782.
- Schiedm.-Atteſt. XIII. 449.
Privatklage, Bestrafg. w. e. and. Aeusserung. XVI. 520.
Privatklage, einf. Bel. XII. *470*, *493*, *573*, XVI. 552.
Rechtswahrung, Abſ. d. Bel. IX. 564, XII. 408, XIII. 40, XIV. 214, XV. 466.
- App.-R. IX. 332.
- Beſchwerde. XII. 334.
- Beſchwerde, Gratifikation. I. 579.
- Druckſchrift. III. 384.
- Feſtſtellg. d. bel. Abſicht. V. 111, 437, XII. 423, XIV. 422, XVI. 551.
- Freiſprechg., Begründg. XV. *39*.
- Fremdes Recht. IX. 374.
- Guter Glaube. VIII. 497, XIV. 347.
Rechtswahrung, Irrth. XIII. *140*.
- Klage ohne Veranlaſſg. IX. 564.
- Maß d. Verth. XI. 487, XVI. 125.
- Mittel, geeignetes. II. 74, XIII. 474.
- Prüfg., Einwand. I. 379, V. 437, X. *662*, XVI. 739.
- Rechtsanwalt, Disz. VII. 188, 537, XVI. 124.
- Stadtverordnete. IX. 16.
- Thatfrage. II. 142, X. *531*.

Beleidigung (Forts.)
Rechtswahrg., Veranlassg. zur Kritik. XI. 88.
= Verbreitung. XV. 883.
= Verleumdung. I. 50, X. 443, XIV. 661.
= Vertheidigungsrede, Abdruck. XVI. 537.
= Wiederholung, Dritter. XV. 678.
= Zeit.-Redakt. XIV. 686.
= Zeugenaussage. XIV. *87*.
Reichstag. IX. 137.
Schlußfolgerung. XV. 685.
Schrift, Durchstreichg. XI. *564*.
Strafaufrechnung. IX. *735*.
Straffreiheit. XIII. *390*, 514.
Strafklage, Beleidigter als Zeuge. VI. 113, XIII. 477.
= Bestrafg. w. einf. Bel. I. 496, VII. 654.
= einf. Bel. vor Einf. d. Str. G. B. IX. *65*.
= Recht d. St.-A. XII. 291, XIII. 307, XV. 867, XVI. 112.
Strafverfolgungsantrag, App.-G. f. Kr.-G. XIII. 643.
= Botschafter. VIII. 385.
= Ehefrau. XII. 148.
= Feststellung, O.-A.-G. XI. *72*.
= Gemeinderath, Mitgl. XIII. 21.
= Gesuch um disz. Einschreiten. IV. 76.
= Kirchenvorstand, Mitgl. XV. 91.
= Mehr. Beleid. XIII. 576.
= Mil.-Vorges. XI. 204.
= Mittelsperson. XI. 20.
= Privatklage. XI. *432*.
= Staatsoberhaupt, Fam. VIII. 385.
= Vertreter. VIII. 332.
= Zurücknahme, Minderjähr. XI. *109*.
Thatfrage. X. *323*, *531*.
Thatsache. XIII. 464, XVI. 360.
Theilnahme, Redakteur. XVI. 392.
Urtheil e. Arztes. XII. 392.

Beleidigung (Forts.)
Verbreiten. XIV. 49, 254, XV. 882, XVI. 583.
Vollendung, Schrift. IX. 292, X. 624, XV. 299.
Wahrheitsbeweis, Abs. d. Bel. III. 341.
= Aeußerg., Sinn. XIII. 464.
= Ber.-R. XIV. *812*.
= Bestrafg. w. einf. Bel. XIV. *604*.
= Beweislast. XV. 500.
= Kränkende Urth. IV. 5, 337, XIV. 614.
= Thats. XI. 110, XV. 467.
Waldeck, Verfahren. XVI. 749.
Wechsels. B., Antrag. XIII. 482, XVI. 39.
= Verbund. Vhdlg. XIV. 540.
Widerklage. XI. *515*, XV. *742*.
Wiederholung. I. 250, XVI. 105.
Zeichen. IV. 110.
Zeugenaussage. XIV. *87*.
Zuständigk., Brief. X. *8*, XIV. *340*.
Berathung, s. Gericht, Geschw.
Berechtigungseinrede.
Beschäd. v. Wegen. V. 250.
Bescheinigg. I. 494, V. 250, 258.
Beweismittel. I. 271.
Bleichwasserleitung. IX. 199.
Dingl. Berechtigg. XIII. 639.
Einstellg., Urtheil. XIII. *185*.
Erneuerung. XIII. *185*.
Feldfrevel. I. 74, XVI. 703.
Feldweg, Verengg. II. 65.
Fischerei. VII. 286, 645, X. 275, XI. 592.
Forstfrevel. VIII. 789, XI. 269.
Jagd, Erl. d. Pächters. VII. 556.
Holzberecht., beschr. XI. *331*.
Oeffentl. Weg. II. 65, X. 596, XIII. *275*.
Persönl. Berechtigung. II. 30.
Pflicht d. Strafrichters. V. 250, VIII. 789, IX. 12, XI. *42*.
Rechtsweg, Ausschluß. XIII. 275.
Servitut, Verjährung. II. 31.
Stempelpflichtigkeit. IV. 352, VIII. 223.
= Beamter. VII. 379.
= Fristbewilligg. VII. 511.
= Nebenexemplar. VII. 521.

Berechtigungseinrede (Fortſ.).
Stempelpflichtigkeit, Nicht.-R. VIII. 809.
- Werth ꝛc. -St. V. 403.
Stempel-Strafbk. III. 268.
Streit unt. d. Betheiligt. IV. 554.
Subſtantiirung. XIII. 640.
Vicinalweg. II. 65, V. 251.
Weidefrevel. IV. 9, VI. 424, XI. 615.
Wiederaufn. d. Strafverfahrens. XIII. ***185.***
Berg, Brüchtenordng. XI. 125.
Bergbau, Bergw.-Steiger. XV. 458.
Braunkohlen, Sachſen. VII. 389, IX. 111.
Gedingſtufe. XV. 551.
Oberfläche, Aufſicht. XVI. 508.
Schürfarbeiten. III. 242.
Verjährung. VI. 137.
Berlin, Miethsſteuer. VIII. 203, XII. 323, XVI. 250.
Steuerdirektion. XI. 479.
Bernſtein, Aneigng. XVI. 396.
Ankauf, Oſtpreußen. IV. 134.
Finden. VIII. 751.
Regal. I. 316.
Unterſchlagung. I. 316.
Berufung, vgl. Appellation.
Anführ. neuer Thats. XII. 520.
Anmeldg., Sitz.-Prot. IX. ***700***
Bericht, Ergänzg. XV. ***409.***
Gegen Rathskammer-Beschl. VIII. ***700***, IX. 427, XII. 165.
Interesse e. Dritten. XV. 249.
Kostenhinterlegg. X. ***61***, ***660.***
Rechtf.-Schrift. X. ***61***, XI. ***43.***
Urtheilszustellung. IX. ***194.***
Vertheidiger, aus erster Inst. XV. ***502.***
- Protok. XIII. ***45.***
Verzicht. XI. ***238.***
Zurückweis. Beschl. XVI. 222.
- Nicht.-B. IX. ***264***, ***368.***
Berufungsrichter, vgl. App.-R.
Abwarten d. Rechtfertigungsschrift. XII. ***456.***
Aufheb. d. ersten Urth. X. ***651***, XVI. 382, 445, 483.
- Gründe. XIII. ***501.***
Bedenken. IX. 496, XI. ***522***, XIII. 485.
Berufungsrichter (Forts.).
Befassung. X. ***222***, XIV. ***19***, ***292***, XVI. 17, 133.
Berücks. e. neuen Ges. X. ***222.***
Beweisantr., Ablehng., Akten. XV. 562.
- - Beschl. XIII. ***451***, ***636.***
- - ohne Gründe. XIV. ***623.***
- - unzureich. Gründe. XI. ***64***, ***190***, XIV. ***812***, ***814.***
- Mitth. d. Beschl. XI. ***64***, ***448.***
- Nichterneuerg. IX. ***525***, X. ***33***, XI. ***330***, ***484.***
- Prüfung. IX. 145, X. ***67***, ***262***, ***737***, XI. ***64.***
- - im Endurth. X. ***558***, XIV. ***623.***
- - nach d. Urth. XV. ***140.***
- - Rechtsirrth. X. ***601.***
- Verspätung. IX. ***267.***
Beweisaufn., Beschl. XIV. ***87.***
Beweiserneuer., Ablehng X. ***558***, XI. ***448***, XIV. ***434.***
- Beschl., Mitth. XI. ***262.***
- Gründe. X. ***262***, XIII. ***485.***
- Umfg. X. 368, XV. 303.
Erschöpfung d. Ankl. IX. ***358.***
Feststellg., ausdr. XVI. 797.
- Begriff. IX. ***246***, XVI. 129.
- Beibehaltg. X. ***33***, ***124***, 367, ***737***, XI. ***470***, ***522***, XV. ***39***, XVI. 42.
- Beweisaufn. IX. ***100***, ***131***, X. ***124***, XI. ***318***, XII. ***447***, XV. ***179.***
- Ergänzung. IX. ***358***, ***467***, XVI. 415.
- Mild. Umst. IX. ***327***, XI. ***484.***
- Rückfall. IX. ***337.***
- Schlussfolgg. XV. ***179.***
- Substantiirg. XVI. 388.
- Thatb.-Merkm. XV. 742, XVI. 129, 797.
Freisprechg., Berufg. d. Privatklägers. XI. ***131.***
Gesetzeswechsel. X. ***221***, ***666.***
Gesichtsp., and. XIII. ***150.***
Mängel erst. Inst., Rüge. X. 761.

Berufungsrichter (Forts).
Mild. Umst. X. *809*.
Selbstentscheid. X. *222*, XIII. *361*.
Sitzungstag, Mitth. IX. *244*.
Strafausschl.-Grund. X. *602*.
Strafgesetz, Anführg. XI. *556*.
Strafzumess.-Gründe. XIV. *810*, XV. 401.
Uebertretungen. XIV. *236*.
Unzuständigk. IX. *646*, XIII. 361, XVI. 483.
Urtheilsgründe. X. *124*, 368, XVI. 447.
Verlesung, Vorsitz. XI. *522*.
Verstattung zum Wort. X. *262*.
Vorführung d. Angekl. IX. *244*.
Vorladung, Frist. XVI. 291.
- Verhafteter. XV. 501.
- Verthdgr. XV. 501, 588.
Zurückverweisung in d. erste Inst. IX. *171*, *358*, X. *651*, *660*.
Zurückweis. d. Berufg. X. *660*, XI. *53*, XIV. *236*.
Beschädigter, Nicht.-Beschw. XV. 322, 377.
Beschädigung, s. Einfriedigg., Sachbeschädigg. 2c.
Beschimpfung, Kirche 2c., vgl. Verspottung. 2c.
Ablaß. XV. 462.
Altkatholiken. XIV. 399, XV. 687, XVI. 537.
Cölibat. XIII. 548.
Grobe Schmähung. XVI. 705.
- „Neukatholiken". XVI. 141.
Beschlagnahme, vgl. Arrestbruch, Druckschrift, Ueberf.-St.
Anfechtung. XII. 165.
Aufhebung. XV. 504, XVI. 290.
Rechtsstreit. XV. 765.
Vermögen, Hochverrath. IV. 121.
Beschluß, vgl. Einstellg. 2c., Eröffnung 2c.
Ausfertigung. XII. 575.
Begründg., Abweichg. v. Antrag. VIII. *753*.
- Ergänzg., Antr. d. St.-A. VII. 516.
- Gesetzesstelle. II. 378.
- in der Sache. II. 329.
Gehör d. Parteien. XVI. 756.
Kollegium. XI. 280.
Beschluß (Forts.).
Mittheilg. an d. Angekl. XIII. 30.
Rechtsm. IX. *268*, 427, XII. 165.
Richterzahl. XI. 385.
Unterzeichnung. XI. 280.
Beschwerde, vgl. Beschluß, Obertribunal 2c.
Angekl. I. 125, XI. 50, XV. 514.
Aufsichtsweg. IV. 244, 272, XI. *390*, XV. 566.
Behandlg. e. Rechtsm. XII. 265.
Beleidigung. XII. 334.
Beschlagn. e. Druckschr. II. 506.
Beweisanordnung. XII. 205.
Denunziant. IV. 268, XVI. 196.
des App.-G. ü. d. Schw.-G.-H. VII. 101.
des Kreis-G. ü. d. App.-G. II. 36, IV. 52, XI. 457.
Disz.-Verf., Unters.-R. XIII. *431*.
Ehefrau. II. 9, 213, IX. 386.
Ehrenrathsbeschluß. VII. 97, VIII. 727, XII. *22*.
Einstellg. d. Verfahrens. IX. 381.
Einziehung v. Geldern. IV. 244.
Erkenntniß. II. 203.
Eröffnung d. Untersuchg. II. 368, VI. 48, X. 437.
- Ablehng. II. 161, IV. 99, VII. 27, XVI. 196.
Erstattg. v. Verth.-Kosten. V. 550.
Exekutivstrafe, polizeiliche. X. 42.
Freilassg. d. Angekl. VI. 69.
Frist, Beginn. VI. 168, XII. 575.
- Gegenvorstellg. VII. 26, 360.
- Instruktion. II. 162.
- Weiterbef. XI. 135, 272.
- Zuständigk. VII. 27, VIII. 210.
Gegenerklärung. I. 147.
Instanzenzug. I. 96, VI. 69.
Interesse d. Gesetzes. VII. 501.
Inter. e. Dritten. XV. 188, 249.
Kosteneinziehung. IX. 289, X. 681.
Kostenniederschlagg. VII. 116, VIII. 669.
Mehrere Sachen. XI. 385.
Ministerielle Ermächtigg. I. 348, 536, 572, II. 162.
Nichtbescheidung. IV. 272.
Perhorrescenz. III. 316.
Polizei-Ger.-S. II. 161, 202.

Beschwerde (Forts.).
Protokoll, Aenderungen ꝛc. XV 63.
Rathsk.-Beschl. VIII. 601, IX. 465.
Rekurs-Zurückw. I. 147, 348, 572, III. 200, IV. 92.
Schwur-G.-S. I. 96, VI. 69.
Sequestration. IV. 121.
St.-A., eigner Antrag. XVI. 568.
- Eröffng. d. Unters., Ablehng. XVI. 196.
- Inter. e. Dritten. XV. *188*, 249.
- Mehrere Sachen. XI. 385.
- Zuständigk. II. 368.
Strafverfügg. g. Geschw. XVI. 15.
Strafvollzug. XIII. 446.
- Entlastung. XV. 514.
Uebertretungssachen. I. 536, II. 162, IX. 285, XIII. 3, 438.
Umfang. XII. 106.
Unbetheiligter. III. 69, IV. 268.
Unterschrift. X. 415.
Urtheilszustellung. XV. 566.
Versetzg. in Anklagestand. II. 368.
Verwaltungsbehörde. VI. 523.
Vorbereitg. d. Hauptverfahrens. III. 300, IV. 552, XII. 205.
Voruntersuchung. VI. 390.
Weiterbeförderung. XI. 217.
Wiedereinf. i. d. vor. St. I. 336.
Zeugengebühren. XIV. 172, 521, XV. *40*.
Zurückn. e. Rechtsm. III. 300.
Zuständigk. I. 96, VI. 69, XII. 8, XIII. *431*, XVI. 15.
Besitzthum, s. Hausfriedensbruch.
Bestechung, passive.
Amtsgeschäft. XIII. 78.
Bei Geldempfang. XI. 438.
Einfluß. I. 204.
Strafbk. d. Bestechenden. X. 699.
Verpflichtung. II. 537.
Bestechungsversuch.
Anbieten. XIV. *809*.
Feldhüter. VI. 346.
Pflichtwidrigk., konkrete. VII. 581.
- Meing. d. Beamten. IX. 35, 394, XII. 297.
- Ungehorsam. XII. 48.
- Unterlassen. XIV. 615.
Steuerbeamte. II. 137.
Versprechen. XI. 579.

Bestechungsversuch (Forts.).
Voraussf. d. Versuchs. IV. 308.
Betheiligung, s. Schlägerei.
Betrug, vgl. Ueberliquidirung.
Brandsch.-Ford. IX. 301, X. 286.
Cess. e. Schuldurk., Val. XIV. 492.
Dienstbote, zweimal. Vermiethen. II. 338, XVI. 219.
Eheleute, Gütergemeinsch. IX. 518.
Eisenbahnf. ohne Billet. XI. 606.
Feststellung. X. 111, 537.
Gebührenüberhebg. XI. *379*.
Gehülfe, Notar. IX. 85.
Gewinn, Befried. durch e. Nichtverpflichteten. XV. 495.
- Begründeter Anspruch. VII. 677.
- Bereicherg. XIV. 807.
- Darlehn. XII. 598, XIV. 407, XVI. 86.
- für Andere. VII. 330, IX. 433.
- Gebrauch fremd. Geldes. VIII. 150, XIV. 247.
- kaufmännischer. XII. *227*, XIV. 205.
- Schadensersatz d. Nichtverpfl. XI. 60.
- Schuldhaft, Aufhebung. VIII 171.
- Schuldurkunde. VII. 677.
- Verdeckg. e. Gew. IX. *243*.
- Verdeckg. e. Verg. IX. *287*.
- Vorläuf. Abwendg. d. Exek. XI. 166, XII. 235.
Goldgehalt. V. 31, VI. 557.
Grenzstein. I. 539.
Ident. d. Verletzten u. Getäuschten. I. 506, XI. 529, XIV. 540.
Irrthumserregg., durch Vorbringen ꝛc. III. 79, IX. 77, 718, XI. 185.
- geeign. Mittel. VII. 64.
- Konvent.-Str. IX. 347, X. 233.
- Person d. Getäuschten. X. 111.
- Prozeßrichter, Interv.-Kl. XIII. 413.
- Proz.-R., simul. Gesch. I. 506, III. 382, V. 249, XI. 519.

Betrug (Forts.).
Irrthumserregg., Proz.-R., unbegründ. Klage. VI. 233, XI. 153, XVI. 271.
- Prozeßrichter, Vorlegg. e. Quittg. XII. 137, XVI. 637.
- Rechtsverletzg. XII. 227.
- Steuerbeamte. XIV. 739.
- Vermeidlichk. XI. 213, XIV. 181.
- Waarenbestellg. XV. 795.
- Zweifel. V. 538.
Kaufvertrag. XV. 272, 793, XVI. 390.
Kommissionär. IX. 620.
Meßwerkzeug, unricht. VI. 452, 469, VII. 192, 697, XV. 264.
Milchfälschung. IX. 537.
Ort der That. XIV. 291.
Postfreimarke, Mißbr. V. 33, VII. 735, IX. 44, X. 320.
Postschein, Androhg. d. Exek. III. 535.
- Aufschiebg. d. Exek. XII. 235, XIII. 40, 568, XV. 478.
- Dolus. III. 372, VI. 78, X. 11.
- Einverständn. d. Gläub. I. 509.
- Gewinns. VI. 78, X. 11.
- Täuschg., Person. X. 307.
- Theilnehmer. II. 206.
- Werthgegenst. IV. 65, VII. 519, VIII. 428.
Postverschuß. II. 563, V. 538.
Rückfall, Feststellg. XIII. 342.
- Vorstr. w. Versuchs rc. XIII. 678.
- Zuständigk. XIII. 311.
Schadensersatz. VI. 485, XI. 60, 506, XIII. 302.
Simul. Gesch. IX. 85, 518, XII. 110.
Sparkassenbuch, wiederholte Vfg. II. 281.
Thats., Abs. e. Dritten. XII. 284.
- Anpreisung. XII. 142.
- Cours e. Werthpap. XV. 244.
- Gerichtspraxis. XI. 403.

Betrug (Forts.).
Thatsache, Gesundheit e. Thiers. VII. 588.
- Großjährigk. IV. 221.
- Hexerei. V. 365, XVI. 550.
- Künst. Handlg. VI. 326, VIII. 454, XI. 502.
- Namen. VIII. 247.
- Qual. e. Waare. XV. 272.
- Rechtssatz. II. 83, VIII. 606, XI. 403.
- Schlußfolgrg. VIII 107.
- Trächtigk. e. Kuh. X. 759.
- Untreue e. Bräutigams. XIV. 659.
- Unwahrh., Bew. XII. 149.
- Vermögenslage e. Andern. VII. 523.
- Versprechen. XI. 137.
- Vollmacht e. Dritten. VIII. 370.
Unterdrücken, Inh. e. Schriftst. VIII. 200.
- Kenntniß d. Thäters. XI. 529.
- Loos, Ziehung. XIV. 646.
- Minderjährigk. VII. 107.
- Unterschrift eines And. VIII. 142.
- Verdorbenh. v. Eßwaaren. VIII. 91.
- Verjährg. e. Wechs. IX. 77.
- Verkaufsabschluß. IV. 37, VII. 715, VIII. 29.
- Verschweigen, eigne Absicht. IX. 680.
- Verschw. in Verb. mit Handl. IV. 37, VIII. 91.
- Verschweigen, Pflicht d. Mittheilg. V. 538, VII. 715, VIII. 29, X. 478, XIII. 189, 553, 636, XIV. 679, XVI. 58.
Unterschlagg. I. 232, X. 146.
Verletzg. e. Steuerverschl. II. 178, III. 318, IX. 85, XIV. 739
Vermögensbeschädigg., Absicht. III. 32, V. 248, XII. 26, XV. 496.
- Annahme v. Werthpap. über Cours. XII. 504

Betrug (Forts.).
Vermögensbeschädigg., Aufgeben e. Forderung. IX. 136.
- Banknoten, falsche. XVI. 788.
- Beeinträcht. d. Vorkaufsrechts. XII. 387.
- Belastg. in laufender Rechng. XIV. 807.
- Beschränkg. d. Vfg. V. 144.
- Beziehung zum gesuchten Gewinn. X. 628.
- Cession, Preis. IX. 707, XI. 75.
- Civilrechtl. Verantwortlichk. XII. *26*.
- Eigenthums-Ueberlassg. XI. 324.
- Entgangener Gewinn. IV. 512, VIII. 20, XII. *227*, XIV. 205.
- Entziehung. e. Beweismittels. VIII. 786.
- Entziehg. e. Exek.-Gegenst. II. 49.
- Entziehung. e. Verm.-Obj. IX. 751.
- Ersatz, Möglichk. XI. 60.
- Exek.-Aufschub. III. 383, VIII. 172, IX. 85, XIII. 331, 413.
- Folge d. Täuschg. IX. 718, XI. 75, 324, XIII. 326.
- Fracht u. Gewicht. X. 233.
- Gefährdg. e. Rechts. X. 782, XI. 529, XV. 495.
- Gegenforderg. XII. 457, XIV. 125.
- Gegenleist., and. XV. 194.
- Gemeinsch., Nachth. XVI. 137.
- Gewährleistg. VII. 588, 678.
- Gewagt. Gesch. VI. 333.
- Gründerlohn. XV. 88.
- Hypothek. X. 46, XIV. *670*, XV. 576.
- Kaufpreis, Höhe. X. 645.
- Kreditgeben. IV. 161, VIII. 371, X. 290, XIV. 448, XVI. 526.
- Leistg. o. Verpfl. III. 82.

Betrug (Forts.).
Vermögensbeschädigg., Prozeß. VI. 233, XV. 381.
- Quittung. XVI. 424.
- Regreßanspr. XIV. 151.
- Relativer Werth. XII. 87, XV. 702.
- Verbindlichk. III. 166, VIII. 321, IX. 32, X. 268, XIV. 34, 151.
- Verkürzg. e. bedingten Forderg. XIV. 199.
- Verlust, Ausgleichung. IX. 348, 431, X. 46, XII. 188.
- Verlust e. Kundschaft. XII. *227*, XV 340.
- Vertrag, Aufhebung. XV. 576.
- Vollendung. XIV. 291.
- Vorübergehende. I. 506, VIII. 150, X. 782, XI. 213, XIII. 552, XVI. 425.
- Waare, Verkehrswerth. XVI. 797.
- Werthbestimmg. VI. 32.
- Zahlungsvrspr. VII. 677, VIII. 238.
- Zuwachs, Einb. X. 759.
- Zweifelh. Zahlungsmittel. XV. 132.

Versuch, Anf. d. Ausführg. IV. 78.
- Benachtheiligg. VII. 192.
- Entdeckung. XII. *505*.
- Existenz d. Obj. IX. 363.
- Klage. XI. 153.
- Möglichkeit des Erfolgs. I. 255, 338, VII. 281, XVI. 342.
- Rücktritt. XII. *505*.
- Täuschg. I. 255, 338, VII. 566, X. *717*, XII. 578.
- Vermögensbeschädigg. XI. 428, XII. *504*, XVI. 342.

Vollendung, Ort. XIV. 291.
Vorbringen (Vorspiegelg.), Bestellg. XV. 795.
- Bloßes Handeln. III. 226, VII. 471, X. 111, XI. 60, 428, XIII. 635, XV. 264.

Betrug (Forts.).
Vorbringen (Vorspiegelg.), Fahrlässigk. X. 763.
- Hingabe werthlos. Wechsel. III. 32.
- in Unterstütz.-Gesuchen. VII. 338, XI. 394.
- Mitthäter. XV. 36.

Vorschuß, Erstattg. I. 232.
Wasserstandsmerkm., Verrückg. VII. 331.
Wechsel, Girirung. XIV. 491.
Wechselmandat. XI. 166.
Zolldefraude. III. 414.

Bettelei, Betrug. II. 73, VII. 338, XI. 394.
Ehefrau. XV. 842.

Beutemachen, Strafbk. XIII. 431, XV. 292.

Bevollmächtigter, s. Behändigg. ꝛc.

Bewaffnete Macht, Gend. XIV. *600*.

Beweisantrag, vgl. App.-R., Ber.-R., Zeugen-Vernehmg.
Ablehng. durch d. Vorsitzdn. XV. 5.
Anbringg. beim Vorsitzdn. XI. 3.
Beweismittel. II. 1.
Erheblichk. IX. *385*, X. 688, XI. 283, 376, XIII. 247, 383.
Nach Rückkehr d. Geschw. IX. 6.
Nichtberücks., Rüge. XII. 665.
Thatsache. XV. 92.
Trunkenheit. X. 660, XV. 695.

Beweisantrag des Angekl., Ablehng. durch d. Vors. X. 549, XIII. 383.
Ablehng. durch d. Vors. IX. *17*.
Ablehng., Gründe. I. 225, X. 172.
Anbringg. beim Vors. XI. 269.
Angabe d. Beweism. I. 124.
Ausbleiben. II. 42, XIII. 17.
Erhebl. Beweism. III. 491, XI. 48.
- Thats. III. 53, X. 172.

Gegenbew. g. amtl. Bescheinigg. XIV. 801.
Glaubwürdigk. e. Zeugen. V. 532, XV. 28.
Nach Rückkehr d. Geschw. IX. 315.
Nach Schluß d. Vhdlg. I. 514.
Nichtberücks., Mitangeklagte. VIII. 389, XIII. 490.
Nichtwiederholung. I. 155, XIII. 383, XVI. 311.

Beweisantrag d. Angekl. (Forts.).
Nichtwiederholung. IX. *529*, X. *120*, *348*, *525*.
Protokoll. XII. 596.
Undeutlichkeit. I. 124.
Vorbehalt. XIII 446.
Wiederholung. X. 53, X. *555*, XIV. 331.
Zurücknahme, Werth. VII. 39.

Beweisantrag des Staatsanw.
Behauptung. VI. 511.
Im Inter. d. Angekl. XII. 440, XV. 615.
Nichtberücks., Rüge d. Angekl. I. 125, XII. 440, XV. 615.
Zurücknahme. XII. 24.

Beweiserhebung, vgl. App.-R., Uebers.-St., Urk.-B., Verlesung, Zeugen-Vernehmg.
Anordng., Zurückn. XV. 97.
Beschluss, Privatkl. XIV. *87*.
- Verkündg. XVI. 406.

Mündlichk. IX. 446, XIII. *371*, XIV. *432*, 792.
Vollständigkeit. X. 533.
Von Amtswegen. VIII. 87, X. 43.
Widerspruch. XV. 327, XVI 768.
Wideraufn. nach Berathg. d. Geschw. VIII. 517.

Beweiserhebg., kommissar., s. Zeugen-Vern. ꝛc.

Beweislast, Beleidigg. XV. 500.
Redakteur. V. 164, VII. 159.

Beweismittel, vgl. Uebers.-St., Urk.-B. ꝛc.
Aussage e. Mitangekl. XVI. 16.
Bekanntmachg. XI. 136.
Bekundg. d. St.-A. XIII. *371*.
Eid. XIII. 477.
Notorietät. VIII. 87, XIV. 573, XVI. 802.
Wahl d. Gerichts. XI. 6.
Verzicht. XV. 521.

Beweisregel, Grunds. d. Civilrechts. XIV. *514*.
Grunds. d. Civ.-Verfahr. X 512.
Schießen a. Forstbeamte ꝛc. V. 17.
Vermuthg., Absicht. V. 17.
- Prüfung. V. 163.
- Ueberversicherg. VI. 165.

Waffenmißbrauch. IX. 435, X. 658.

Beweiswürdigung.
Beleidigg. XV. 500.
Civilfragen. VI. 218, VII. 169.
Geständniß. VII. 372.
Gutachten. XI. 564.
Beweiszeuge, Krim.-O. XII. 321, XIV. 574.
Bienenschwarm, Aneign. VII. 242.
Zerstörung. XIII. 284.
Bieten, s. Versteigerung.
Bigamie, s. Doppelehe.
Bischof, Erhebg. d. Konsl. II 310.
Blankett, s. Urk.-F. 2c.
Bleichwasserleitung, Beschädigg. IX. 199.
Blödsinn, Rechtsmittel. IX. 546.
Zurechnungsfähigk. IX. 546.
Blutschande, Beischlaf. II. 545, VI. 46, X. 429, 556.
Einwillgg. d. Kindes. X. 429.
Event. unzücht. Handlg. XVI. 467.
Pflegevater. XVI. 467.
Stiefkind, Auflösg. d. Ehe. VI. 45.
Stiefkind, uneheliches. III. 28, X. 59.
Wiederholung. X. 59, XIV. 369.
Bodenerzeugniß, s. Diebstahl.
Branddrohung, s. Bedrohung.
Brandenburg, Mark, Jagdordng. I. 476, III. 117, IX. 562.
Brandentschädigung, s. Feuerversicherg.
Brandstiftung (vorsätzl.), Abstimmg. d. Geschw. VII. 249, VIII. 754, IX. 132.
Beschaffenh., Dolus. II. 79, 189, IV. 561, V. 64, VIII. 50, 701.
Betrüger, Absicht. X. 744.
Brennmaterialien. XI. 123.
Fragstellung. VIII. 50, X. 500, 800, XI. 150.
Gebäude, Wohnung. IX. 422.
Konkurrenz. IX. 112.
Kriegszustand. XI. 610.
Lebensgefahr. XIII. 649.
Thätige Reue. XVI. 162.
Verlust e. Menschenleb. VIII. 345, X. 800.
Vorrath. II. 346, XI. 123.
Zustimmung d. Eigenthümers. I. 548, IX. 201.
Branntweinsteuer, vgl. Steuervergehen.
Alkoholerzeugung. III. 35.
Anmeldg. d. Einmaischg. XII. 263.
Beauftragter. I. 279.
Brenner, Verantwortlk. VI. 144, VII. 676, XIII. 321.
Brennereibesitzer, Verantwortlichk. IX. 354, XV. 165, 345.
Dolus. VIII. 164.
" Absicht d. Benutzung 2c. XI. 539.
" Absicht d. Steuerverkürzg. IV. 313, VIII. 592, XII. 579.
" Abs. einzmaischen. XIII. 664.
" Bewußts., Auffang. I. 172.
" Brennereibesitzer. XV. 165.
Einmaischg.. Beginn d. Bereitg. V. 437, XIII. 664.
" Hefenbereitg. I. 173, V. 390, XIV. 505.
" Vorhandens. v. Maische. XIV. 577.
" Wasserzuguß. II. 344.
" Wiederh., Anzahl. XIV. 36.
Einziehung, alle gebrauchten Gefäße. XI. 315.
" App. d. Dienstb. IX. 190.
" Bezeichng., Zeit d. Gebrauchs. III. 212.
" Eigenthum. XV. 203, XVI. 460.
" Identität. XVI. 660.
Kartoffel-Dampffaß. III. 122.
Kulpa. VIII. 164.
Maischbottich, Aufsatz. III. 204, XIV. 375.
" Veränderung. XI. 419.
" Vergrößerung. VII. 154, XI. 365.
Mehr. Kontravenienten. XI. 540.
Mehrere Kontraventionen. I. 149, III. 211.
Mögl. d. Steuerverkürzg. X. 77.
Nachzahlg. d. Steuer. XII. 579.
Rechtsm. Prov.-St.-O. XI. 540.
Steuerbetrag, Postsendg. XV. 149.
Strafmaß, mehr. Kontr. XI. 540.
" Raumdifferenz. XI. 364.
" Rauminhalt. I. 149, VII. 154, VIII. 591, XI. 314, XIV. 375.

Branntweinsteuer (Forts.).
Subsidiarhaftbk., Ges.-Wechsel. X. 200, ***221***, 418, ***666***, XI. 315.
- Steuer. XII. 579, XIII. 475.
- Taglöhner. III. 204.
Uebergähren, Auffangen. I. 172.
- Aufstauen. VIII. 164, IX. ***741***, XIII. 321.
- Hinderg. d. Abfluss. I. 279.
- Verstopfg. d. Rinne. X. ***337***.
Uebergangssteuer. XII. 473, XV, 568.
Ueberschöpfen. I. 148, VIII. 338, 591, XV. 428, XVI. 380.
Versiegelung, Material. II. 63.
Zeit der Einmaischg. XII. 263.
Brausteuer, Absicht. I. 345.
Anmeldg., Zurückn. VII. 569.
Bottich i. S. d. St.-O. IX. 748.
Buchführung. XVI. 596.
Einmaischg., Zeit. X. 82, XV. 149.
Gährbottiche, Revision. III. 534.
Gewerbebetrieb. X. 579.
Haftbk., Dienstherr. VI. 144.
- Mitthäter. XI. 474.
Haustrunk XIII. 652.
Kommanditgesellsch. XI. 474.
Malzschrot, Ort. I. 345, XV. 254.
- Quantum. I. 345, X. 579.
Ordnungsstrafe. I. 345, XVI. 524.
Postsendung. XV. 149.
Rückfallsstrafe. XIII. 351.
Strafmaß. X. 82.
Submissionsverfahren. XIII. 351.
Verletzg. d. amtl. Verschlusses. II. 178, IX. 126.
Brief, Anzeige e. steuerpflicht. Handlg. VI. 149.
Beleidigg. X. ***8***, 624, XIV. ***340***, XVI. 807.
Eröffnung. IV. 332, XIII. 211, XV. 618.
Ort d. Thät. II. 534, X. ***8***, XIII. ***75***, XV. ***113***, XVI. 507, 807.
Unterdrückung. IV. 406, XI. 595.
Verschluß. IV. 332.
Buchhandel, Anmeldg. XIV. 624.
Bücherrevisor, Vereidg. XVI. 792.
Bürgerrecht, Verlust. V. 136.
Bundesflagge, Schiffsreg. XV. 580.
Buße, Charakter. XVI. 276.
Gesetzeswechsel. XIII. 73.
Im Fall von § 185 StGB. XIV. 214.
Rechtskraft, relat. XVI. 276.
Staatsanw. XVI. 276.

C.

Caution, s. Kaution.
Chaussee.
Ackern, Grabenrand. X. 390.
Beschädigung. XI. 200.
Landrath, Pol.-Uebertret. VI. 61.
Pflugschleppen, Pol.-Vdn. II. 451.
Radfelgenbreite. VI. 459, X. 703, XI. 34.
Verengen, Anhalten. VI. 271, XV. 835.
Zugleich Stadtstraße. XV. 834.
Zusammenbinden zweier Fuhrwerke. X. 491.
Chausseebäume, Beschädigg. I. 156, XV. 92.
Chausseegeld, vgl. Hannover.
Administrativverfahren. XI. 9.
Anhalten. VII. 701, XIV. 644, XV. 480.
Aufforderung zur Zahlg. X. 23.
Barriere-Sperrung. V. 154.
Baumaterialien. VII. 564, IX. 429.
Berechtigung. V. 154.
Bestellungsfuhre. VII. 50, X. 457, XI. 270, XIII. 676, XIV. 699, XV. 73.
Bewußts. d. Zahlungspfl. X. 23.
Brennmaterial. VII. 702, XI. 41, XII. 46, XIII. 120.
Chausseefuhre. XIII. 488.
Drainirungsmaterial. IX. 429.
Düngerfuhre. VII. 50, XIII. 565.
Erndtefuhre. XII. 511, XV. 73.
Frachtwagen. III. 405.
Fuhren z. Düngerholen. XIII. 673.
Fuhren z. Beaufsicht. XIV. 699, XV. 73.
Fuhrwerksführer. VI. 367.
Gemeindeangehörige. XV. ***191***.
Guano. XIII. 565.
Guter Glaube, II. 558.
Gutsfeldmark. X. 457.
Kirchenfuhre. II. 288, VI. 248, XIII. ***318***.

Chausseegeld (Forts.).
Kriegsfuhre. XI. *357*.
Landwirthschaftl. Fuhre. IX. 567.
Lastfuhrwerk. I. 481.
Ort der Hebestelle. VII. 119.
Passiren d. Hebestelle. X. 141, 205.
Pferde d. Königl. Gestüte. XV. 17.
Privatw. vor d. Hebest. XI. 362.
Realkonkurrenz. XIII. 673.
Rechtsirrthum. V. 154, VII. 296, IX. 590, XI. 388, 528.
Rechtsw. d. Fiskalbeh. V. 549.
Straffestsetzg., Landrath. VI. 61.
Submissionsverfahren. XI. 9.
Tarifüberschreitung. XI. 73.
Umfahren, Absicht. II. 338, V. 298, VI. 15, IX. 107, X. 26. 686, XI. 107, XIV. 774, XV. 357.
- Benutzg. d. Ch. vor u. hinter der Hebestelle. VI. 18, 349, VII. 400, VIII. 397, X. 26, XIV. 580.
- Durchschneiden vor u. hinter der Hebestelle. VI. 349, X. 686, XIII. 634.
- Einh. d. Fahrt. XIV. 580.
- ernstl. Gesch. XV. 357.
- m. mehr. Fuhrw. VI. 368.
Unternehmen, Nebenweg. XI. 107, *202*, XIV. 129, 671, 774.
Unterthan, Wohnort. XV. *191*, 433, 701.
Verbotener Weg. VI. 18, VII. 400, VIII. 397, X. 141, 686.
Vorbeifahren an der Hebestelle. II. 558.
Vorspann. IX. 590, 743.
Vorzeigen d. Quittung. V. 116.
Weigerung. II. 255, VII. 296, IX. 590, XI. *357*, 388, 528, XIII. *488*.
Wirthsch.-Vieh. IX. 567, XIV. 699.
Zahlungspflicht, richterl. Prüfg. XIII. 565.
Chemische Untersuchung, Obd. I. 5.
Cigarren, Entwendung. VIII. 598.
Civileinrede, s. Berechtigungseinrede.
Civilentscheidung, bindend? II. 20, IX. 639.
Civilfrage, Beweis. II. 20, VI. 218, VII. 169, X. 284.
Strafrichter. XV. 512.
Civilrecht, Form e. Verzichts. IX. 685.
Civilrechtsweg, s. Berechtigungseinrede.
Consumtionssteuer, s. Verbrauchssteuer.
Corvey, Jagd. X. 690.
Criminalordnung.
Neu-Vorpomm. I. 320, VIII. 250.
Vorschr. f. Gutachten. VIII. 378.

D.

Damm, Beschädigung. VIII. 756.
Dampfkessel, Unterh.-Pflicht. X. 646.
Dauervergehen, Erneuer. XV. 670.
Deichdirektion, Revision. I. 433.
Deichreglement, Altmark. VII. 3.
Denunziation, s. Anschuldigung.
Desertion, s. Fahnenflucht.
Destillirgeräth, Anzeige. V. 534.
Diebstahl, vgl. Holzdiebstahl.
Abraum. I. 467.
Absicht, bloß rechtsw. Zueigng. X. *5*, *228*, 484, 626, XI. 212.
- Chikane. X. 80.
- Gewinnsucht. III. 91, V. 171, VIII. 25, 718, IX. 732, X. 80.
- - Getränke rc. IV. 46.
- Schadensersatz. VI. 261, IX. 732, XV. 565.
- Verfügg., Eigenthümer. III. 91.
- Verpfändung. IX. 59.
- Zerstörung. XIV. 648.
- Zuwendg. an e. Dritten. VIII. 474, X. 390, XV. 225.
Baum, Birkenzöpfe. XII. 446.
- Garten. V. 147, XIII. 328.
- Windbruch. X. 802.
- zum Verpflanzen. I. 244.
Begünstigung. III. 502.
Behältniß, Inlett. III. 174.

Diebstahl (Forts.).
Behältniß, verschlossenes. II. 393, X. 291.
" " im Innern e. Geb. XIII. 490.
" " Verltzg. XII. *313*.
" " Zueigng. u. spät. Oeffng. XIII. *271*.
Bernstein. XVI. 396.
Bestohlener, Festst. I. 43, 575.
Betreffen a. fr. That. IX. 633.
Beutemachen XV. 292.
Bienenschwarm. VII. 242.
Bodenerzeugniß, gerodetes Holz. IX. 153.
" Gewinns. II. 25, XII. 446.
" in Mieten. I. 194, XV. 338.
" Quantität. XI. 183, 553, XIV. 613.
" Werth. II. 24, XI. 172, 183, 553.
Brief. XI. 595.
Cigarren. VIII. 598.
Dielen. V. 13.
Dünger. I. 567, IX. 152, 328.
Eigenthümer, Früchte. XIII. 528, XIV. 449.
Eigenthum, Civilentsch. IX. 639.
" Kauf. VII. 633.
Einbruch, Beschädigg. IX. *369*, X. *36*, XII. *313*.
" Durchschneid. e. Fadens. II. 46.
" Garten, Bäume und Sträucher. VI. 308.
" Gewalt. II. 46, IX. *526*, X. *36*.
" Möglichk. and. Begehg. X. *37*.
" zum Zweck des Diebst. IX. 148, X. *104*.
Einschleichen. XIII. 67.
Einsteigen, Eigenthümer. XI. *436*.
" Erlaubniß d. Zueigng. XV. *19*.
" Fenster, Bestimm. V. 427.
" Fortschaffen versteckt. S. III. 171, IV. 67.
" Gebäude, Verschluß. VIII. 464.

Diebstahl (Forts.).
Einsteigen, gemeinschaftl. Giebelwand. XIII. 347.
" Hinaussteigen. VIII. 166.
" im Innern e. Gebäudes. II. 516, VIII. 166, X. 103.
" Luke. XV. 475.
" Mitbewohuer. XI. *436*.
" Möglichk. and. Begehg. XV. 746.
" Schlüssel zum Behältn. IV. 426.
" Stallthür. VIII. 540, XV. 475.
" Versuch. VII. 67.
" Wegn. a. and. Raum. IV. 438.
Erde. XVI. 703.
Eßwaaren, Einbruch. IX. *526*.
" Einst. IV. 426, VIII. 718.
" Feststellung. IV. 334.
" Zubereitung. XI. *56*.
Federn aus Kissen. III. 174.
Feldfrüchte, Gewinns. IV. 334.
" Hofraum. I. 327.
" in Mieten (Kaulen). I. 194, II. 485, X. 289.
" Quantität. IV. 334, VI. 456, XI. 553.
" vom Wagen. IV. 140.
" Werth. IV. 334, 414, VI. 456, XI. 553.
Finden. VII. 181.
Fische, Reuse. XV. 154.
" Teich. VI. 9, 41, IX. 541, X. 270, XIV. 377.
Fischkasten, Erbrechung. III. 531, IV. 215.
Förster. VII. 264.
Früchte, Feststellg. X. 721.
" Nutzungsrecht. XIII. 528, XIV. 449.
" verzipirte. XV. 338.
Gas. VI. 339.
Gebäude, Baracke. XI. 433.
" Feststellung XII. 466, XIII. 490.
" Kellerhöhlung. XV. 38.
" Neubau. II. 485, III. 290.
" Schiff. XI. *486*, XII. *256*, XIII. 268, XIV. 105.

Diebstahl (Forts.).
Gebäudetheil. XIV. 384.
Gehege, Ausdehnung. IX. 581, XIV. 692, XV. 885.
" Flußgrenze IX. 167, XVI. 108.
" Lücken. VII. 30, X. 765.
" Thüren. IX. 572, X. 765, XVI. 108.
" Umschloss. Raum. II. 2, XVI. 361.
Gehülfe, Rückfall. XIII. 655, XIV. 438, 768.
Genußmittel. XIII. 209.
Getränke. IV. 46.
Gewahrsam, Arbeiter. VIII. 468, 521, 594, IX. 376.
" Aufseher. XV. 538.
" Beauftragter. VIII. 594, IX. 376, XII. 45, XIV. 717.
" Besitz. IX. 155.
" Bewachung. XIV. 681, XV. 538.
" des früh. Diebes. I. 43.
" Dienstbote. II 34, VII 181.
" Drescher. IV. 67.
" Feststellung. II. 508
" Gebäudetheil. XIV. 384.
" Gehege. XIV. 692.
" Handl.-Gehülfe VII 703.
" Hausofficiant. II. 185.
" Knecht, Hafer. X. 282.
" Ladendiener. VI. 337, X. 717.
" Mitbewohner. IX. 59.
" Prokurist. IX. 102.
" Schäfer. III. 496.
" Schlüssel. II. 185.
" Tagelöhner. VIII. 286.
" Thier, Gewohnh. d. Rückkehr. X. 450, 700, XIV. 408.
" Ueberg., Wiegen. VII. 633.
" Vergessen. IX. 196, X. 126, XV. 56, XVI. 764.
" Vögeli. Schlingen. X. 604.
" Wild i. Schlingen. XVI. 653.
" Wirthsch.-Offiz. IV. 87.
Grab, Todtengräber. IV. 249.

Diebstahl (Forts.).
Handelsgesellschafter. XIV. 332.
Hausdiebst., Dienstbote. IV. 84.
" gegen die Herrschaft. VIII. 744.
" Handwerker. V. 112.
" umschloss. Raum. I. 408.
Hirschgeweih. XVI. 664.
Holz (geschlag.), Abfall. X. 789.
" Aufklaftrg. I. 395.
" Feststell. XII. 628, XV. 400.
" Förster. VII. 264.
" gefrevelt d. Dritte. VII. 264, XVI. 598.
" Kiefernpflanzen. IX. 215.
" Wald. I. 43, VI. 402, VII. 49.
" Zopfenden. I. 467.
" Zweck d. Fällg. VII. 534.
Irrth., Pers. d. Eigenth. XVI. 62.
Kartoffeln i. Mieten. I. 207, X. 289.
Kaulen (Mieten). I. 194, 207, II. 485, X. 289.
Kirche, Steine v. Kronleuchter. V. 29.
Krametsvögel. X. 605.
Wild. Umst. IV. 415, VII. 319, IX. *173*.
Miteigenthümer. VIII. 6, XIV. 311, 332, 692.
Mitführen e. Waffe. II. 3, IX. 573, 582, XV. 885.
Mitthäter. VI. 187, X. 445, XIV. 377, 613.
Nachtzeit. IX. 96.
Nahrungsmittel. XIII. 247, XIV. *516*, XV. 886.
Palten, Plaggen. X. 769.
Polizeiaufsicht. II. 333, VII. 319, IX. *173*.
Quittung. VI. 360, XV. 442.
Rechtsirrthum. V. 529, XV. 386.
Rechtswidrige Form. V. 529.
Rückfall, Beihülfe. XIII. 655, XIV. 438, 768.
" Feststell. VII. 77, VIII. 21, X *263*, 643, XII. 215, XIII. 438.
" Gesetzeswechsel. XII. 169.
" Inl. XIII. *141*, XIV. 485.
" Mil.-G. i. Kr. XIV. 523.
" Richtigk.-R. XII. 388.
" Pol.-Aufsicht. II. 333.

Diebstahl (Forts.).
Rückfall, Preuß. Ger. VIII. 233, 561, **716**, XII. 130.
- Raub. IV. 136, VIII. 287.
- Strafverbüßg. XIII. 287.
- Theilnahme. XIII. 678.
- Verjährung. IX. **592**.
- Versuch. VII. 67, XIII. 678, XV. 9, 218.
- Vorstrafe, Entw. v. Obst. IX. **521**.
- - Erpressg. VIII. 651.
- - Holzdiebst. im 3. Rückf. V. 85.
- - Kind unter 12 J. XIII. 207.
- - Rechtmässigkeit. XI. **357**.
- - Rechtskr. XIII. 217.
- - Verbüßg. XII. 494, XIII. 287.
- - Verw.-Beh. XV. 211.
- Zehnjähr. Zwischenzeit. IX. **592**, X. 219, XII. **503**, XIII. 22, 447, XVI. 308.
- Zuständigk. XII. 80, 518, XIII. 133, XIV. **426**, XV. 447.
Sack, Zerschneiden. X. 291.
Schlüssel (falsche), Begr. IX. **526**.
- Bestimmg. d. Eigenth. I. 178.
- gestohlener. I. 178.
- mangelh. Verschl. VIII. 9.
- Tauglichkeit. XII. 57.
- Zugänglichkeit. II. 393.
Stall, Wohnung. IX. 14.
Steine. VIII. 357, IX. 560.
Strafverfolgungsantrag, vergl. Unterschlagung.
- Angehörige. XIII. 591, XV. 193.
- Arbeiter. XV. 465.
- Bauarbeiter XVI. 432.
- Destill.-Geh. XVI. 635.
- Dienstbotenverhältniß. XVI. 768.
- Ehefrau. XI. **436**.
- Gewerbsgeh. XVI. 116.
- Halbgeschwister. I. 411.

Diebstahl (Forts.).
Strafverfolgungsantrag, Handlungsgeh. XV. 233, XVI. 116, 296, 493.
- Handw.-Gesell. XVI. 655.
- Handw.-Lehrl. XV. 262.
- Kostgänger. XII. 433.
- Mehrere Verletzte. I. 411, XV. 193, XVI. 62.
- Nicht.-Beschw. XV. 794.
- Pflegeeltern. I. 519, VI. 146.
- Schiffer. II. 445.
- Stiefgroßeltern. I. 518.
- Tagelöhner. XIII. 155, XV. 794, XVI. 635.
- Verletzter. IV. 565, V. 43, XI. **436**.
- Verwandter, Irrth. V. 43.
- Zurücknahme. VI. 369.
Strandung, Rettung. II. 486.
Straßenkehricht. IX. 152.
Streu. XIV. 685.
Theilnahme. IV. 442, IX. 753.
Thier, Verlaufen. X. 450, 700.
- Weide. III. 496.
Torf. II. 116, 147.
Transportgegenstände, Ablösen. VII. 330.
- Abschneiden. VI. 327.
- a. öffentl. Wege. VI. 220.
- Aufschneiden. III. 367, VI. 220.
- Erbrechen. III. 531.
- mittelst Abschneidens rc. III. 367.
- Pferdefutter. I. 357.
- Verwahrungsm. VII. 330.
Umschlossener Raum.
- Arbeiter. I. 408.
- Fischkasten. IV. 215.
- Immobile. II. 28.
- Mögl. Eing. XIII. **271**.
- Riegel m. Pflock. I. 198.
- Stall. II. 29.
- Thür. XVI. 609.
- Trinkhalle. V. 86.
- Verschluß. VI. 355.
- Verübung im Innern. XIII. **271**.
- Wild. II. 2, XVI. 361.
- Ziegelhaufen. XI. 547.

Diebstahl (Forts.).
Unterschlagg.? II. 260, X. 146.
Urkunde. III. 91, 322, VI. 360, XV. 442, 803.
Verbindg. zu fortges. Verübg. IX. 295, XIII. 539.
Verstecken. III. 91, IV. 67, XVI. 765.
" Dienstbote. XII. 212.
" Fortschaffen mit Einsteigen. III. 171.
" Gefangener. I. 468.
" Hausgenosse. X. 423.
Versuch, Auf. d. Ausführg. I. 218, IV. 268, VII. 212, XV. 106.
" Falsch. Schlüssel. XII. 57.
" Taschendieb. IX. 753, XII. 584.
" Vorhandensein d. Sache. IV. 268, XII. 584.
Wasser. VII. 213, XI. 212, 492.
Wechselblankett. XV. 803.
Wegnahme, Abholen. X. 445.
" anderer Raum. VII. 622.
" Erlaubniß. XV. 19.
" Feststellg. II. 508, V. 221.
" Gefängniß. I. 468.
" Geschehenlassen, Ueberführ. X. 445, XV. 225.
" Gewahrsam e. Andern. XVI. 424.
" ohne Widerstand. X. 39.
" Verbergen. X. 423, XIV. 681.
" Vollendg. IX. 753, XI. 4, XV. 692, 717.
Zubehör e. Grundst. VII. 123.
Zueignung. III. 91.
" für Dritte. IV. 102.
" Unterdrück. a. XIV. 648.
" Verpfändung. IX. 59.
Dienstbote, s. Betrug, Diebstahl.
Diensteid, vergl. Beamter.
Amtshandlung. I. 188.
Ausl. Beamte. XI. 29, XII. 400.
" im Ausland. IV. 237.
Beleidigung. X. 787, XII. 245, 342, XV. 696.
Ermessen. XI. 29, 311.
Falsche Versicherg. XIII. 90, 427, XIV. 229, XVI. 282.

Diensteid (Forts.).
Forstschutzbeamte. IV. 141, 361, IX. 227, XII. 641.
Geistliche. II. 163.
Gewesene Beamte. XII. 641.
Grenze d. Amtsbezirks. VII. 61.
Hebamme. VII. 209.
Nicht.-Beschw. XV. 325, 711.
Nicht.-R. XI. 389, XII. 56, 488, XIII. 428, XVI. 44, 385.
Rechtfertigung. XII. 62.
Sachverständiger. IV. 298.
Unters.-R. V. 122.
Wahrnehmg. bei Amtshdlg. VII. 251, IX. 639, X. 455, 500, XI. 29, XIV. 106, 204.
Zulässigk., Rüge. IX. 573, X. 771, XV. 325.
Dienstleute, Pächter. VII. 528.
Dissident, Zeugeneid. X. 544.
Disziplin, Amtsaustritt. VIII. 659.
Bewußts. d. Verstoßes. XIII. 535.
Entfernung, unerlaubte. IV. 205. V. 149, IX. 309.
Gerichtsassessor, Annahme einer Stelle. VIII. 658.
Geringe Ordngswidrigk. X. 644.
Notar, formell ungült. A. II. 380.
" Belehrung der Parteien. VIII. 341.
" Bevollmächt. e. Partei. XIII. 525.
" Gebührennachl. VIII. 10.
" Kollision, Rechtsanw. V. 102, VI. 275, 435, VII. 435, VIII. 162, XIII. 535.
" Pauschquantum. XV. 261.
" Proz. Angel. IX. 241.
" Selbstbetheiligg. IX. 185.
" Stempelumgeb. VIII. 226.
" Verfügungsfähigk. Prüfg. IX. 284.
" Versicherung die Person zu kennen. XIII. 623.
" Wechselstempel, Nichtanzeige. XVI. 585.
Rechtsanwalt, Anstand. VIII. 71, 184, XII. 136.
" Bur.-Personal. X. 289, XVI. 648.

Disziplin (Forts.).
Rechtsanwalt, Demonstr. 2c. IV. 38, V. 224, XV. 572.
" Depositalbuch. IX. 488, XIV. 710.
" Gebühren aus Exek.-Geldern. XII. 136.
" Geb.-Ueberhebg. III. 125.
" Geschenk-A. IX. 414.
" Konkurskurator, Vertr. e. Gläub. XV. 474.
" Konsulent, Wechselprot. VIII. 270, X. 399.
" Legalisiren f. beide Parteien. I. 60, XVI. 36.
" Ministerialanordnung. III. 520, XIV. 710.
" Stadtv., Annahme d. Wahl o. Genehmigg. V. 484.
" Verhdlg. ü. Zurücku. e. Straf-B.-A. XIV. 181, XVI. 266.
" Vertheidiger, Anwesenh. VII. 720, IX. 123.
" " Kränkg. e. Dritten. VII. 188, XVI. 124.
" " Kritik d. Gerichts. VII. 537.
" " Sprache. I. 165.
" Wechsel ü. Mand.-Gebühr. II. 222.
Richter, frustr. Kosten. VII. 320.
" unbesoldeter. IV. 205.
" Verbreitg. v. Schriften ohne Kenntniß des strafb. Inh. IV. 412.
" Wirken g. d. Regierg. V. 150, VI. 441.
" zur Disposition. XV. *20*.
Disziplinarstrafe,
Amtssuspension. VII. 328.
Dienstentlassung. IV. 205, V. 149, VII. 108, XIV. 276.
Geldbuße gegen unbesoldete Richter. IX. 260.
Mißbilligung. XV. 822.
Rüge. X. *644*.
Verweis. VII. 144.
Disziplinarverfahren.
App.-Ger., Mitglied. VIII. 657.
Disziplinarverfahren (Forts.).
App.-Ger., Plenum. II. 383.
Arbitrirung d. Strafe. VII. 493.
Berufung d. Angesch. XIV. 256.
Berufg. d. St.-Anw. VIII. 277, XIV. 276.
" Anschluß d. Angeschuld. XIV. 70.
Berufungsinstanz, Ausdehnung. XVI. 512.
Beschlagn. e. Druckschr. II. 476.
Beschluß, Aufhebung w. neuer Umstände. VII. 328.
Dienstvergehen i. d. Sitz. XVI. 726.
Ehrenrath, Berufungsfrist, IV. 84, IX. 3.
" Beweiserhebg. VII. 440.
" Eröffngsbeschl. XII. *22*.
" Mitgl., Zeuge. VII. 605.
" Perhorrescenz. III. 412.
" St.-A., Anhörg. XIV. 276.
" St.-A., Antr. VII. 97, VIII. 727, XIV. 275.
" Verfahren. XV. 822.
" Zusammensetzg. V. 263.
" Zuständigkeit. VI. 126.
Einstellung. V. 161, XII. 610.
Entlassg. a. eignen Antr. XII. 610.
Eröffng., Richterzahl. XIII. 668.
Feststellg., Strafurth. XIII. *606*.
Frist. XII. *251*, XIV. 256.
Hausrecht. III. 473.
Mil.-Verw.-B. III. 374.
Nichtigkeit, Heilung. XIII. 668.
Non bis i. id. I. 229, VII. 493.
Obertribunal. XIV. 276, XVI. 726.
Rechtsanwalt, Ausscheiden aus dem Ehrenrath. V. 29.
Rechtsmittel. IX. 282.
" Zurückweisg. XII. *156*.
Sukkumbenzstrafe (Rh.). I. 128.
Verjährung. I. 285, XV. 261.
Verweis 2c. in öff. Sitzg. VII. 144
Voruntersuchung. XIII. *431*.
Wiedereinsetzung. XII. *251*.
Zeugenvernehmung. II 249, 408, III. 374.
Zeugnißpflicht. I. 388.
Zuständigkeit, Disz.-Rath. X. *644*.
" Kriegsminister. III. 374.
" Richter z. D. XV. *20*.
" Strafthat. II. 311.

Dolmetscher,
Anstellung, Eid. IV. 335, XI. 392.
Antrag. II. 106.
Anwesenheit. VII. 22.
Bildg. d. Schwurger. XIII. 234.
Frage an d. Geschw. VII. 374.
Generalfragen. VI. 393.
Notarialakt. XV. 144.
Nothwgk. II. 106, 465, VIII. 31.
Protokoll. VII. 640, XI. 392, XIII. 234, 459.
Rüge d. Nichtzuziehg. XI. 439, XIII. 182, XV. 538.
Thätigkeit. V. 352, XIII. 459.
Verlesung d. Ankl. XIII. 182, XV. 538.
Vertheidiger II. 465.
Zeugen-Vereidg. VII. 254, XVI. 3.
Zuziehg. i. d. Haupt-Verh. XV 317.
Doppelehe, Dolus. V. 20.
Form der Eheschliessg. III. 540.
Nichtigk. d. ersten Ehe. X. 296.
Versuch. VIII. 134.
Dorfgericht, Haussuchung. V. 519.
Dorfordnung, ostpreuß. I. 556.
Drohung, s. Bedrohung.
Drucksache, s. Papiergeld, Postsendung.
Druckschrift, vgl. Kaution 2c.
Anklage, Veruth. X. 143.
ausländ., Verbreitg. VI. 487, XV. 786, 825.
Auslegung. II. 535.
Bekanntm. w. Beleidgg. III. 371, V. 387.
Berichtigung v. Thats. VI. 387.
Beschlagn., Antrag. XIV. 487.
„ Berufung. IX. *427*.
„ Beschwerde. II. 506.
„ Dienstvergehen. II. 476.
„ Einzelexemplar. X. 489.
„ Fortdauer. VI. 196, IX *427*.
„ Freisprechung. XVI. 290.
„ Interessenten. II. 100, VII. 369, XIV. 72.
„ Staats-G.-H. III. 168.
„ Strafbarkeit. X. 359.
„ Zeit.-Beil. IV. 436.
„ Zuständigkeit. XVI. 300.
Drucker, Firma. V. 27, XII. *448*.
„ Gehülfe. XVI. 413.
Druckschrift (Forts.).
Drucker, Namen. VI. 395, IX. 610, X. 140, XIII. 467.
„ Verantwortlichk. XV. 643.
Formverstöße, mehrere. XII. *448*.
Gerichtsstand. IV. 28, VII. 155, 431, XVI. 584.
Gerichtsverhandlung. III. 280, VI. 83, 196.
Herausgeber. III. 503, IV. 371, XIII. 637.
„ Einz. Artikel. IV. 371, V. 169, 387.
„ Kenntn. d. Inh. IX. 623.
„ Selbstvertrieb. III. 508.
„ Uebernomm. Art. V. 168.
„ versch. v. Red. III. 503.
Inhalt, Gutachten, XI. 232.
Landtagsber., Besprechg. VII. 171.
„ Einzelne Rede. VI. 177, VII. 236.
„ Selbstst. Theil d. Verhandlung. VIII. 232.
„ Stellen e. Rede. IV. 429.
„ Unbrauchbarmachung. XVI. 297.
„ Vollständigkeit. VI. 273, VII. 236.
Landtags-Komm.-Ber. IX. 203.
Namen d. Geschw. II. 434, VII. 299.
Pflichtexempl. IX. 281, XV. 643.
Photographie. VII. 450.
Pol.-Vdn. III. 290, VII. 555.
Realkonkurrenz. VI. 89.
Redakteur, Antrag. XV. 252.
„ Bestrafung d. Thäters. XVI. 432.
„ Beweispflicht. IV. 279, V. 164, VI. 159.
„ Bildungsgrad. IX. 609.
„ Dolus oder Culpa. III. 312, 425, XIII. *21*.
„ Ermittlg. d. Verf. XVI. 96, 392.
„ Falsche Angabe. IX. 610. XV. 456.
„ Gesichtsp. d. Verurthlg. IX. 125, *522*.
„ Gewerbe. VI. 554.
„ Herausgeber. XII. *448*.
„ Inserat. III. 48, X. 308. XII. 355.

Druckschrift (Forts.)
Redakteur, Krit. v. Reg.-Maßr. XIV. 686.
- Mild. Gesetz. XVI. 333.
- Mitthäter. XIV. 281.
- Pol. Erl. III. 207.
- Theilnahme. XVI. 392.
- Unk., Ber.-R. IX. *522*.
- Verfasser. V. 333.
- Wiederabdruck. IV. 451, XVI. 654.
- Zeugnißpflicht. II. 91, XVI. 571, 575.
Ref. fremde Aeußer. III. 424.
Reichstagsbericht. XVI. 147.
Schriftst. e. Kriminalproz. Auszug. IX. 404.
- Beendigg. d. Verhdlg. VII. 510, VIII. 167, X. *615*.
- Denunziation. I. 226.
- Dolus. VIII. 599.
- Einstellg. d. Verf. XI. 148.
- Inhalt. VIII. 38.
- Verlesene Schrift. VIII. 167, 599.
- Verth.-Schrift. IX. 403.
- Wiederabdruck. VIII. 598.
Unbrauchbarmachung, Antrag. XIII. 192, XIV. 487, XV. 252.
- Landt.-Ber. XVI. 297.
- Nicht-Vernichtg. XV. 34.
Verbreitung, Ausstellg. VII. 450.
- Kenntn. d. Inh. V. 418.
- Zugänglichmachen. VI. 395, XIV. 147.
Verfasser. VIII. 568.
Verleger, Begriff. XIV. 639.
- Kautionspfl. Bl. VI. 73, IX. 562.
- Landtag, Ermächtigung. IX. 617.
- Nachw. d. Herausgebers. III. 503, IV. 371, V. 168, 169, 387, VII. 130.
- Nachw. des Verfassers. IV. 494, V. 464, VI. 162, VIII. 37, XII. 606, XV. 127, 157.
- Namen, falscher. XV. 643.

Druckschrift (Forts.).
Verleger, Pol. Erl. III. 207.
- Selbstthäter. XVI. 475.
- Uebertretg. in d. Druckschrift. IV. 425.
- Zeugnißpflicht. II. 267.
Vernichtung, Antrag. VIII. 589.
- Ber.-Richter. IX. *522*.
- Besitz e. Dritten. II. 473.
- Ermächtigung, Landtag. IX 617.
- Kosten. IX. 617.
- Nachtr.-Urth. IX. *710*.
- Rel. Rechtskr. IX. 522.
- Strafbk. d. Inh. VI. 487.
- Versäumg. d. Formvorschriften. III. 207, 508.
- Zulässigk. d. Beschlagn. X. 489.
Veröffentlichung, Absatz. IX. *271*.
- Aufgabe z. Post. II. 535, IV. 6, V. 270, XV. 320.
- Ger.-St. VII. 155, 431.
- Histor. Dok. XVI. 786.
- Pol. Erl. III. 207.
- Publikum. VII. 155, IX. 411.
- Thäter. VIII. 599.
- Thatfrage. IX. 702.
- Verbr. e. Bel. XIV. 49.
Vertheilen. V. 382, VI. 201, 518.
Wiederabdruck. I. 250, V. 419, VI. 236, VIII. 598.
Zeitungsverkauf. VI. 257, VII. 393, 567, 729, VIII. 543.

Duell, s. Zweikampf.

Dünger, Auffammeln. I. 567.

E.

Eheaufgebot, ALR. VIII. 363.
Ausländer. II. 385.
Domicilium necess. XV. 871.
Fiskalische Strafe. VIII. 363, XIII. 398, XIV. 194.
Verschulden. XV. 871.

Ehebruch, Antrag a. Nichtbestrafg. III. 431, X. 782.
Antr. a. Strafverfolgg. XIV. 145.
Antragsfrist. XIV. 697, XV. 708, XVI. 611.
Civilrechtl. Entsch. II. 20.
Scheidung, Bedingg. III. 431.

Ehebruch (Forts.).
Scheidung, Derselbe Fall. VI. 403, XV. 708.
" Dring. Vermuthg. II. 20, VI. 226, XII. 321.
" Feststellung. III. 431.
" Tod, Rechtskr. IX. 755
" Zugl. and. Gr. IV. 490.
Verjährg. I. 450, X. 34, XVI. 611.
Ehefrau, Antr. a. Freil. d. M. II. 9.
Bevollm. d. M. II. 213, XI. 424.
Gehorsam, Strafthat. X. 451.
Eheschließung, vgl. Eheaufgebot, religiöse. XIV. 391.
Urkundenfälschung. XVI. 556.
Eheverbot, Auswand. VI. 25, X. 25.
Ehrenbreitstein, vgl. Gem.-R.-G. Kirchenbücher ꝛc. XVI. 243.
Ehrengericht, Offizier. IX. 570.
Ehrenrath, s. Behörde, Disz.-V.
Ehrenrechte, Untersagung.
Ausländer. IV. 317.
Beginn. XIV. 535.
B. StGB. XII. 221.
Früherer Verlust. III. 39.
Realkonkurrenz. II. 77.
Rechtskr. Erk., Abänd. XII. 292.
Zeitbestimmung. XI. 16.
Zeugnißfähigkeit. XIII. 457.
Ehrverlust, Beamte. XV. 86.
Meineid, Geh. XVI. 515, 518, 546.
Realkonkurrenz. XV. 265, XVI. 50.
Zeugnißfähigkeit. XV. 539.
Eid, s. Diensteid, Meineid, Zeugen-Vereidung ꝛc.
Eidesstattl. Versicherung, falsche, vergl. Diensteid.
Erbschaftsstempel. XI. 610.
Exekutor. XIII. 427, XIV. 229.
Fahrlässigkeit. IX. 256.
Nachl.-R. I. 81, IX. 256, XI. 425.
Nebenpunkt. XVI. 750.
Schriftliche. XI. 610, XII. 217, XIV. 213.
Statthaftigkeit. I. 81.
Vormundseid. IV. 335.
Einfriedigung, Beschädigg. V. 171, VIII. 435, IX. 264, X. 656.
Einfuhrabgabe, s. Zollvergehen.
Einfuhrverbot, s. Kontrebande. Viehseuche.
Einmaischung, s. Branntw.-St.
Einsatzstrafe, s. Konkurrenz (reale).
Einschließung, Beginn d. Strafzeit. IV. 550.
Einspruch, s. Strafverfügung.
Einstellung des Verfahrens,
Beschl. XII. 204.
Beschwerde. IX. 518.
Gesichtsp., Verweisg. XI. *550*.
Mangel d. Antrags. XVI. 774.
Motivirung. X. *518*, XVI. 224.
Neue Thats., Eröffn.-B. I. 446.
Rechtskraft. IV. 115, VII. 221, XIV. 634.
Theilweise. III. 389.
Einziehung, vgl. Branntw.-St. ꝛc.
Besonderes Strafgesetz. XII. 160.
Dritte Pers. XIV. 793, XVI. 192.
Manifest.-Eid. I. 403, VI. 523.
Nachl. I. 498, VII. 540, IX. 365.
Werth. IX. 360.
Eisenbahn, Herausnahme einer Schiene. XII. 624.
Pulvertransport. IX. 458.
Eisenbahn-Transport-Gefährdg.
Beamter, Auftrag wider Instr. XI. 301.
" Fahrlässigkeit. XIII. 500, XIV. 92, 446, XV. 41, *109*.
" Pflichtvers. XI. 545, 562.
Fahrlässigk. e. Andern. VII. 595.
Gefahr, Menschen. XII. 465.
" Möglichkeit. XV. 604.
Pferde-Eis. XIV. *427*, XVI. 625.
Rangiren ꝛc. VIII. 513.
Wagen z. Translozirg. XV. 617.
Elbzoll, Verkürzung. VIII. 352
Elsaß-Lothringen, O.-Tr. XIV. 720.
Entführung e. Frauensperson, Willensfreiheit. II. 509.
Entführung e. Minderjährigen, Dolus. VII. 412.
Entlassung, vorläufige, Gesuch. XVI. 601.
Entstellung v. Thats., Zweck. XV. 313.
Entwendung, vgl. Diebstahl. Thatbestand. XI. 133.
Ergänzungsgeschworene, vgl. Geschw.-Erg.-Liste.
Befreiung, Dienstjahr. VIII. 342.

Ergänzungsgeschworene (Forts.).
Bekanntm. III. 484, VII. 22, 446.
Rüge d. Angekl. II. 245, VII. 446.
Wiedereintr. d. Haupt-G. III. 197.
Zeuge. IX. 739.
Ergänzungsrichter,
Berathung. II. 329.
Erkenntniß, vergl. Abschr., A.-R. 2c., Festst., Freispr., Urth.
Deklaration XIII. 291.
Erläuterung, Auftrag. XII. 568.
Gründe. II. **442**, XIII. 637.
- Nachträgl. II. 200.
Tenor, Bezeichng. d. Strafthat. IV. 479, VII. 460, XIV. 433.
- Veränderg. nach Rechtskraft. I. 66.
- Widerspr. m. d. Gr. VII. 211, VIII. 369.
Unstatth. d. Verf. XIV. 634.
Unterschr. X. **474**, XIV. 314, 510, XVI. 321.
Verkündg., Anwesenh. d. Angekl. VII. 508, XI. 568.
- Anwesenh. d. StA. X. 333, XIII. ***522***.
- Frist. II. 148, X. 333.
- Gründe. IV. 286, VIII. 481, XVI. 584.
- Nachholung. X. 333.
- Protokoll. XI. 568.
- Richter. VII. 546.
Zustellg., Angekl. I. 531, II. 342, VIII. 229.
- Bevollm. XIV. 359, XV. 732.
- Eheleute. XVI. 51.
- Gefangen-Insp. XV. 845.
- Pers.-Verwechslg. I. 237.
Erkenntniß der Strafbarkeit,
Untersch.-Verm. XV. 160.
Ermittlungsverfahren,
App.-Richter. IV. 233.
Beschlagn., Aufhebg., XV. 504.
Beschuldigter. XI. ***396***.
Gefahr im Verzuge. XV. 5.
Ohne Antrag. XV. 5.
Pol.-Richter. XI. ***396***, XIV. ***456***.
Pflicht d. Gerichts. XVI. 622.
Prävention. XIV. 11, XV. 5.
- Fremd. Ger. XV. 37, 777.
Ermittelungsverfahren (Forts.).
Prävention, Hinverweisung. XI. 423.
- Zuständigkeit. IX. 480.
Rathsk.-Beschl., Berufg. VIII. ***700***, IX. ***552***.
Zeugenvernehmung. VII. 200, XI. 276, XIV. 777.
Zwang zu erscheinen. VI. 51.
Eröffnung der Untersuchung,
Ablehng. II. 161, IV. 99, VII. 218, IX. 503, XI. 462, XVI. 196.
Abweichung v. d. Ankl. IV. 98.
Beschw. d. Angekl. VI. 467.
Beschw. d. StA. VI. 48, X. 437, 550, XII. 645.
Bindende Kraft. IV. 95, VI. 510, IX. 278, XIV. 511.
Nähere Ermittlg. X. 474, 527.
Voruntersuchg, Person. V. 446.
Eröffnung des Hauptverfahrens,
Prüfung. IX. ***1***, ***171***, ***381***.
Erörterung, s. Religionsdiener.
Erpressung, Abstimmg. VII. 148.
Amtsmißbrauch. XVI. 393.
Dolus. XV. 84, XVI. 785.
Drohung, Ausführg. V. 424.
- Begründ. Den. XV. 637.
- Handlungen. VI. 474, XVI. 549.
- Mit Gewalt 2c. XV. 46, XVI. 549.
- Mit Mord. VIII. 464, X. 705.
Feststellung des angedrohten Vergehens. V. 424, VI. 221.
Fragstellung. VII. 148.
Gewalt. VII. 148, IX. 236, XVI. 201, 424.
Rechtswidr. Vortheil. VI. 521, XVI. 95, 585, 716.
Versuch, Anf. d. Handl. XV. 637.
- Rücktritt. XIV. 714.
- Vorausf. VI. 475, X. 444.
- Widerstand. XIV. 378.
Ersatzgeschworene,
Berathung. III. 546.
Grund d. Eintr. XI. 462, XIV. 298.
Mitwirkung. X. ***558***.
Platz. I. 167.
Vereidung. XI. 449, XVI. 25.

Erschöpfung der Anklage, vgl. Festst., Fragst., Gesichtsp.
Ber.-Richter. IX. 358.
Erklärg. d. StA. III. 304, VII. 51.
Rüge d. Angeklagten. X. 10.
Urtheil. III. 303, VII. 620.
Eßwaaren, s. Diebstahl, Feilhalten.
Exekution, s. Strafvollstreckung.
Exekutionsantrag, Ausert. V. 469.
Exekutivbeamter, s. Vollstr.-B.
Exekutivstrafe, polizeiliche, Rechtsweg. X. 42.
Exekutor, vgl. Amtsunterschl. ꝛc.
Falscher E.-B. XIII. 427, XIV. 229.
Exterritorialität, Zeuge. IX. *736*.

F.

Fabrik, jugendl. Arb. XV. 123.
Sonntagsstörung. VIII. 678.
Truck-System. XI. 304, XV. 342, XVI. 28.
Fabrikzeichen, s. Waarenbezeichng.
Fährgeld, Hinterziehg. XIII. 612.
Fälschung, s. Urk.-Fälschung.
Fahnenflucht, Beförderg. VII. 550, X. *159*, 332.
Ers. um Beschlagn. XIV. 286.
Fahrlässigkeit, vgl. K.-V. ꝛc.
Feststellung. XVI. 433.
Mittelb. Folge. XIII. 110.
Theilnahme. XVI. 76.
Unkenntniß, civilrechtl. Grunds. XV. 872.
" Gew.-Thätigk. XVI. 705.
" Pol.-Vdn. XVI. 279.
Unterl. II. 32, XI. 78, XVI. 219.
Zusammenw. Mehrerer. XI. 424.
Fahrwasser, Störung. XVI. 723.
Falscher Name, s. Name.
Feilhalten, verdorbene Eßwaaren. II. 343, XVI. 797.
Verfälschte Milch. IX. 675.
Feldfrevel, s. Ver.-Einr., Diebst.
Festnahme verdächtiger Personen, Förster. IV. 253, 321.
Gendarm. XIII. 4.
Feststellung, vgl. App.-R., Ber.-R., Fragst., Rückf.
Alternative. VII. 174, 619, VIII. 751, X. 790, XIII. 260.
Begriffsmerkmale. VIII. 267.

Feststellung (Forts.).
Berücks. nichtverles. Aktenstücke. XIV. 792, XVI. 382.
Beweisgründe. III. 63, XVI. 274.
Dolus. VIII. 249, XII. 78.
Ergänzung aus den Gründen. XIII. 623, XVI. 391.
Erschöpfung d. Ankl. XV. 197.
Fassung. IX. 153.
Ges.-Wechsel. IX. *341*, XIII. *441*.
Inländer. XI. *159*.
Konkrete Thats. IV. 3, V. 298, VI. 136, XIV. 792, XVI. 309.
Milderungsgrund. XIV. *86*.
Negative. XV. *138*.
Obj. Thatb. XII. 625, XIII. 21.
Ort der That. XVI. 3.
Rechtsbegr., Verkenng. XVI. 434.
Rechtsirrthum. X. 611.
Strafausschliessungsgr. XIV. *86*.
Strafzumessungsgr. XVI. 802.
Streit ü. Begriffsmerkm. V. 221,
Thats. u. Beweism. VIII. 568, X. 582, XI. *43*, 44, XII. 97.
Theilnahme. VIII. 308.
Verweisg., vern. Urth. XI. *395*.
Widerspruch. XVI. 500.
Worte des Ges. IV. 3, V. 298, VI. 136, VII. 203, XVI. 274, 309, 433.
Zeit d. That. XI. 512.
Festungsrayon,
Bauanlage. I. 162, 298, 425.
Gartenlaube. I. 298.
Hecke. XVI. 72.
Lehmgrube. X. 13.
Oeffnen der Gebäude. XIV. 815.
Reparatur eines Zauns. I. 162.
Vertheidigungsfähigkeit. I. 425.
Feuer-Anzünden, Wald. XII. 420.
Feuer-Pol.-V., Gültigk. VII. 711.
Feuerstätte, Unterhaltung. II. 17.
Feuerungsanlage, Pol.-Verordn. XVI. 690.
Feuerversicherung, vgl. Ueberliquid., Ueberversf.
Agentur, Anzeige. IV. 124.
" Verlust. VII. 527.
Beschränkungen. VII. 706.
Betrug. I. 354.
Buchführg. d. Agenten. XIV. 789.
Doppelte. VIII. 709.

Feuerversicherung (Forts.).
Gemeiner Werth. VIII. 570.
Interimsschein, Aushändigung. XVI. 78.
Police, Aushändigung. VIII. 321, X. 69, XIII. 556, XV. 438. XVI. 145, 604.
Pol.-Ger., Zuständigk. VII. 472.
Pol.-Obrigk. V. 361, XIV. 307.
Theilweise. X. 26.
Zwang, Aufhebung. VII. 706.
Finanzminister,
Ortsregulativ. III. 61.
Straf-Vdn., Bekanntm. VII. 690.
Firma, s. Waarenbezeichnung.
Fischereifrevel, vgl. Berecht.-E., Diebstahl.
Beihülfe. X. *599*.
Beschränkte Befugniß. VII. 286.
Dolus. II. 213.
Einziehung, Kahn. VII. 324.
" Netze. VIII. 435.
Setznetz mit Lädering. I. 266.
Spezialgesetz. XVI. 695.
Strafv. Antr. XV. 244, XVI. 695.
Fiskalbehörde, vgl. Steuerverg., Strafbescheid rc.
Anschluss ans Strafverfahren. XIII. *455*, XV. 729.
Rechtsmittelfrist. XIII. *455*.
Fiskalische Strafe, s. Vergehen.
Fiskalvergehen, s. Hausirvergehen, Steuervergehen, Zollvergehen.
Fleischhellerabgabe in Hessen. XII. 452.
Förster, vgl. Beamter, Haussuchg., Widersetzlichkeit.
Beschlagn. v. Holz. I. 526.
Festnahme v. Holzfrevlern. IV. 253, 321.
Recht d. Verfolgg. III. 286.
Vereidung. I. 517, IV. 141.
Waffengebrauch. I. 525, 526.
Forstordnung, s. Ostpr., Pomm.
Fortgesetztes Vergehen,
Einh. d. Entschl. IV. 245.
Fragstellung. IX. *677*.
Mehrere Handl. I. 149.
Forum delicti commissi, s. Ger.-St.
Fragebogen, Erneuerg. VIII. 517.
Verschiedene Handschr. XIII. 445.
Fragstellung, vgl. Bankerutt rc., Geschwornenspruch.
Ablehn. e. Antr. IX. *30*, X. 25, XV. 103, XVI. 371.
Alternative. II. 164, VIII. 133, 405, X. 667, XIII. 12, 655.
Auflösung e. Rechtsbegr., Antr. III. 192, VII. 233, XVI. 804.
" Antr., Ablehng. III. 190, VIII. 401, XV. 310, XVI. 372.
" Antrag, Nichtberücksichtigg. XI. *447*.
" Beamten-Eigenschaft. III. 296, VII. 86.
" Ermessen. XVI. 321, 445, 518.
" Erschöpfg. d. Ankl. IX. 36.
" Streit. I. 485.
" Zulässigkeit. IX. 177.
" Zusammenrott. XVI. 809.
Bedingg. d. Strafbk. VI. 236.
Bedingg. d. Strafvf. XV. 753.
Berichtigung. II. 301, VIII. 491, XIV. 298.
Erschöpfg. d. Ankl., Anklageschr. II. 376.
" Ergänzg. d. Frage. V. 394.
" Formel d. Ankl.-Beschl. I. 36. 69, III. 403, VIII. 262.
" Gemeinschaftlk. VII. 252.
" Theilnahme. VIII. 40, XVI. 649.
" Verbrechensbegr. IV. 70.
" Verw.-Beschl. XII. 400.
Eventualfrage, Ankl.-Beschluß. VII. 154, VIII. 315.
" Antr. d. Angekl. II. 381, III. 175, IX. *30*, XI. *179*, *466*, XII. 401, XV. 103.
" Antr. d. St.-A. IV. 459. VII. 617.
" Beantwortung. IV. 301.
" Ermessen. VII. 687, VIII. 262, 795.
" Erschöpfg. e. Straffalls. V. 198.
" Fahrlässigk. VIII. 697.

Fragstellung (Forts.).
Eventualfrage, Identität. V. 338, VIII. 49, X. 349.
" Theilnahme. VI. 131, VIII. 315, XI. 26.
" überflüssige. XI. 67.
" Versuch. X. 593.
" Vorsitzender. IX. 535, XI. 163.
" Zeit. II. 433, VIII. 491, X. 46.
" Zusammenh. m. d. Ankl. VI. 65, 131, 169, X. 384, XIV. 109.
Hauptfr., Begriffsmerkm. I. 274, IV. 467, V. 394.
" Beschränkung. IX. 36.
" Einfache That. V. 453.
" Gesetzeswechsel. X. *259*, XII. 462, 512, XIII. 591, XIV. 293.
" Selbstverständl. Merkm. VI. 219, X. 25.
" Spezialisirung. III. *295*, VI. 215, VIII. 664, IX. 36, 307, XIII. 648.
" Theilung. VIII. 262, X. 3, *121*.
" Zeitangabe. VI. 169.
Idealkonkurrenz, mehr. Fragen. IX. *500*, XV. 518.
" Reihenfolge. II. 483.
" Zusammenfassen. V. 495. XIII. 602.
Mehrere Angeklagte. III. 403.
Mehrere Hauptfr., Reihenfolge. V. 442.
Mehrere Mittel. VII. 44.
Mehrere Straffälle. III. 397, XI. 165, 209, 241, XII. 375.
Mild. Umstand. V. 328, X. 370, XIV. 133.
Mitthätersch. XI. *245*, XVI. 615.
Nebenfrage, Begr.-Merkm. I. 274, III. 175, V. 128, VIII. 701, XI. 570, XIII. 306.
" Dolus XII. *62*.
" Selbstverst. Merkm. II. 79, III. 161, VI. 219.
Neue Verhandlung. XI. 26.
Ortsangabe. VI. 169.

Fragstellung (Forts.).
Realkonkurrenz. V. 245, IX. *677*, XI. 165, XV. 540.
Schuldbek. d. Verbr. III. 356.
Strafausschließungsgr. X. 395, XIV. *566*, XVI. 391.
Strafverfolgungsantr. XII. 630.
Theiln., Ben. d. Thäters. X. 245.
" Bezugnahme. IX. 470.
" Thatbestd. d. Hauptthat. VII. 44, XI. 277.
" Wesentl. V. 495, IX. 680.
Unbek. m. Thatumst. XVI. 792.
Zurechnungsfähigk. I. 5, II. 241, VIII. 468, XI. *55*.
Zus.-Fr., Präkl. V. 328, VIII. 517.
" Vollst. 2c. Geschw.-Spr. VIII. 491, IX. 680, X. 370, XI. 513.

Frankfurter Recht,
Brodtaxe. VIII. 483.
Schankwirthschaft. VIII. 768.
Wegerecht. VIII. 563.

Frankfurter Verfahren,
Civilabhäsion. VIII. 482.
Eidesformel. XVI. 641.
Kostenansatz, O.-Tr. XV. 301.
Legal. pol. Maßn. VIII. 482.
Nichtigkeitsklage d. Ob.-St.-A. VIII. 325.
Nichtigkeitsrichter. VIII. 329.

Freiheitsberaubung,
Dauer. V. 426.
Dolus. I. 362, XI. 129, XIII. 459.
Ehefrau. VII. 88.
Endzweck. V. 551, VIII. 237, IX. 444.
Fragstellung. VI. 474.
Haftnahme. XI. 45, XII, 54.
Maaß. V. 426.
Möglichk. d. Befreiung. IV. 545, V. 551, IX. 444, XIV. 214.
Nöthigung. IX. 188, XIII. 459.
Selbsthülfe. IX. 426.
Täuschg. e. Beamten. XII. 54.
Widerrechtlichk. IV. 315, VI. 474.

Freiheitsstrafe,
Bruchth. e. Monats. XVI. 515.
Bruchth. e. Jahrs. XIII. 490.

Freilassung, Beschwerde. IV. 69.

Freireligiöse Gemeinde,
Zeugeneid. XVI. 782.

Freisprechung, Ankl.-Mangel. III. 5, 275, XV. 847.
Aufhebg. e. Beschlagn. XVI. 290.
Erschwer. Umstände. X. 681.
Fehler d. Fragst. IV. 70, XIII. 597.
Mangel e. Antrags. I. 329.
Qualif., Ink.-Erkl. I. 492.
- Neue Verfolgg. I. 492, XVI. 563.
- Richtigkeit. XIV. 82.
- Nichtschuldig. III. 14.
- Relat. Rechtskr. VI. 29, XVI. 367.
Rechtsm. d. Ang. III. 14, VIII. 803.
Theilweise. VIII. 523.
Unstatth. Verf. XIV. 634.
Verdacht, i. and. Sache. IV. 423.
Freizügigkeit, Paß. XIV. 725.
Pol.-Vdn., Fremdenverkehr. XI. 567, 569.
Friedensgefährdg., vgl. Rel.-D.
Anstiftg. zu e. Strafthat. III. 283.
Erfolg. III. 283.
Möglichk. d. Störung. III. 283, XIV. 210.
Versch. Klassen. XIV. 210, 386, XV. 398.
Frist, vgl. Rechtsmittelfrist rc.
Einreichg. b. unricht. Beh. V. 181.
Ferien. VI. 279, VII. 89, IX. 498.
Rek. Brief. VII. 209, XI. 483.
Schuld des Bureaus. V. 472.
Schuld d. Ger. VII. 169, IX. 124.
Funddiebstahl, vgl. Unterschlagung.
Ableugnen d. Gewahrs. II. 269, IV. 491, V. 429, VII. 630.
Absicht, gewinnsücht. VIII. 219.
Beschädigung. IX. 501, X. 112.
Dolus. X. 112.
Dritter. VII. 747.
Gastwirth. I. 436.
Schatz. X. 96, 647.
Spezialgesetz. X. 636.
Verkauf. XIII. 35.
Verschließen. V. 429.
Zufall. IX. 398.
- Zuvielzahlung. V. 18.
Furtum possessionis,
Besitz d. Berechtigten. XII. 526.

G.

Garten rc., Beschädigung. VIII. 189, IX. 264.
Gastwirth, s. Unterschlagung.
Gattenmord, Mitthäter. rc. I. 6.
Gebäudesteuer, Neubau. IX. 540, XV. 35, 716.
Submissionsverfahren. XV. 560.
Gebührenüberhebung,
Dolus. XIV. 605.
Konkurrenz mit Betrug. XI. 379.
Notar, Geld-Negotiation. IX. 160.
Rechtsanw. III. 125, VIII. 673, IX. 160.
Gefängnißstrafe, vgl. Strafantritt, Strafumwandlung rc.
Wahl m. Zuchth. XV. 301, 598.
Gefangener, vgl. Befreiung.
Entweichung, Beamter. VI. 183, 436, X. 744, XIV. 289.
Gegenbeweis, s. App.-Richter rc.
Gehege, s. Diebstahl.
Gehülfe, s. Beihülfe.
Geistliche Amtshandlung,
Absicht. XV. 335.
Beerdigung. XV. 353.
Begriff. XVI. 149, 267, 460.
Entsetzung. XVI. 485, 581.
Firmung. XVI. 427.
Gefahr im Verzuge. XV. 822.
Gesetzwidrigkeit. XV. 172, 213, 655, 713, 726.
In einem Amt. XVI. 267.
Kaplan. XVI. 698.
Kenntn. d. Gesetzw. XV. 771.
Kreisvikar. XV. 767.
Mehrere. XV. 197, 281, 347, 655.
Messelesen. XV. 172, 298, 867.
Religionsunterricht. XV. 655.
Stille Messe. XV. 353, XVI. 184, 527, 638.
Geistlicher, vgl. Religionsdiener.
Amtsentsetzg. XV. 422.
Kirchenbuchführg. XV. 375, 768.
Konf. Kindererziehg. XV. 422.
Schulinspektor. IV. 35.
Trauung, Ausländer. II. 385.
Geistliches Amt,
Administrator. XVI. 337, 397.
Anz. d. Kand. XV. 294, 347, 718.
Approb. pro cura. XVI. 339, 679.
Beneficium simplex XV. 634.
Gehülfe d. Pfarrers. XV. 713, XVI. 465.
Oberer. XV. 236, 649.

Geistliches Amt (Forts.).
Oeffentl. Amt. XV. 335, 375, 655, 768.
Pfarramt, Besetzung. XV. 414.
" Vertr. XV. 639, XVI. 397.
Stellvertretung. XV. 696, 717, XVI 337.
Uebertragung. XV. 289, 332, 335, XVI. 397.
" Guter Glaube. XVI. 754.
" Ohne Benenng. XV. 116, *180*, 285.
Verlust. XV. 422.
Geld, Veränderung. XIII. 463.
Geld, falsches, Ansichbringen. VI. 163, VII. 455, 635.
Ausländer. VII. 635.
Verausgabung. XI. 131.
Geldstrafe (Geldbuße) vgl. Strafumwandlung.
Anrechn. a. Gef. I. 239, X. 198.
Jurist. Person. XIV. 735.
Nachlaß. XIV. 735.
Polizeibehörde. XIII. 91.
Realkonkurrenz. I. 439.
Solidarität. IX. 574.
Zahlung durch Dritte. XV. 514.
Gemeindesteuer,
Beschl.-Verk. XII. 323.
Grundabgabe. XVI. 735.
Strafverfolgung. XII. 323.
Gemeinrechtliches Gebiet,
Eheschließung. III. 540.
Handzeichen statt Unterschrift. III. 446, X. 551.
Manif.-Eid. IV. 338.
Zeugen. I. 320.
Gemeinschaft, s. Mitthäter.
Gemeinschuldner, s. Bankerutt, Zahlungseinstellung.
Gendarm, Auflauf. XVI. 407.
Beamter. XIV. *600*.
Einschreiten. XV. 98.
Haussuchung. XII. 85.
Genossenschaft, eingetragene, Bankerutt. XV. 753.
Gericht, vgl. Amtsbel., Perhorr., Richter, Schw.-G.-H.
Berathg., Ger.-Schr. XI. 600.
" Sitzungssaal. VII. 52, IX. 54.
Bezeichng. i. Tenor. XIII, 675.
Gericht (Forts.).
Ermittl. v. Amtsw. III. 5, 275, VII. 219.
Theilnahme zweier Schwäger. IV. 539.
Verfahren v. Amtsw. VII. 248.
Gerichtsschreiber, s. Geschw. (Aufklärung), Hauptverhandlg. 2c.
Gerichtsstand, vergl. Druckschrift, Konnexität, Perhorrescenz.
Akadem. Gerichtsbarkeit. X. 744, XIII. 442, *587*.
Assistenzarzt. VII. 176.
Ehrengericht. IX. 570.
Hinverweisg., and. Ger. II. 534, XVI. 473.
" App.-Ger. IV. 62, 157.
" Blosse Zweckmässigk. XI. *168*, XIV. *21*.
" Gener. Maßregel. I. 538.
" Nach Vernichtg. IX. 641.
" O.-Tr. VIII 509, XV. 743, XVI. 125.
" O.-Tr. u. OAG. VIII. 532, X. 598, XI. 257, 423.
" O.-Tr., vereinigte Abth. III. 90, XI. 423, XIII. 20.
" Wiederholg. IX. 479.
" Zusammenh. XVI. 125.
Krankenhaus. XIII. 22.
Mil.-Beurl. XI. 54, XII. 602.
Mil.-Ger. für Injurien. I. 105.
Offizier, Pension. XI. 563.
Ort d. Ergreifg. II. 4, III. 507, VIII. 21.
Ort der That, Brief, s. d. W.
" Irrth. d. Ankl. XVI. 667.
Prävent., ausw. Ger XIV. 11.
" Ergr., Freilass. III. 507.
" Ermittl. o. Antr. XV. 5.
" Obj. Thatb. II. 311.
" Skrut.-Antr. IX. 480, XI. 423, XIV. 11, XV. 37, 777.
Requisition. II. 4.
Soldat. X. 91, XI. *155*.
Strafhaft. XI. *168*, XIII. 675, XIV. 672, XV. 777.
Wohnort, Eltern. VI. 568.
" Lokale Strafges. VIII. 326, 361.

Gesammtstrafe, s. Konkurr. (reale).
Geschenk, s. Bestechung ꝛc.
Geschworne, vgl. Schw.=Ger. ꝛc.
Ablehng., Belehrg. XIII. 628.
= Protokoll. X. 546.
= unvollst. Einigg. V. 125.
= Verth. d. Mitang. V. 351.
= Zeitpunkt. XV. 76.
Absperrung, außerh. d. Ber.=Z. III. 272, XIII. 255.
= Gespräch. I. 126, II. 315, X. 355, XII. **236**, XV. 622.
= kurze Entfernng. XII. **236**.
Abstimmung, vgl. Amtsunterschl. Brandstiftung ꝛc.
= Beamten=Eigensch. VI. 291, VII. 86, XI. 531.
= Begleit. Umst. XI. 7, XVI. 379, 457.
= Beweis. III. 546, IX. 30.
= Hülfsfrage. XII. 133.
= Nicht.=Beschw. VIII. 381.
= Theilnahme. I. 139.
Anklageformel, Abdruck. I. 575.
Aufklärung, Ger.=Schr. ꝛc. unnöthig. II. 421, 448, VI. 57, VIII. 110, 404, 443, XVI. 307.
= G.=Schr. zuläss. X. 437.
= Inhalt. III. 175.
= Mitgl. d. G.=H. II. 196, XVI. 307.
= Wiederh. i. öff. Sitz. X. **192**.
Befragg. nach Unfähigkeitsgr. IX. **461**, XI. 15, XV. 41.
Berathung, neue. IV. 302, XII. 133, XIV. 367, 536.
Ber.=Z., Akten, Anklage. I. 570.
= = Ermessen. IV. 201, XVI. 621.
= = Mündl. Verhandl. VI. 142, XI. 517.
= = Nichtmth. XI. **120**.
= = Ueberf.=St. VII. 122.
= Bewachung. VII. 149.
= Eintr. d. Vors. VII. 419.
= Eintr. d. Wächt. IV. 368, VIII. 110.

Geschworne (Forts.).
Ber.=Z., Eintr. e. Dritten. VII. 10, XV. 622, XVI. 427.
Einwirkung. I. 571, VIII. 131.
Namen, Protokoll. X. 546.
= Urne, G.=Schr. IV. 66.
= Zeitungsbericht. II. 434, VII. 299.
Plätze. VIII. 130, XV. 29.
Recht d. theilw. Bej. ꝛc. V. 396.
Situationspläne. I. 168.
Vereidg, Anwesh. d. Schw.=G.H. II. 519.
= Formel. XV. 130, 131.
= Mehrere Sachen. I. 262.
= Mennonit. IV. 318.
Geschwornen=Dienstliste,
Aufstellung. VIII. 11.
Behändigung, Beweis. I. 87.
= Nichtverhaft. VII. 655.
= Rüge. I. 88, II. 542, XII. 3.
= Verfrühung. II. 542.
Ergänzung. XV. 861.
Unrichtigkeit. II. 384, III. 186, XIII. 112, XV. 30.
Zahl. IX. 64, X. 228, XIII. 212, XIV. 573.
Zuziehg. d. V. d. Schw.=G. X. 177.
Geschwornen=Ergänzungsliste, vgl. Ergänz.=G.
Geschäftsjahr. IV. 47.
Geschwornen=Spruch.
Alternative. III. 240, IX. 470, XIII. 12, 655.
Aufn. ins Urtheil. XI. 192.
Aufrechthaltg. II. 442, IX. 69.
Berichtigg. I. 537, IV. 515, VII. 475, XIII. 279.
Durchstreichung. III. 123.
Entsch. d. Schw.=G.=H. III. 228, IV. 301, 364, V. 453.
Erklärg. in d. Sitzg. XIV. 536.
Erläut. a. and. Spruch. V. 453.
Erschöpf. d. A. IV. 70, XIII. 597.
Erschw. Umst. IV. 364, VIII. 255.
Form. VI. 130, VIII. 403, 469.
Grundl. d. Richt.=R. XV. 60.
Irrthum. X. 397.
Konkurrenz. XV. 9.
Nachträgl. Aenderg. I. 537, II. 183, 319, 424, IV. 515, VI. 231.

Geschwornen=Spruch (Forts.).
Nichtschuldig, Nicht.=V. X. 40, XV. 316, XVI. 143.
Nichtverlesung. VIII. 517.
= Vernichtg. XI. 410.
Reihenfolge d. Antw. XIV. 536.
Stimmenzahl, Angabe, Richtigk. II. 117, V. 177, VIII. 258, XIII, 349, XV. 316.
= Einmal. Ang. IX. 471.
= Einstimmigk. IV. 224.
= Ergänzg. VII. 39.
= Theiln. I. 139, IX. 729.
= Verneing. d. Hauptfrage. XVI. 457.
Unklarheit. II. 545, VIII. 613, XI. 59.
Unterschr. d. Ger.=Schr. VI. 357, X. 173, 529, 768.
Unterschr. d. Vors., nach Abänderung. III. 327.
= nach Entsch. d. Schw.=G.=H. III. 467, VI. 357, X. 529, XV. 130.
= Stelle. X. 173.
Unterschr. d. Vorstehers, besond. zu Aender. VI. 231.
= dieselbe nach Berichtgg. I. 537, II. 183, 424, XV. 311.
= Eigenschaft. X. 714, XVI. 284.
= Einm. z. mehr. Spr. II. 11.
= Im Sitzungssaal. VII. 84, X. 40.
= Stelle. X. 173.
Unvollständigkeit. XIV. 367.
Verlesung, Angekl. VII. 150, XI. 16.
= Eingang. XI. *414*, *467*.
= Richtigk. I. 187, II. 183, XVI. 25.
= Schuldspr. d. Schw.-GH. XV. 7.
= Unterbrechg. VIII. 491.
Widerspruch, Haupt= u. Event.=Frage. IV. 301.
= Hülfeleistg., Hauptthat. XI. 307.
= Mild. Umst. X. 41, XIV. 192, XVI. 493, 714.

Geschwornen=Spruch (Forts.).
Widerspruch, Mitthäter. VII. 240, VIII. 255, XV. 489, XVI. 543.
= Nothw. Theilnahme. XV. 305.
= Prüfg. d. O.-Tr. VIII. 551.
= Schuldbekenntn. III. 357.
= Schuldig, Verneing. e. Merkm. VII. 692, VIII. 529, X. 40, XI. 307, XIII. 575, XVI. 714.
= Stimmenzahl. X. 95, XVI. 201.
= Strafausschließungsgr. XIV. 192, XVI. 493.
= Thäter u. Theilnehmer. II. 560, III. 191, VI. 462, VIII. 733, X. 95, XIV. 311.
= Versuch, Vorsatz. VII. 440, VIII. 803.
Zeitangabe. XII. 25.
Zurechnungsfähigk. VIII. 612.
Zurücknahme. X. 397.
Zurücksendg. Ablehng. III. 467.
= Bericht. e. Th. III. 229.
= Irrth. d. Geschw. II. 530.
= Neue Berath. XIV. 367, 536, XV. 518.
= Schw.=G.=H. IV. 515.
= Unvollst. Spruch. XIV. 367, XV. 518.
= Widerspruch. III. 191, V. 494, VII. 240, 440, X. 95.
Zusatz, überfl. IX. *491*, XI. 547.

Geschworner (einzelner),
Alter. II. 346, III. 160, XIV. 573.
Amtl. Thätigkeit. X. 799.
Aufmerksamk. I. 88, XV. 29.
Ausländer. VII. 384.
Bürgerm., Leum.=Att. IV. 156.
Deutscher Nichtpreuße. XV. 594.
Einberufung. X. 177.
Entlassung. IV. 437, X. 177, XI. 30, XIII. 212, 349, XVI. 658.
Feindsch. g. d. Angekl. I. 126.
Haupt-, Ers.-Geschw. X. *558*.
Jude. VIII. 300.

Geschworner (Forts.).
Konkurs. XI. 260.
Offizier à la suite. XVI. 570.
Polizeibeamter. VI. 205, IX. 78.
Sachverständiger. III. 370.
Schwerhörigkeit. XV. 29.
Standesherr. V. 75.
Strafe w. Ausbleibens. XVI. 15.
Unfähigk. IV. 23, VI. 204, X. 386.
Verschwägerung. IX. *543*.
Vertheidiger. XV. 317.
Verwandtsch. m. d. Verl. XII. 10.
= unterein., Brüder. V. 443, VI. 356, XII. 3.
Verwechslung. X. 40, 545.
Zeuge. X. 386, XVI. 88.
Gesetzeswechsel, vgl. Zuständigk.
Angabe d. Gesetzesstelle. XIII. 112.
App.-Richter. X. 200, 418.
Ber.-Richter. X. *221*, *666*.
Buße. XIII. 73.
Feststellung. IX. *341*, XIII. *441*.
Fragstellung. X. *259*, XII. 462, 512, XIII. 591, XIV. 293.
Milderes Ges., konkret. VIII. 329, *780*, IX. *380*, 491, XVI. 617.
= Minimum. IX. *322*.
= relativ. XIII. 183, 297, XVI. 617.
= Totalität. VIII. 329, XII. 169, 210, XIV. 216.
O.-Tr. VIII. 294, X. 635, 642, XII. 9.
Redakteur. XVI. 333, 617.
Rückfall. XII. 169, XIII. 311.
Salzmonopol. X. 98.
Spielkartenhandel. X. 478.
Straffreiheit. XI. 82, 85, 220.
Strafgesetz. VII. 669, XVI. 417.
Strafv.-A., Forts. d. Verf. XII. 39, *156*, 180, 239, 269, 332, 451, 537, 553, 666, XIII. 88, 366, 465.
= Frühere That. IX. *338*, XII. 431, XIII. 195, *200*.
Strafvollstreckg., Kind. XII. 670.
Territorialität. VIII. 511.
Verfahren. IX. *626*.
Verjährung. IX. *626*, XIII. 171, XIV. 216, XV. 5, XVI. 409.
Gesetzeswechsel (Forts.).
Versich.-Agent. XVI. 402, 417.
Vorbestrafg., Wirkg. XIII. 207.
Vormundschaft. XII. 669.
Wirkg., rechtskr. Urth. XII. 213, 292, 669, 670, XIII. 171, 207.
Wucher. VII. 669.
Zeitungsstempel. XVI. 141.
Zulässigk. d. Strafkl. IX. *626*.
Gesichtspunkt, andrer, vgl. App.-R. etc., Freispr., Non bis i. i.
Antrag des St.-Anw. VI. 511, VII. 620, XIV. 467, XV. 596.
Aufmerksammachen. XI. 482, XII. *554*, XIII. *591*.
Belehrg. d. Angekl. III. 364, 525, XII. 347, XIV. 279, XV. 57.
Beleidigung, andere. XV. *142*, XVI. 520.
= statt Verleumdg. IV. 409.
Ermessen d. Gerichts. II. 184, III. 346, VIII. 262, XV. 596.
Eröffnungsbeschl. VI. 48, X. 437.
Falsche Anschuldg. statt Beleidg. XVI. 529.
Holzdiebst. statt Diebstahl an geschlag. Holze. XI. *331*.
Hülfeleistung. VII. 52.
Idealkonk. e. zweiten Strafthat. VII. 321.
Konk.-Verfahren. XV. 57.
Kosten. IX. *630*.
Obertribunal. XIV. 403.
Pflicht d. Prüfg. III. 303, XIV. 280, XV. *141*, 596.
Schlachtsteuerdefr. statt Hausirvergehens. III. 23.
Strafv.-Antr., Bestrafg. ohne A. XI. 530, XII. 257, 658.
= Einstellg. w. mang. A. XIII. 324, XIV. 436, XVI. 774.
= Idealkonkurrenz. XII. 187, XIII. 55.
= Unricht. Qualif. XIV. 202, *374*, 402, XV. 280, XVI. 449, 549.
Thätersch. st. Civilhaftbk. XV. 254.
Theiln. st. Thätersch. XII. 347.
Unterschlagung. Kaufpreis statt Sache. IV. 306.
Unterschlg. statt Diebst. II. 260.

Gesichtspunkt, anderer (Forts.).
Unzust.-Erkl. XI. *451*, XV. 503.
Verstzg. in Anklagestd. XIV. 149.
Verstattg. zum Wort. XV. 238
Vervollst. d. Vor-U. VI. 390.
Vorsatz st. Fahrlässigk. XIV. 597.
Zusammenh. m. d. Ankl. IX. 371, XIV. 666.
Gesinde, hartnäck. Ungeh. VII. 5.
Mehrf. Verm. II. 338. XVI 219.
Züchtigung. I. 415.
Geständniß, vgl. Schuldbekenntniß.
Protokoll. XIII. 471, XIV. 324
Theilbarkeit. I. 384, IX. *735*, X. 111.
Verlesung. XVI. 333.
Getränke, s. Kleinhandel.
Gewerbebetrieb,
Abfassg. schriftl. Aufs. VIII. 310.
Anmeldung. XIV. 242, 624.
Begriff. XIV. *377*.
Bundes-Gew.-Ordn. XI. 544, XIV. *66*, 444.
Einmalige Gelegenh. XV. *21*.
Gehülfe. VI. 232, XVI. 530.
Heilkunde. XVI. 203, 620.
Künstlerische Leistg. XIV. 3.
Pol. Erl. XIII. 34, 310, IX. 595.
Pol.-Vdn. XI. 544.
Selbstständigk. XI. 273, XIV. 3, XVI. 731.
Stellvertreter. III. 267, V. 285, XVI. 731, 799.
Untersagung, Strafe. XII. 242, 266, 632, XIII. *453*, XIV. *238*, XV. 467.
Wittwe. I. 364, XIV. 655.
Wundarzt. XVI. 780.
Gewerbebetriebsrechte,
R.-Gew.-Ordn. XVI. 814
Gewerbekonzession,
Apotheker. XIII. *503*.
Ausübg. an and. Ort. III. 158.
Kleinhandel m. Getr. XIII. *503*, *520*, 605, XIV. *603*, 672.
Legitimationsschein. XIV. 3.
Gewerbepolizeivergehen,
Beihülfe. XIII. 315.
Dolus XIII. *224*.
Güterverkehr. XVI. 533.
Hausirverg., Konkurr. V. 216, IX. 651.

Gewerbepolzeivergehen (Forts.).
Marktverkehr. XVI. 359.
Pfandleihe. XVI. 200, 295.
Steuervergh., Konkurr., Feststell. XV. *197*, XVI. 767.
" Rechtsmittel. II. 285.
" Strafbarkeit. VIII. 575.
" Strafminimum. III. 537, VIII. 686, IX. 658, X. *425*, *522*, XI. 471, XIII. 384.
" Verfahren. X. *712*, *786*.
" Verfolgungsrecht. XIV. 675, XV. 47, XVI. 273.
Verjährg. XI. 57, XIV. 185, XVI. 625, 762.
Verg. i. S. d. StGB. XV. 283.
Vermittlung fremder Geschäfte. VI. 284, VII. 707, VIII. 34.
Wirkg. d. Strafurth. VI. 152.
Zuständigk. XI. 525, XII. 207, 332.
Gewerbesteuer,
Aktiengesellsch. XIV. 555, XV. 434, XVI. 655.
Anmeldepfl., Fortbetrieb. IX. 619, XIII. 645, XIV. *144*.
" Marktbesuch. X. 576
" Mehrere Pers. XV. 843
" Niederlass.-Ges. XIII. 407.
" Vor Beg. d. Gew. VII. 553.
Bäcker. VI. 321.
Comptoir. III. 527.
Fleischhandel. VI. 168, VII. 524, IX. 443.
Geldverleiher. XVI. 740.
Geschäftsbetrieb XVI. 316.
Gewerbeschein. IX. 656, X. 392, XIV. *66*, 444.
Handwerk. X. 352, XI. 273.
Kaufmann. VIII. 245, XVI. 228.
Kleinh. mit Branntw. XI. 472.
Konkursverwalter. IX. 619, 672.
Konzessionsmangel. VIII. 575, X. 786.
Leihanstalt. X. 591.
Lohnfuhrgewerbe. XIV. 782.
Mehr. Gew. VII. 524, XIII. 497, XIV. 767, 782, XV. 283.
Schlächter. VI. 321, VII. 524.
Selbstständ. Betrieb. VII. 289, XI. 479.

Gewerbesteuer (Forts.).
Steinsetzer. I. 542.
Stepperei. X. 352, XI. 273.
Verbotenes Gew. XVI. 555.
Verbrauchssteuer. XIII. *452*.
Versicherungsagent. XIII. 411, XVI. 402, 417.
Viktualienhändler. IX. 443.
Ziegelei. X. 628.
Zweigniederlassg. V. 234.
Gewerbesteuer-Vergehen,
Abgabe zur gerichtl. Verfolgg. XVI. 811.
Blödsinn. IX. 546.
Fortbetrieb nach Untersagung. IV. 136, IX. 103, XI. 275.
Fuhrmann, Zahl der Pferde. X. 599, XI. 284.
Konkurrenz, s. Gew.-Pol.-V.
Müller, Mahlgang. III. 144.
Prokurist. V. 234.
Rechtsm. d. Steuerbeh. XI. 479, XIV. *144*.
Schankwirth. XIV. 189, 655.
Steinsetzer. I. 543.
Steuersatz. VIII. 569, IX. 308, XII. 280.
Strafermäßig. VII. 539, IX. 308, XIII. 407, 497.
Umwandl. d. Geldstr. in Freiheitsstrafe. I. 542.
Verfahren. X. *712*.
Verjährung. XIII. 407.
Verwaltungsbehörde. XIV. *66*, 675, XV. 47.
Viehhalter. I. 544.
Wiederholg. XIV. 30, XVI. 577.
Gewerbsanlage,
Genehmigg. XV. 344, XVI. 374, 534, 620.
Gewerbsmäßigkeit,
Berücks. verj. Fälle. XV. 556.
Einzelfall. V. 141, VIII. 562, IX. 595, X. *382*, XII. 601, XIII. *507*, XIV. 46, 52, 669.
Feststellg., Begründg. II. 156.
Gewohnheitsmäßigk. XVI. 414.
Verneing., Gründe. XVI. 182.
Wirkung e. Strafurth. VI. 152, XIV. 30.
Gewerbsunzucht, s. Unzucht.
Gewerbtreibende, Drohg. XIV. 561, 618, XV. 362, XVI. 503.
Gewicht, unvollst. Eins. VIII. 674.
Unzulässiges. XIV. 267, 370, XVI. 33.
Gewohnheitsmäßigkeit, Begriff. XVI. 182, 414.
Gewohnheitsrecht,
derogirendes. XVI. 780.
Mannschaft e. Seeschiffes II. 491.
Gift, Verabreichung. I. 166.
Verkaufsverbot. V. 179, XV. *111*.
Gift ꝛc. -Beibringung,
Dolus. II. 411.
Fragstellung. II. 207.
Mord. XV. 489, XVI. 481.
Quantität. II. 207. 411, III. 396, X. *506*, XVI. 706.
Versuch. II. 411, III. 396, X. *506*.
Vorsatz. III. 463.
Glaubwürdigkeit, s. Zeuge ꝛc.
Glücksspiel, Begriff. X. 16, 442, XI. 28, XIII. 617.
Gestatten ꝛc., Gewinns. VII. 661. XIII. 396, 426, 617.
- Inhaber ꝛc. III. 44, VIII. 478, IX. 139, XI. 527, XIV. 195.
- Oeffentl. Vers.-Ort. III. 44, IX. 649, XV. 876.
- Realkonkurrenz. V. 532.
- Unterhaltung. XV. 107.
- Verheimlichung. XIII. 372.
Gewerbe, ein Fall. VIII. 562, XI. *470*.
- Gehülfe. XIV. 653.
- Gewinnsucht. III. 221, 557, XIV. 660, XV. 60.
- Verjährte Fälle. XV. 556.
- Wette. III. 71.
Halten, Bankhalter. X. 144.
- Gewinns. V. 79, XIII. 617.
- Mitspieler. X. 144.
Kümmelblättchen. X. 16, 442, XI. 28.
Mitspieler, Zeuge. IX. 605.
Gnade, s. Begnadigung.
Gottesdienst-Störung,
Altkath. Gemeinde. XIV. 399.
Dolus. I. 216, XIII. 286, XIV. 597, XVI. 230.
Gesang d. Gem. I. 216, X. 273.

Gottesdienst=Störung (Forts.).
Ritualhandlung. IX. 217.
Störung einz. Personen. V. 348.
Gotteslästerung, Begriff. X. 652.
Dolus. IX. 323, X. 652.
Lästerung Christi. IX. 323, XIV. *143*.
Lästerg. des hl. Geistes. XVI. 60.
Oeffentlichk. II. 119, 488, III. 58.
Grab=Zerstörungen rc.,
Abpflücken v. Blumen. VIII 189.
Dolus. I. 445, XII. 78, XIII. 310.
Greifswald, s. Neu=Vorpommern.
Grenzbezirk, s. Zollvergehen rc.
Grenzstein= rc. **Wegnahme** rc.,
Beiders. Anerkennung. I. 539, IV. 330, V. 369, XI. 323
Eigenthumsgr. VIII 17, X. 756.
Grenzrain. VII. 220.
Nachtheil. VII. 280.
Richtige Stelle. VI. 394.
Grube, Nichtverwahrg. XVI. 508.
Gründe, s. App.-R., Beschl., Erk. rc.
Grundsteuer,
Gemeindegefälle. XVI. 735.
Grundstück, fremdes, Fahren rc. vor beend. Ernte. V. 395.
Gutachten, vgl. Sachv., Verlesung.
Anerkennung, Eid. V. 266.
Bindende Kraft. II. 294, VII. 287, XVI. 386.
Vorschr. d. Krim.-O. VIII. 378.

H.

Haft, polizeil. Gef. XII. 260.
Umwandlg. d. Geldstr. XVI. 511.
Haftbarkeit für Strafe, s. Steuervergehen rc.
Halberstadt, Jagd. VII. 350.
Handelsbillet,
Stempelpflichtigkeit. I. 129.
Handelsmäkler,
Erw. v. Schiffsparten. V. 38
Konzession. VI. 284.
Mehrere Handelsgesch. V. 38.
Versteigerungen. V. 410.
Handelsmann, s. Bankerutt.
Handgelöbniß in Basel. I. 370.
Handzeichnung, Vorlegg XV. 41.
Hannover, Adv.-Amtsbl. X. *270*.
Adv., Disz. X. *644*, XV. 474.
Ausland. VIII. 4.

Hannover (Forts.).
Chausseegeld, Anhalten. XI. *357*. XIII. *488*.
" Fuhren zur Chausseearbeit. XIII. *488*.
" Kirchenfuhre. XIII. 318.
" Kriegsfuhre. XI. *357*.
" Wohnort. XV. *191*, 433, 701.
Civilklage w. Injurien. IX. *265*.
Desertion. XI. *155*.
Entwendg. v. Obst. IX. *521*.
Forstpolizeivergehen. XVI. 598.
Gemeindefeldhüter. X. *687*.
Gerichtsstand, Soldat. XI. *155*.
Holzhauer, Genehmigg XV. *134*.
Hundefuhrwerk. IX. *674*.
Jagd. IX. *346*, XV. 476.
Konkurskurator. XV. 474.
Militärpfl., Entziehg. XII. *111*.
Notar, Amtssiegel. XII. *487*.
Schulpflicht. XVI. 737.
Haubergsgenossen,
Hahn, Steigen. VIII. 17.
Haufen, bewaffneter. XI. 221.
Hauptverhandlung, vgl. Angekl., Eröffng., Schw.-Ge.-V. rc.
Aufruf d. Sache. IX. 705, XIV. 491.
Einlaßkarten. IX. 260.
Einstellung. XIV. *206*.
Gehör d. St-A. XII. *281*.
Gerichtsschreib. X. 492, XII. *309*.
Mängel d. Voruntersuchg. I. 503.
Nach Vernichtung e. Straf-Erk. IV. 118.
Nähere Ermittlg. I. 62.
Ortsbesichtigung. I. 286.
Staatsanwalt. XV. 518.
Unterbrechung. V. 62, VII. 606, XV. *138*, 262.
Vertheidiger. IX. 705.
Wiederaufnahme. I. 80.
Hausdiebstahl, s. Diebstahl.
Hausfriedensbruch,
Abgeschloss. Raum. XIV. 60.
Amtshandlg. III. 473, XIII. *470*, XV. 323.
Aufforderg., Haussohn. XVI. 767.
" Schankwirth. XIII. *300*.
" Vertreter. XIV. 533, XV. 153.

Hausfriedensbruch (Forts.).
Befriedetes Besitzth. XIV. *786*, XV. 860.
Berechtigter Eintritt. IV. 116, XIII. 472, 611, 650.
Beschränkte Befugniß. XIV, 674, 684.
Brodverkaufsstube. XV. 669.
Dolus. XIII. 552, XV. 40, XVI 322.
Ehemann. XV. 133, 567, XVI. 143.
Eigenthümer. VIII. 375, XIII 673.
Eindringen. IX. *463*, XI. 290, XIII. 190, XIV. *627*, XV. 851.
Einzelraum. X. 680.
Exekutor. III 146.
Gastwirthschaft. XI. 191.
Gemeinsch., Nichtentfernen. XV. 308.
Gerichtssitzung. XIV. 60.
Gutsbesitzer, einger. Wohng. XIII. 199.
Konkurrenz, Feldentwendg. XVI. 688.
Mehrere, zwei Pers. XV. 476.
Mitthäter. XIV. 625.
Neubau. XIV. *786*.
Pferdestall. XV. 860.
Richter. XIII. 472.
Schankwirthsch. XIII. *300*, 349, 363, XV. 817.
Selbsthülfe. XVI. 324.
Strafverfolgungsantr., Auftrag. XIII 388.
- Dienstlokal. XIV. 60, XVI 730.
- Ehefrau. XVI. 686.
- Eisenbahn-B. XV. 68.
- Frist. XIII. 388.
- Gemeinsch. Mehrerer. XIII. *327*, 344, 389, XIV. 142, 143.
- Hausherr. XVI. 281.
- Inhaber. XII 655, XIII. 344, XV. 153.
- Mit Waffen &c. XIII. 101.
Unbewohntes Haus. XVI. 444.
Unvollst. Besitz. XIII. 660.
Vermiether. V. 58, XI 102, XIV. 96, XVI. 18.
Vertrag. XI. 497.
Verweilen. IV. 116, XIII. 611, 650.
Zusammenrotten. XI. 290.

Hausirvergehen, Agentur. XII. *389*.
Ankauf v. Mater. zu Fabrik. IV. 160.
Ankauf. v. Waaren zum Verk., Fabrik. VII. 637.
- Fremde Rechng. XII. *218*, XIV. 363.
- Hinbringen. X. 575.
- Läden u. Kaufl. VI 110.
- Landw. Erzeugn. XIV. 257.
- Mitführen d. Waaren. II. 505, IX. 544.
- Privathäuser. VI. 110.
- Verkauf im Ausland. XIV. 669.
- Vieh, Mästen. XV. *170*
Aufsuchen v. Bestellung. IV. 501, VIII. 430, IX. 377, XI. 458, XII. 28, 330, XVI. 588.
Ausländer. I. 555, IV. 400, 404, VII. 662.
Beauftragter. I. 340, IV. 160.
Begleiter. XVI 519.
Bestellg. I. 40, IX. 283, 414, XII. *218*, XIV. 322, XVI. 99.
- Nichtabnahme. IV. 404, VIII. 451.
Betrieb für fremde Rechng. IV. 502, XII. *120*, XIV. 363, 526.
Bücher, unsittl. XVI. 753.
Durchfuhr, gelegentl. Verkauf. VIII. 186.
Einzelfall. IX. 595, X. 605, XIV. *669*.
Einziehung. II. 439, VIII. 572.
- Instrumente. XV. 312.
- Transportmitt. III. 107.
- Werthersatz. IX. 532.
Feilbieten. V. 3, 141, IX. 699.
Frisches Fleisch. XV. 98.
Führen anderer Waaren. V. 3, IX. 557.
Gehülfe. IX. 510.
Geldstr., Umwandlg. XVI. 704.
Gerichtsstand X. 392.
Gesetzeswechsel. XVI. 402, 417.
Gesinde-Anwerbg. XV. 457.
Gewerbeordng. VI. 373, XI. 557, XII. 28, 590, XIII. 414, XIV. *66*, 322, 444, XVI. 208.

Hausirvergehen (Forts.).
Gew.-Pol.-K. III. 292, V. 216, IX. 651, XIII. 414.
Gewerbeschein. XII. 28, 450, XIV. *66*, 257, 322, 444, 526.
- Fremder. VII. 454.
Gewerbesteuer. XVI. 208, 530.
Gewerbsmäßigk. V. 141, VIII. 118, XIV. *378*.
Guter Glaube. V. 4.
Heilkunde. XVI 203, 620
Hinbringen v. Waaren z. Verkauf. VI. 373, IX. 699, X *558*, 773.
Hülfeleistg. XVI. 208, 478.
Jahrmarkt. XIV. 753.
Kind. Mitführen. XVI. 188.
Legitimationsschein. IV. 401, VIII. 741, IX. 578, XIII 414, XV. 739.
Mehrere Fälle in einem Jahr. III. 276, IV. 278, X. 428.
Musiker. V. 514, VI 165, VII. 16, VIII. 741, IX. 578, XV. 312, 864.
Nassau. X. *711*.
Oertl. Grenze. IX. 595, XI. 561.
Rechtsirrthum. XIV. 257.
Sammeln v. Subskript. IV. 501, VII 496.
Schlachtsteuerbefr. III 23.
Selbstgewonn. Prod., Umherfahr. I. 340, VII. 282.
- Verkauf v Schiffen. VII. 662.
Selbstverfert. Waaren. II. 439.
- Umherfahren. III. 331.
Strafbescheid, rechtl. Gehör. IX. 656, X. 392.
Strafe, Steuersatz III. 87, XII. 481, XIV. 594, XV. 99, 739.
Strafermäßigg. III. 87, XI. 321, XII. 484.
Strafverfolgg., Statth. VII. 47.
Theilnahme. IV. 502.
Umfang d. Betriebs. XVI. 125.
Umherziehen. I. 309, VI. 110, VII. 458, X 605, XIII. 358, XIV. 363, XVI. 208.
Verjährung. V. 368.
Verkauf an Gewerbtreib. X. 115.
Verkauf auf d. Markt. VI. 366.
Verkauf v. Loosen auswärt. Lott. XIV. 530.

Hausirvergehen (Forts.).
Vermittlg. v. Gesch. 2c. VIII. 306.
- Gutsverkäufe. III. 293.
- Versich. IV. 391, VII. 458, XVI. 402, 417.
Versenden. VII. 662, XVI 154.
Versteuerg. X. 773.
Vertreter. VII. 495, VIII. 573, IX. 574, XII. 481.
Viehhandel. VI. 366, XII. 590, XV. *170*.
Viehsperre. IX. 359, 532.
Waare. XVI. 154.
Wahrsagen. XV. 12.
Wochenmarktgegenst. VII. 282, XIV. 257, XV. 98, XVI. 532.
Wohnsitz. II. 379.
- Doppeltw. VII. 16.
Haussuchung.
Förster, Dorfrichter. VII. 65.
- Kommunal-B. X. 317.
- Pol.-B. XIII. 449.
- Pol.-Serg. XIV. 79.
Gendarm. XII. 85, XIV. 248, 627.
Gerichtsmann (Schöppe). V. 519, XV. 98.
Polizeidiener. X. 156, XII. 85, XIV. 13, 627.
Vertheidiger. IX. 716.
Hazardspiel, s. Glücksspiel.
Hebamme, Bezirk. I. 131.
Konzessionsentziehg. IX. 446.
Prüfungszeugniß. XI. 85, 220, XII. 11.
Titel. XII. 11.
Zeugeneid. VII. 209.
Hehlerei, An sich Bringen. VIII. 688, IX. 107, 150, XIV. 472.
App.-R. IX. 214, XIII. 581.
Bereits verhehlte Sachen. X. 780.
Dolus. XVI. 554.
Ehegatten. X. 780.
Ermittlg. d. Diebes. X. 313.
Feststellg. d. Hauptthat. II. 515, IX. 214, X. 495, XIV. 332, XVI. 432.
Frieden. VIII. 688.
Fragstellg., Alternat. XIV. 128.
- Schwerer Diebst. VIII. 486.
Gewahrsam. X. 766.
Holzdiebst. IV. 409, VII. 183.

Hehlerei (Forts.).
Kauf. VIII. 448.
" Theiln. an Unterschlagg. VIII. 636, IX. 236.
Kenntniß d. Strafth. VII. 183, IX. 148, *452*, XI. 583, XIV. 243.
Mitwirkg. z. Absatz. VIII. 218, XI. 594, XIII. 189.
Strafverfolgg., Antr. XIII. 154, XIV. 332.
Theilnehmer. XII. 10.
Urkunde. XIV. 414.
Verheimlichen. XI. 583.
Verkauf. XIV. 473.
Verstecken. X. 766.
Vortheil. XIII. 371, XIV. 324, 414, 579, XVI. 14. 802.
Hehlerei, gewohnheitsmäßige,
Begriff. XIV. 333.
Einzelhandlung. XVI. 585.
Realkonkurrenz. XVI. 307.
Thatsächl. Beurthlg. VII. 494.
Verschied. Personen. III. 410.
Verurth. w. Theiln. XIV. 666.
Heilung, s. Hausiren, Medizinalpfuscherei.
Henneberg, Holz-Ver. XIII. 172.
Herausforderung,
Ausführg. d. Zweikampfes. X. 343.
Freiwill. Aufgeben. XVI. 344.
Hessen, Fleischhalterabg. XIII. *452*.
Uebertretungen. I. 587.
Hinverweisung, s. Gerichtsstand.
Hirschgeweih,
Aneignung. XVI. 455, 664.
Hochverrath, vgl. Aufforderg. ꝛc.
Rußland. V. 349.
Unmitt. Ausführg. IV. 5, VI. 374.
Vermögensbeschlgn. V. 510, 523.
Hohenzollern, Beschw. g. Zurückw. d. App. XV. 321.
Geldstrafe, Nachlaß. XIV. 735.
Holstein, vgl. Schlesw.-H.
Geistliche, Entsetzg. XV. 422.
Gemeinschuldner, Veräußerung. XI. *378*, XIV. 163.
Strandordnung. X. *636*.
Holzberechtigung,
Verlust. XIII. 172.
Holzdiebstahl, vgl. Diebstahl.
Abraum. I. 467, II. 251, III. 548, IV. 242, X. 789, *805*.
Holzdiebstahl (Forts.).
Beauftragter des Holzaufsehers. VIII. 761, 785.
Begünstigung. V. 236.
Berechtigg., Ueberschreitg. II. 112, XI. *331*.
Berechtigungseinrede. VIII. 789.
Beschw. gegen Zurückw. d. Rek. XV. 361.
Beweis. IV. 141, XI. *490*.
Diebische Absicht. II. 11.
Erschw. Umst. V. 315.
Feststellg. VIII. 550, XII. 628.
Ges. f. Geldstr. XIII. 639, XIV. 15.
Gewalt XIII. 478.
Haftbarkeit. III. 298, XII. 545, XIII. *629*.
Hehlerei. IV. 409.
Holznutzung. VI. 268.
Kiefernpflanzen. IV. 47.
Konnexität. II. 235.
Nichtigk. Beschw. XV. *15*.
Non bis in idem. XVI. 563.
Polizeiger., Schöffen. XI. *331*.
Provinzialges. II. 112.
Raff- u. Leseholz. IV. 242.
Rechtskr. d. Verurthlg. X. 416.
Rückfall, dritter. I. 433, V. 85, VII. 532, XII. 586.
" fernerer. II. 22, V. 63, 236, VIII. 479.
" Vollstreckung. XVI. 12.
" Zweiter. XV. 400.
Rückgabe a. d. Bestohl. VII. 266.
Strafunmündige. XII. 498, 545.
Unzuständigk.-Erkl., Rechtsm. XV. 228, XVI. 366, 580, 683.
Verjährung. VII 532, VIII. 479.
Wertherſatz. I. 433, VII. 267, IX. 714, X. 106, XII. 586.
Wilde Rosenstämme. VI. 268.
Zuständigkeit. III. 435, XV. 228.
Holztransport,
Kontrolmaßr. III. 103, VI. 60.
Homagialeid, Schmähung. V. 117.
Hülfeleistung, s. Beihülfe.
Hütungsfrevel, s. Weidefrevel.
Hund, vgl. Jagd.
Fuhrwerk. IX 674.
Tollwuth, Anzeige. XVI. 247.
" Verdacht. II. 236.
Hundesteuer, Anmeldg. IX. 402.

Hundesteuer (Forts.).
Gemeindebeschluß. XIV. 160.
Kurhessen. XIII. 285.

I.

Identität der Handlung,
Anklage u. Erk. XI. 429.
Non bis in idem. II. 372, IV. 471.
Immediateingabe,
Falsche Anschuldigg. XV. 258.
Strafverfolgg. XV. 257.
Impfzwang, Pol.-Vdn. IX. 691.
Injurie, s. Beleidigung.
Inkompetenz (örtliche),
Einr. bei erster Vernehmg. I. 127.
Nichtigk.-Beschw. VIII. 608.
Zweite Inst. IX. 239.
Inkompetenz (sachliche),
Anfechtg. d. Angekl. VIII. 334.
Mil.-Gerichtsst. f. Inj. I. 105.
Inkompetenzerklärung, vgl. App.-Richter, Unzuständ.-Erkl.
Aufhebg. d. d. App.-R. IV. 91.
Beschluß d. Ankl.-Sen. V. 363, IX. 477, X. 671.
Beschwerde. XIV. 720.
Feststellg. des Thatbest. V. 348, XVI. 103, 227, 798.
Freisprechg. v. e. Qualif. I. 492.
Holzdiebst., Rechtsm. XVI. 366.
Neue Verfolgg. u. Freisprechg. VII. 649, VIII. 475.
Privatklages. XVI. 103, 798.
Rechtskr., Aufhebg. VII 407, 442
Verweisg. v. d. zuständ. Ger. VII. 47, XVI. 483.
Inländer, vgl. Ausländer.
Ausländ. Preßerzeugn. IV. 28.
Bundesindigen. IX. 389, *405*, 415.
Lokales Strafges. VIII. 326.
Inland, neue Provinz. VIII. 4, 785.
Versch. Strafges. VIII. 511.
Insinuation, s. Behändigg.
Instanzrichter, s. Befassg. 2c.
Instanz-Verlust, App.-R. VII. 657.
Interesse, Abschr. IX. 174.
Beschw. d. Verurth. XV. 514.
Prov.-St.-Dir. X. 540.
Staatsanw. IX. *637*, X. 550.

J.

Jagd, Hund-Tödtg., Ostpr. I. 375. XIV. 788, XV. 296.
" Sächs. Landesth. IX. 45.
" Schlesien. V. 462, VIII. 776.
" Südpr. XI. 477, XVI. 622.
Meeresstrand. VII. 667, XIII. *440*.
Verpachtg., Enklave. III. 233.
" Form. XVI. 495.
" Gültigk. XI. 585, XVI. 447.
Jagdbarkeit, Dachs. XV. 455.
Fasan. VIII. 295.
Fischotter. I. 476, IX. 288, XII. 122.
Fuchs. IV. 233, XV. 479.
Kaninchen. III. 117.
Krametsvögel. XI. 388.
Provinzialrecht. III. 116.
Schwan. X. 689.
Vertrag. III. 80.
Jagdfrevel, Anschleichen. XVI. 640.
Aufsuchen des Wildes. IV. 361, XIII. 125.
" Tauglichk. des Werkzeugs. XIII. 672.
Ausübg. d. Jagd. X. 421, 766, XI. 539.
" Tauglichk. des Werkzeugs. XIV. 534.
Beschlagn., Jagdger. XIV. 153.
Besitzergreifg. VIII. 685, X. 766.
Dolus. III. 351, V. 52, VII. 138, XI. 217.
Einziehg., Jagdgeräth. III. 307, VIII. 424, XIV. 583.
Ermächtigg. d. Berecht. VI. 245, VII. 138.
Fallwild. III. 307, X. *375*, 625, XI. 227.
Gemeinschaftlichkeit. V. 521.
Gewerbsmäßigk. V. 159, VIII. 186, IX. 51, XII. 601, XIII. 370, XIV. 52, XVI. 414.
Gewinnsucht. IX. *346*.
Hauptpächter. XI. 585.
Hirschgeweih. XVI. 455, 664.
Jagdberechtigter. XII. *549*.
Jagdfolge. IX. 399, XII. *465*.
Jagdpächt., Ausschließg. XI. 217.
Jagdschein. II. 264.
Mitthäter. IX. 408.
Schießen ü. d. Grenze. IX. 510, X. 420, XIII. *43*.

Jagdfrevel (Forts.).
Schlinge. XVI. 653.
Schonzeit. XIII. 79.
Steh. a. Anstd. III. 380, V. 521, VIII. 294, XI. 539, XIV. 521.
Strafverfolgungsantrag, Amtmann. XVI. 731.
= Erschw. Umstd. XII. *445*, XIII. 370, XIV. *86*, 140, 244, 520, XV. 648.
= Gemeindebehörde. XII. 522, XVI. 378.
= Jagdgemeinsch. XIV. 801.
= Oberförster. XIV. 696.
= Pächter. XIV. 780, XVI. 388.
Theilnehmer. V. 159.
Todtes Wild, Aneigng. IX. 288, XI. 306.
= Aufnahme. IX. 386.
Zuständigkeit. XIV. 244.
Jagdpolizeiübertretung.
Begleitg. d. Jagdpächt. XV. 476.
Einfried., Landr. X. 711, XIII. 71.
Fasan, Verbot. VIII. 295.
Gemeindebehörde. XI. 585.
Gemeindepächter. XII. *549*.
Jagdschein, Berechtigter. II. 264.
= Förster. VII. 709.
= Meer. VII. 667.
= Vorzeigen. VII. 361, VIII. 72, XI. 602.
= Zustdgk. z. Ausstellg. X. *224*.
Mehr als 300 Morg. VIII. 533.
Ruhenlassen d. Jagd. III. 89, VI. 245.
Schonzeit, Anschießen. IV. 484.
= Berechtigter. XIII. 79.
= Erleg. mehr. Thiere. VI. 269.
= Feilhalten. XIV. 761.
= Reg.-Vdn. II. 498, VIII. 642.
= Rehbock. VI, 77, VII. 350.
= Thäter. X. 779.
Teich. XVI. 481.
Wald-Enklave. III. 233.
Weibl. Rehe (Ricken). IX. 562.
Jagdrevier, fremdes, Schießgew. VII. 265, X. 421.
Unangeb. Hund. XI. 125.
Jude, ausl. a. Dienstbote. IV. 350.
Familienname. II. 461.
Falsches Zeugniß ohne Eid. XI. 5.
Sabbath. IX. *491*.
Juristische Person, Erbin, Geldstr. XIV. 735.
Forstpolizeivergehen. XVI. 598.
Gebäudesteuer. XVI. 365.
Wechselstempel. XIII. 562.
Justizminister, Ermächt. zu Nicht.-Beschw. V. 550, VIII. 575, XIV. 251, XV. 290.
Verwandlg. v. Freiheitsstr. in Geldstr. III. 40, V. 421.

K.

Kanzel, s. Religionsdiener.
Kaufmann, s. Bankerutt, Beleid., Gew.-St.
Kaution, Einziehung. I. 461.
Zurückzahlg. X. *71*.
Kaution von Zeitungen 2c., Aenderg. d. Titels. XII. 266.
Annahme. VIII. 543.
Anzeigeblatt. X. 24.
Behörde. VIII. 231.
Belletristik. I. 414, VIII. 309, XI. 342.
Ehrverletzung. X. 365.
Eintritt d. Verpfl. I. 264, XI. 416.
Einziehung d. Nummern. I. 531.
Erlaubn. d. Reg. X. 365.
Feststellung. X. 622.
Gewerbeordng. XI. 342, 416, XII. 343.
Lithograph. Korresp. VI. 115, VII. 671.
Nachrichten tägl. Verkehrs. X. 24.
Neuer Herausg. II. 172, XIII. 637.
Nichtbestellg., Verurth. XV. 670.
Plakate. IX. 701.
Politische 2c. Fragen. II. 425, VII. 353, VIII. 44.
Probenummer. IV. 310.
Preßvergehen. VII. 259, 567.
Redakteur, Strafbk. XII. 266.
Soziale Fragen. XI. 447.
Verwendg. zu Geldstr. XIV. 321.
Vorbeh. d. d. Bestellg. XIII. 560.
Kind, s. Strafunmündige.
Kindsmord, Anstiftg. XVI. 566.
Beseitigg. d. Leiche. IV. 126, V. 344.
Fragstellung. IV. 102, X. 388.
Hülfl. Verlass. X. 388, XIV. *748*.
Ueberlegung. IV. 103.
Kirche, Austritt. XVI. 580, 782.

Kirche 2c., Religionsgebr., s. Beschimpfg. 2c., Verspottg. 2c.
Kirchenattest, Verlesung. X. 419.
Kirchenbücher 2c., Beseitigung. XVI. 243.
Ehelichk. e. Kindes. XIV. 778.
Falscher Name. II. 253.
Kirchengesetze, s. Geistl. 2c.
Kirchhof, Beschädigg. VIII. 189.
Kirchliche Gebäude 2c., Beschädigg., Vorstandsmitgl. XVI. 777.
Kirchliche Straf- u. Zuchtmittel, Mennonit. XV. 777, XVI. 469.
Kirchlicher Anfzug, s. Aufzug, Prozession.
Kleinhandel mit Branntwein, vgl. Schankwirthsch.
Apotheker. XIII. *503*.
Begriff. VII. 551, 666.
Erlaubn. zu Bier- u. Weinstube. XIV. 593.
Feststellung. XIII. 605.
Frühere Berechtigg. XVI. 814.
Nebengewerbe. XVI. 106.
Nicht.-Beschw., Verurth. VII. 89.
Quantum. VII. 551, 666, XIII. *520*.
Selbstfabrikat. XV. 146, XVI. 106.
Spiritusverkauf. VI. 515, X. 581.
Köhrordnung, Genossenschaft. XIII. 512.
Minister. IV. 545.
Miteigenthümer. IV. 546.
Königliche Verordnung, Verfassungsmäßigk. XVI. 485.
Körperverletzung, fahrlässige.
Berufspflicht. XIII. 288, XIV. 669. XV. 250.
Eigne Fahrlässigk. X. 680.
Freispr. w. vorsätzl. K. IV. 237.
Gemeinschaft. IX. 276.
Gewerbspflicht. XII. 498, XIV. 518, 664, XIV. 369, 412.
Mittelb. Folgen. X. 680, XII. 346, XIII. 110.
Trichinose. XVI. 708.
Unterlassung. II. 32, XI. 78, XVI. 708.
Züchtigung. XI. 579.
Körperverletzung, vorsätzliche.
Aberratio ictus. I. 523.
Angriff, Forstaufseher. XVI. 792.
Angriff mit e. Waffe. XII. 269.

Körperverl., vorsätzl. (Forts.).
Anspucken. XIV. 422.
Arbeitsunfähigk. VIII. 571.
Aufrechng. IV. 564, VI. 485, VII. 579, IX. 518, XII. 280.
Beamter, Thäter. V. 278.
" Verletzter. XIII. 4, XV. 44.
Besondere Leibesbeschaffenheit. III. 559, V. 232.
Buße. XIII. 73.
Erhebliche, Dolus. I. 413, X. 460, 467.
" Länge d. Arbeitsunfähigk. VIII. 339.
" Mittelb. Folge. VII. 693, IX. 149, 583, XI. 426.
" Möglichk. d. Folge. X. 18.
" Wirkg., fr. Umst. X. 758.
Folge, Vertretg. XIV. 593.
Fragstellung. VIII. 110.
Körperl. Mißbehagen. II. 120, III. 423, XI. 288, 530, XII. 436.
Konkurrenz, Widersetzlichkeit 2c. VII. 7, VIII. 527.
" Widerstand. VIII. 369.
Mild. Umst. I. 251, III. 41, IV. 485.
Mitthäter. IX. 134, XI. 121, 606, XV. 54, 441, XVI. 812.
Nothwehr. VII. 608, XIII. 4.
Privatklage. VII. 182.
Psychische Einwirkg. VI. 449.
Reiz, Alternative. VIII. 110.
Rückfall. IV. 124, X. 140.
Schiedsmannsvergleich. XIV. 274.
Schmerz. III. 548.
Straf- u. Civilklage. III. 129.
Strafverfolgungsantr. VII. 182.
" Gewerbspfl. XII. 498.
" Idealkonkur.. XIII. 339.
" Tutor ad hoc. XIII. 196.
" Verneing. d. tödtl. Erf. XII. 257, XIV. 151.
Theiln., Schlägerei. I. 251, 412. III. 41.
Tod als Folge, Abstimmung. VI. 564, XII. 51.
" Abtreibg. IX. 454.
" Fragstellung. VI. 564, XI. 352, XV. 704, XVI. 110.
" Mitthäter. I. 412, III. 253, XIV. 512, XV. 54.

Konkurrenz, ideale (Forts.).
Mittel zu and. Zweck. VII. 277, XVI. 322, 524.
Rathskammerbeschl III. 389.
Raubmord. X. *45*, XV. 518, XVI. 260.
Rechtskr. Aburtheilg. e. Falls VI. 50.
Steuervergeh. III. 315, IX. 277, XIV. 739, XV. 589.
Strafe. XI. *333*, XVI. 449.
Strafverfolgg., Hinderg. bei e. Strafthat. VII. 276.
Strafverfolgungsantr., Hindern. f. d. Sachen. XII. 269.
- Kein Hindern. XII. 187, 413.
- Nur rel. Hindern. XIII. 55, 339, XIV. *237*, *486*, XV. 776, XVI. 255, 534.
- Schw.-G.-Hof, Vergehen. XII. 537.
Todtschlag, Aussetzg. XIV. 748.
Unterdrückg. e. Briefes. XI. 595.
Urtheilsverkündg. XVI. 449.
Vergehen u. Uebertretg. II. 264, XI. *333*, XIV *486*.
Verjährung. X. *750*, XVI. 625.
Versetzg. in Anklagest. IV. 138.
Vers. u. volld. Diebst. X. 364.
Zollvergehen, Betrug. XIV. 64.
Konkurrenz, reale,
Anstiftg. z. m. Handl. XVI. 478.
App.-R. II 7, III. 19, VIII. 672, XVI. 437, 718.
Bankerutt. II. 395, VIII 405.
Begehung vor und nach Strafmündigkeit. XVI. 69.
Blutschande. XVI. 369.
Dauervergehen. XV. 670.
Diebst. u. Hausfr.-Br. XVI. 264.
Dieselbe Schrift. VI. 89, XII. *448*, XIV. 500, XVI. 128.
Ehrverlust. II. 77, V. 98, XIV. 458, XV. 265, XVI. 50.
Einzelstrafen. III. 19, XIII. 87, 225, 373, XIV. 458, XV. 557, XVI. 332, 521.
Erhöhg. d. Einsatzstr. XIII. 416. 540, XVI. 4, 42, 332, 767.
Fahrläss. Tödt. u. Beiseiteschaff. der Leiche. V. 344.
Feststellung. XIV. 755.

Konkurrenz, reale (Forts.).
Fiskalbehörde. XIII. 107.
Fortges. Vergeh. IV. 245, 285, 339, X. 111, XV. 540.
Fragstellung. XV. 9, 541.
Geistl. Amtshdl. XV. *197*, 281, 347.
Geldstrafen. I. 439, VI. 292, X. *584*, XI. 88, XV. 674.
Gesammtstr., Ehrenrechte. XVI. 50.
- Einsatzstr. XVI. 4, 42, 332.
- Maximum. XV. 54, XVI. 321.
- Minimum. IX. *357*, *385*.
- Strafumwandlg. XVI. 4.
Getrennte Aburtheilg., Berücksichtigg. X. *669*, XIII. *455*.
- Ehrverl., Verläng. XIII 312.
- Feststellg. XIII. 529.
- Früh. Verurth. XIII. 529.
- Rechtskr. Verurth. d. einen Falls. VIII. 672.
- Relat. Rechtskr. XVI. 437.
- Strafabmessg. v. Rechtskr. d. 1. Verurth. XII. 234. 569.
- Umwandlg. II. 237, III. 95, VII. 325, XIII. *361*, XIV. 568.
- Unkenntn. d. fr. Urtheils. XVI. 364, 582.
- Verbüßg. d. ersten Strafe. XIII. 529.
- Versch. Gerichte. XVI. 557.
- Verübg. n. Urth. 1. Inst. III. 495, V. 81, XI. 354.
- Verübg. n. rechtskr. Verurtheilg. XIV. 500, 684,
- Verübg. vor Rechtskraft. VIII. 633.
- Verurth. i. Ausl. VIII. 5.
- Zuchthaus u. einem Mon. XIII. 183.
Gew.-Unz. u. Hehlerei. XII. 245.
Hausfriedensbr. u. Körperverltzg. XVI. 322.
Kosten. IV. 219, VI. 39.
Meineid. V. 106, VIII. 11.
Mitthätersch. u. Theiln. III. 353.
Polizeiaufsicht. II. 77.
Strafabmessg. VIII. 26, X. 32.
Strafverfolg.-Antr. XV. 364.
Strafverjährung. IX. 146.

Konkurrenz, reale (Forts.).
Substit. Freiheitsstr. V. 538, 546.
Todes- u. Freiheitsstr. XIII. 291. 470, XIV. 74, XV. 9.
Uebertretg. u. Vergeh. (Verbr.). III. 19, IV. 519, V. 546.
Unterschlagg. u. Urk.-Fälschung. II. 347, IV. 27.
Unters.-Haft, Anrechn. XVI. 550.
Versuch. XVI. 4.
Konkursgläubiger, s. Zahl.-Einst.
Konnexität, vgl. Gerichtsstand.
Anklagesenat. I. 233.
Ermessen. IX. 108, X. 324.
Geschw.-Ablehnungsrecht. X. 324.
Hinverweisung. VII. 163, VIII. 19.
- Unnöthig. XIII. 671, XIV. 11.
Rechtskräft. Aburthlg. e. Sache. VI. 14.
Reihenfolge d. Verhdlg. VI. 356.
Steuer-Strafresolut, gerichtlich. Gehör. XIII. 230.
Trennung. Schw.-GH. VIII. 547, XII. 537, XV. 523.
- Verhandlung. XII. *577*.
- Zweite Instanz. I. 463.
Uebertretg., Nicht.-Beschwerde. XV. 807.
Verbindg., App.-R. XV. 484.
- Schw.-G.-H. VI. 149.
- Voruntersuchg. IX. *507*.
Wegfall. V. 394, VII. 511, IX. 93, XIV. 404.
Zeugen-Ausschluß. IX. 108.
Konsulargerichtsbarkeit,
Nicht.-Beschw. XII. 327.
Kontrebande,
Absicht d. Verzollg. IV. 358.
Ausfuhr, Absicht. XIII. 508.
- Rücktritt. XII. 650.
- Strafe. IV. 299, XIII. *118*,
- Unternehm. I. 393, V. 401, VIII. 591, XII. 650.
- Zeitbestimmung. IV. 299, VIII. 591.
- Zollstraße. I. 393.
Einfuhr, Beschränkg. V. 548.
- Strafe. III. 549, IV. 358, V. 135.
Einfuhr, Verbot. V. 135, VIII. 631.
- Viehsperre. III. 549, IV. 358, V. 548, VIII. 631.
Kontrebande (Forts.).
Einziehg. III. 549, IV. 358, XV. 3.
Salz a. Kgl. Magaz. I. 217.
Seegrenze, fünfzig Fuß. I. 265.
Vollendung. IV. 358, VIII. 631.
Werthersatz, Umwandlg. XV. 3.
Kontumazialverfahren, vergl. App.-Richter.
Androhung. I. 532.
Aufruf d. Sache. XIV. 491.
Beschluß. XI. 108.
Bitte um Aufhebg. d. Termins. IX. 328.
Innehalten d. Stunde. VI. 235.
Mang. d. Vorldg. II. 446, X. *774*.
Nicht.-Beschw. X. 436, 575.
Verhafteter. VI. 483, IX. 145, XVI. 179.
Kontumazialverfahren, schwurgerichtliches,
Androhung. I. 134.
Entfern. d. Angekl. v. d. Spruch. VI. *88*.
Nicht.-Beschw. d. St.-A. I. 69.
Präsumirtes Schuldbekenntniß. VII. 405, XI. 245.
Konventionalstrafe,
Strafklage. IV. 341.
Korrekturen, s. Protokoll.
Kosten, Advokat. XVI. 20.
Ansatz. XV. 301.
Einzelner Fall. IV. 219, VI. 39, IX. 482.
Einziehung. IX. 289, X. 521.
Erschw. Umst. X. 681.
Gesichtsp. d. Verurth. IX. *630*.
Haftbark. f. d. Strafe. II. 233.
Konnexität. VII. 199.
Nicht.-Beschw. X. 681.
Niederschlagg. VII. 116, XVI. 517.
Ob.-Trib. IX. 289, 482, X. 521, XV. 301, 751, XVI. 517.
Rechtsmittel, St.-Anw. XIV. 19, XVI. 71.
- Strafermäßigg. XV. 751.
- Theilw. Erfolg. IX. 482, 533.
- Unannehmbark. XII. 97.
- Zurücknahme. XI. 334.
Rel. Rechtskr. VIII. 536, XV. 751
Schuld d. Richters. VII. 320.
Solidarität. VIII. 23, XVI. 518,
Theilw. Freispr. IX. 482.

Kosten (Forts.)
Vernichtg. e. Druckschr. IX. 617.
Vernichtetes Urth. erster Inst. XI. *338*.
Zurückn. d. Strafverfolg.-Antr. XV. 666.
Kostenvorschuß, s. Privatklage.
Krankheit, vgl. Viehseuche.
Anzeigepflicht. IX. 139, XIII. 307, XVI. 246.
Aufsichts- ꝛc. Maßreg. IV. 284, IX. 449, XIII. *329*.
- Bekanntm. XIV. 302, *435*, XV. 856.
- Kenntniß. XII. *290*. 395, XIII. 582.
- Strafe. XV. 21.
Individuelle Anordng. IV. 284.
Warnungstafel XIII. *329*, 570.
Kreditgeben ꝛc. an Minderjähr.
Bösl. Absicht. IV. 195, VIII. 809.
Bürgschaft. IV. 163.
Cession, Dolus. X. 174, XI 504.
Ehrenwort. IV. 196, VIII. 809.
Gefälligkeitsaccept. VII. 503.
Genehmigg d. Vaters. IX 293.
Gewinnsucht. IV. 162, V. 431.
Konkurrenz. IV. 285, 339.
Leichtsinn ꝛc. VII. 670.
Schein d. Großjährigk. IV. 195.
Wechsel. VII. 503.
Zahlungsverspr. XI. *433*.
Kreisgericht,
Voruntersuchung. IV. 517.
Kreuzband, s. Postsendung.
Krieg, Einstell. v. Unters. VII. 536, VIII. 409, XI. 531.
Marketender. XII. 421.
Kriegsleistungen, Nichtgestellg. v. Pferden ꝛc. XII. 496.
Kriegsminister,
Aggravation. IV. 311.
Disz.-Verfahren III. 374.
Vorgesetzter. XV. 575.
Kriegszustand,
Verkündg. XI. 609, XII. 215.
Widerstand. XII. 89, 646.
Wiederaufhebung. XII. 646.
Kunstwerk, s. Nachbildung.
Kuppelei, Abstimmung. I. 305.
Bordell, ausländ. XIV. 722.
- Konzession. I. 427.
Kuppelei (Forts.).
Eignes Kind. I. 305, VI. 11,
Eigennutz. XI. 440, 600, XII. 54, XV. 53.
Gewohnheitsmäßigkeit III. 547, XI. 440, XII. 54.
Polizeil. Controlle. VII. 647.
Rechtsirrthum. XI. 184, 336.
Theilnahme. XII. *37*.
Ueberlassen d. Männlichk. I. 466.
Unbescholtenheit. VI. 11. 434.
Unzucht, Beischlaf, III. 249, XIII. 437, XVI. 362.
- Betreibg. I. 219, III. 249, X. 541, XI. 165.
Vermiethen d. Wohng. V. 425, VII. 648, XI. 184, 510, XIII. 626.
Kurhessen, Gemeindejagd. XII. *549*.
Grabenrand. XV. 829.
Hundesteuer. XIII. *285*.
Landrath, Blattern. XII. *571*.
Notar, Immob.-Verk. XII. *532*.
- Stempelstrafe. XVI. 466.
Verbr.-Aufl. v. Branntw. XI. *358*.
Kurköln, Jagd. XII. 122.

L.

Lärm, s. Ruhestörung.
Landesverrath,
Ausländer XII. 195.
Vorschubleisten, feindl. Macht. XII. 194.
Landesverweisung, Bundesindigenat, IX. 389, *405*, 415.
Rückkehr, neue Landesth. X. 417.
Zeitdauer. VI. 543.
Landfriedensbruch,
Dolus. XVI. 364.
Fragstellung. XVI. 809.
Menschenmenge. XVI. 265.
Rechtmäßigkeit d. Einschreitens. XVI. 364.
Zusammenrotten. XIV. 647, XVI. 363.
- Oeffentlichk. XVI. 265.
Landrath, Befugn. d. Ortspolizeibehörde. I. 285.
Gewerbesteuersachen. XVI. 811.
Straffestsetzung. VI. 61.
Submissionsverfahren. XV. 560.
Versammlungsrecht. V. 272.

Landstreicherei,
Arbeitsunfähigkeit. IX. 112.
Begriff. III. 130.
Umherziehen, Dauer, VIII. 10.
Wohnsitz. VIII. 213.
Landtag, Beleidigg. IX. 617.
Landtagsbericht,
Unbrauchbarmachg. XVI. 297.
Landtagsmitglied,
Disz.-Verfahren. VIII. 130.
Strafverfolgg. V. 405, VII. 54, VIII. 411.
Landwehrmann,
Auswanderung. III. 230.
Landwehroffizier,
Kartellträger. XVI. 406.
Landzwang, s. Bedrohung.
Lauenburg, Disz.-Verf. XII. *534*.
Fuhrgerechtigkeit. XVI. 215.
Holzdiebst., Rechtsm. XVI. 580.
Legalisirung, vgl. R.-Beschw. ɛc.
Auftrag des Gerichts. XV. 669.
Für beide Parteien. XVI. 36.
Leggezwang, Gehülfe, IV. 80.
Verkauf im Ausland. V. 479.
Legitimationspapier ɛc., **Fälschg.**
Absicht. XIV. 723.
Anzeige ü. Entlassg. e. Gesellen. VI. 244.
Ausweis e. Person. XIV. 688.
Militär-Urlaubspaß. VIII. 182.
Zeugniß. I 232. 269. 479, VI. 244.
Lehrer, s. Beamte, Körperverltzg.
Leiche, Beiseiteschaffen,
Absicht. VIII. 740.
Bleiben am Ort. III. 202.
Kindsmord, Freispr. I. 588.
Lebensfähigkeit. I. 384, VIII. 6.
Leibesfrucht. XII. 317.
Neugebornes Kind. IX. *705*.
Todtgeb. Kind. VIII. 740. XI. 326.
Leumundzeugniß, s. Verlesung, Zeugen-Vernehmung.
Litthauen, Jagd. XV. 455.
Locus regit actum,
Zeugenaussage. I. 370.
Lohnverabredung, s. Nöthigung.
Lotterie, auswärtige,
Anpreisg. XIII. *663*, XIV. *106*, *527*, *747*.
Aufforderg, Redakteur. III. 312.
Bundesstaat. XIII. *75*, *521*.
Lotterie, auswärtige (Forts.).
Hausiren mit Loosen. XIV. *530*.
Mittelsperson. XV. 638.
Ort d. Thät. II. 337, XV. *112*, 825.
Promessenhandel. XII. 509.
Spielen im Ausland. VIII. 466.
Str.-G.-B. XIV. *106*, *527*, *747*.
Verkauf von Loosen. XV. *112*, XVI. 507, 752.
Lotterie-Kollekteur,
Betrug. XIV. 646.
Lotterie-Veranstaltung,
Begriff. XVI. 647.
Chance. XII. 222, 454.
Verkauf e. Loos-Anth. VI. 184.

M

Maaß- und Gewicht.
Unzulässiges. XIV. 267, 370.
Magdeburg, Jagd. II. 350.
Mahlsteuer, s. Schl.- u. M.-St.
Maischsteuer, s. Branntw.-St.
Majestätsbeleidigung,
Absicht. V. 517, X. *269*.
Ausführg. e. Rechts. XV. 350.
Bewußtsein, Beweis. IV. 559.
" Feststellg. V. 563, XI. *56*.
Ehrfurchtsverl. XI. *56*, XV. 157, XVI. 802.
Fremder Staat. V. 146.
Frühere Handl. VI. 472.
Strafminim. XII. 582, XIV. 282.
Thronrede. VII. 494, X. 250.
Verbreitg. e. Druckschr. X, *688*.
Makler, s. Handelsmäkler.
Mandatsverfahren, s. Strafverfg.
Markt, Anmeld. d. Gew. X. 576.
Kaufverbot. XI. 11.
Manifestationseid, s. Einziehg.
Manifestationseid, falscher,
Fahrlässigk., AGO. I. 520, V. 145, 300, XII. 485, XIV. 351.
" Gemeines Recht. IV. 338.
Förmlichk. X. 81, XIV. 351.
Fragstellung. II. 315, VIII. 748, IX. 67.
Nachlaßverzeichniß. IX. 256.
Versprechen, Verletzung. II. 314, VII. 252, VIII. 748.
Vormund. XIV. *335*.
Medizinalperson,
Approbationsentziehg. X. 556.

Medizinalperson (Forts.).
Bezirksgrenze. I. 131.
Konzessionsentziehg. IX. 446.
Medizinalpfuscherei,
Belohnung. I. 211, II. 514, VIII. 743, 745, X. 489.
Beschränkte Approbat. VII. 374, X. 117.
Bundes-Gew.-Odn. XI. 82, 85.
Dolus. X. 117.
Entbindung. V. 80, XI. 85, 220, XII. 11.
Erforschung der Krankheit ꝛc. IX. 731.
Gegenw. d. Kranken. III. 273.
Heilung. III. 79, 446.
" Unternehmen. VIII. 458.
Körperliche Einwirkg. VII. 383, X. 188.
Krankheit. IX. 502.
Polizeiliches Verbot. I. 465.
Rathschläge. VIII. 745.
Realkonkurrenz. V. 65.
Schröpfen ꝛc. II. 270, X. 295.
Schwangerschaft II. 514,
Theilnahme e. Arztes. VI. 373.
Verkauf e. Heilmittels. VI. 308, VIII. 458, IX. 502.
Wasserheilanstalt. II. 195.
Zahnausziehen. VII. 373.
Meineid, fahrlässiger,
Diensteidl. Versicherg. VI. 35.
Erheblichkeit. X. 283, 467.
Feststellung. VIII. 84.
Ignoranzeid. IV. 504, X. 467, XV. 535.
Konkurrenz. X. 283.
Rechtsnachth. VIII. 13, IX. 589.
Widerruf. VIII. 13. XII. 450.
Wortfassung. IX. 330.
Meineid, versuchte Verleitung,
Ableistung, IV. 248, V. 293, 326.
Ehrverlust. XII. 229, 612.
Fragstellung. X. 259, XI. 298, XVI. 756.
Mittel. III. 530.
Unfäh. z. Zeugn. XII. 349, 612, XIII. *237*, 244, XVI. 758. 770.
Unternehmen. XII. 375.
Versuch. X. *260*.
Wissentlichkeit. III. 167, IV. 113. VI. 535.
Meineid, wissentlicher, vgl. Eidesstattliche Versicherung.
Abstimmg d. Geschw. IX. 464.
Anstifter, Unfähigk. z. Zeugniß. XIII. 656, XIV. 313, XV. 27, 526.
Ausschw. d. e. Dritten. I. 386.
Bevollmächtigter. X. 128.
Eideszuschiebg. XIII. 558, XVI. 304.
Erheblichkeit XI. 479.
Eventualfrage w. Fahrlässigkeit. VIII. 697, X. 585.
Förmlichkeit. VI. 112. VIII. 253.
Fragstellung. VIII. 513, IX. 487, XIII. 138, XIV. 46, 235, 298.
Gehülfe, Unfähigk. z. Zeugniß. XVI. 518, 546.
Ignoranzeid. IV. 444.
Mehrh. v. Eiden. V. 106, XIII. 155.
Nebenpunkt. XVI. 750.
Sachverständiger. XIV. 732.
Verlesung d. Eidesleistungsprot. VIII. 554.
Wortfassung. X. 85.
Zeuge, Ablehnungsr. VIII. 253.
" Anstifter. XVI. 578.
" Diensteid. XIII. 90, XVI. 282.
" Eigenes Vergeh. XII. 210, XIII. *422*, XIV. 133, XV. 167, XVI. 578.
" Erheblichkeit. VIII. 253, XIII. 187.
" Fragstellg. I. 36, XIII. 89, XIV. 133, XV. 167.
" Generalfragen. I. 504.
" Hülfeleistg. IX. 63, XVI. 515.
" Versich. a. e. Eid. XIII. 120.
" Verwarnung. I. 504.
" Voruntersch. V. 73, VI. 405, VIII. 615, XVI. 49.
" Zulässigkeit d. Vereidung. III. 170.
" Zuständigk. XIII. 89, 378.
Meiningen, Staatsvertr. II. 479.
Mennonit, Geburtsschein. IV. 106.
Kirchenfuhre. II. 288.
Militärdienst. XV. 777.
Messe, s. Geistl. Amtshandlg.
Meuterei, Abstimmg. d. Geschw. IX. 440.
Fragstellg. XI. 70, *159*.
Gewaltthätigk. IX. 440.
Polizeigefängniß. IX. 73.

Meuterei (Forts.).
Rücktritt. I. 197.
Schuldgefangene. VI. 53.
Strafkumulation. II. 240, IX. 549.
Theilnahme. VII. 109.
Zusammenrottg. I. 485, II. 118, IX. *270*, 385, X. 347.
Zwei Personen. IX. 73, XI. 604, XIII. 555.
Miethsteuer,
Anzeigepflicht. XVI. 250.
Gerichtl. Administr. VIII. 203.
Strafverfolgung. XII. 323.
Mildernde Umstände,
Entscheidg. VII. 399, 457, X. *809*, XI. *203*, XII. 298.
Verbrechen. I. 200.
Versuch. XIV. 538.
Zurückverweisg., Ob.-Tr. I. 327.
Militärbeamter,
Aggravation. IV. 311.
Marketender. XII. 421.
Militärdienst,
Mennonit. XV. 777, XVI. 469.
Untauglichmachen. VIII. 433.
Militärdienst, fremder,
Anwerbung, Entschloss. X. 776.
Militärgericht, Requis. um Arrestschlag. XIV. 286.
Strafumwandlung. XIV. 326.
Vorläufige Freispr. XI. 229.
Militärgerichtsherr,
Requis. um Zeugenvern. XV. 18.
Militärgerichtsstand,
Assistenzarzt. VII. 176.
Beurlaubte. XI. 54, XII. 602, XVI. 406.
" Einberufung. VII. 536, VIII. 409.
Herausforderung. I. 347.
Injurien. I. 105.
Offizier, Abschied. I. 347.
" Pension. XI. 563.
Proviantamts-Assistent. XV. 731.
Soldat. X. 91. XI. *155*.
Militärperson,
Beleidigg., Antrag. XV. 576.
Beschlagn.-Interessent. XVI. 300.
Versetzg. in d. 2. Kl. d. Soldatenstandes. IX. 605.
Militärpflicht, Anmeldg. IV. 453.
Irrthum. V. 156.
Militärpflicht (Forts.).
Moresnet. XVI. 728.
Westfalen. V. 156.
Militärpflicht, Entziehung,
Gerichtsstand. VI. 568, XIV. 158.
Hannoveraner. XII. *111*.
Haussohn. II. 87.
Nichtgestellung. II. 87.
Rückkehr, Unterlassg. II. 47, 87, III. 128, VIII. 626.
Verjährung. VIII. 626.
Minderjährige, s. Kreditgeben.
Ministerialrescript,
Verbindlichkeit. I. 453.
Mißhandlung, s. Körperverletzg.
Mitangeklagte,
Antrag, Berücksichtigg. XIII. 490.
Dolmetscher. XI. 439.
Nicht.-Beschw. II. 186, XIV. 58.
Mitthäter, vgl. Körperverltzg. ꝛc.
Absicht. VI. 141, 564, XV. 821.
Amtsvergehen. XVI. 581.
Anstifter. XVI. 147.
Aufforderung ꝛc. X. 664.
Ausführung. VI. 141, XII. 412, XIII. 572, XV. 812, XVI. 718.
Billigung. XVI. 645.
Diebstahl, Lohnverhältn. IV. 432.
" Quantität. XIV. 613.
Exzeß Einzelner. VIII. 555.
Fragstellung. XVI. 615.
Gattenmord. I. 5.
Gemeinschaftl. Thätigk. III. 468, X. *405*, 483, XIII. 534.
Geschehenlassen. XVI. 161.
Haften für den Erfolg. V. 444, VI. 564, VIII. 175, XV. 54, 441.
Komplott, Betheiligg. X. *405*.
Prokurist. XVI. 645.
Raub. VII. 36.
Thatbestandshandlung. XIV. 377, 625, 709.
Theilnahme. X. 356.
Verschiedener Dolus. IX. 290, XV. 489, XVI. 543.
Verwechslg. d. Person. V. 444.
Zolldefraude. XV. *137*.
Mobile Armee, s. Krieg.
Mord,
Fragstellg. V. 495, XII. *401*.
" Ev.-Fr. w. Raubs. VI. 169.
Gattenmord. I. 6.

Mord (Forts.).
Giftmord. XVI. 481.
Muttermord, Abstimmung der Geschworenen. XIII. 82.
Raubmord. X. *44*, XV. 518, XVI. 260.
Ueberlegung. XII. 400, XIII. 292.
Unternehm. e. Mißthat. XVI. 546.
Moresnet, Militärpfl. XVI. 728.
Mühle, Mahlgang. V. 527.
Mündlichkeit, s. App.-R. 2c.
Münzfälschung,
Absicht d. Verausgabg. III. 161. V. 47, X. 806.
Begünstigung. IX. *219*.
Fragstellung. IX. 395, X. 806.
Hülfeleistung. IX. *219*.
In-Umlauf-Setzen. IX. *219*, 395.
Nichtanzeige. IX. *219*.
Schein d. höh. Werths. X. 411.
Theilnehmer. IX. *219*.
Müßigggang,
Hülfloser Zustand. XV. 752.
Musiker, Anmeldung. IX 578.
Doppelter Wohnsitz. VII. 16.
Gewerbeschein. V. 514, VI. 165, IX. 578, XV. 864.
Einziehg. d. Instrum. XV. 312.
Legitimation. VIII. 741, IX. 578.

N.

Nachbildung, Abgebildete Kunstwerke. XII. 288, XIII. 79.
Anmeldung. IV. 383.
Bundesbeschluß. XII. 636.
Fahrlässigkeit. III. 440.
Gypsabguß. IV. 384.
Originalkunstwerk. IV. 383.
Photographie. XI. 508, XII. 637, XIII. 79.
Plastisches Kunstwerk, Abzeichng. III. 455.
Strafe. XII 637.
Uebertragg. d. Rechts. III. 455, XII. 288.
Waarenmuster. XI. 215.
Zeichnungen. XI. 215.
Zweck d. Kunstwerks. XIII. 128.
Nachdruck, Anfertigung. I. 101, II. 40, IV. 265.
Antrag, anonymer Verf. V. 50, X. 326.
Nachdruck (Forts.).
Antrag, Legitimation. VI. 526.
Appell. d. Beschädigt. VIII. 798.
Ausland. I. 220.
Briefe. I. 473.
Bundesbeschluß. XI. 138.
Dauer d. Schutzes. XI. 138.
Dolus. I. 101, 220, II. 355, IV. 265.
Drucker. I. 101.
Einziehung. I. 473, 498, II. 210.
Entschädigg. Strafrichter. I. 220, III. 440, V. 186, VI. 526.
Geisteserzeugniß, Werth. II. 40.
Gesetzeswechsel. XIII. 562.
Halten zum Verkauf. I. 220.
Hülfeleistung. I. 101.
Musikal. Kompos. I. 176. IV. 265.
Nachschr. a. d. Gedächtn. I 483.
Privilegium. I. 473.
" Ablauf. VIII. 60.
Pseudonyme Werke. XI. 138.
R.-O.-H.-Ger. XIII. 562, XV. 600.
Samml. z. Schulgebr. I. 176.
Theilnahme. I. 101, IV. 265.
Tod d. Angekl. I. 498, V. 186
Urheber. I. 101.
Verbreitung. I. 220.
Verlagsrecht, älteres. VIII. 60.
Von Nachdruck. I. 473.
Name, falscher, Adel. VII. 85.
Betrug. VIII. 247.
Firma, Erlaubniß. I. 283.
Kaufvertrag. VIII. 247.
Kirchenbuch. II. 253.
Pflicht sich zu nennen. V. 78, XI. 335.
Verfass. e. Schrift. I. 374 VII. 176.
Waarenbezeichnung. I. 283.
Wittwe. VII. 85.
Nassau, Beamte. X. *787*, XI. *114*.
Feldschütz, öffentl. Glaub. XI. *63*.
Forstweidefrevel. XVI 352.
Gemeindevorster. X. 787.
Gesinde, mehrf. Verm. XVI. 219.
Hausirhandel. X. *711*.
Korrektionshausstrafe. IX. *380*.
Kosten, Zurückw. d. Antr. XV. 666.
Stempel ger. Vergl. XV. 849.
Nationalkokarde, Verlust,
Eidl. Zeugniß. IX. 293, 605.
Neumark, Feuerversf.-Agent. X. 69.

Neuvorpommern,
Krim.-Ordn. I. 320, VIII. 250.
Rechtsanw., Anfertigg. v. Schrift. XV. 780.
Schulversäumniß. VIII. 143.
Zeuge, Ehefrau. X. 436.
Nichtigkeit, absolute. IV. 156, XIII. 652.
geheilt Mangels Rüge. VII. 214, 484, 686, VIII. 358, X. 177, 575, XI. 536, XIII. *389*.
Nichtigkeitsbeschwerde,
Aktenabsendg., Nachricht. IV. 235.
Angekl., Interesse. III. 14.
Anmeldung., Bureau d. St.-A. XIV. *442*.
- Telegramm. VIII. 186.
- verbd. mit Rechtfertigg. XVI. 433.
Anmeldungsfrist. III. 217, 458, VII. 508.
Beschädigter. XV. *322*.
Beschluß d. App.-Ger. XV. 666.
Bezugn. a. Akten. XVI. 413, 459.
Formverstoß, Substantiirung. I. 541, X. 603, XV. 730.
- Voruntersf. I. 502, VIII. 250.
Freigesprochener VIII. 803.
Gesetzesverletzg. X. 721.
Handlg. d. Vorsitzenden. XV. 5.
Instruktion. XV. 497.
Mängel d. Ankl.-Schr. XIV. *812*.
Privatkläger, Frist. XI. *159*, *474*
- Kostenvorschuss. X. *111*, *226*, *593*, XI. *474*.
- Rechtfertigg. XI. *160*.
Rechtfertigg. IX. 164, XIII. *451*, XIV. 19.
Rechtf.-Frist. III. 202, XII. 120.
Steuerbehörde. XIV. 315.
Unrichtige Adresse. XI. *160*.
Zurückweisg. d. Verfüg. d. Ger. 1. Inst. VIII. 389, XI. 495.
- nicht mehr zuläss. n. Instr. XIII. 53, 109.
- Ob.-Trib. III. 217, 458.
- Vorsitzend. X. *506*, XI. *203*.
- Zurückn. d. Verf. XVI. 294.
Nichtigkeitsbeschwerde d. Staatsanwaltschaft,
Anm., Berufungskamm. IX. *248*.
- Strafkammer. IX. *245*.

Nicht.-Beschw. d. St.-A. (Forts.).
Bezugn., Schreib. d. Pr.-St.-D. XII. 466.
Entscheidung. XVI. 398.
Fehler d. Bew.-Aufn. XII. 32.
Fragstellg, Beschl., Schw.-G.-H. XIII. 12. XIV. *748*.
- Eventualfrage. IX. 279.
- Nichterschöpfg. d. Anklage. XIII. 597.
- Rechtsbegr. VII. 81, IX. 614.
- Zustimmg. IX. 36, XIV. 232, *565*.
Gesetzverltzg., Ausl. Ges. VI. 543.
- Civilgesetz. VIII. 196.
- Substantiirung. IX. *460*, XII. 294.
Inkompetenzerklärg. Ob.-St.-A. IX. *317*.
Im Inter. d. Verurth. XV. 598.
Kostenpunkt. X. 681.
Mittheilung, Angekl. XIII. 111, XIV. 805.
- Vertheidg. XII. 65, XIII. 220, 261.
Nichtschuldig, Bildg. d. Schw.-G. IV. 762.
- Formmangel des Spruchs. II. 530, V. 177, VIII. 257. XV. 577.
- Nach Zurückfndg. VIII. 612.
- Schw.-G.-H. X. 52, XV. 305.
Privatkl., Zulässigk. XIV. *69*.
Rathskammerbeschl. VIII. *700*.
Rechtf.-Frist, Beginn. XV. *287*.
Rechtsansicht, Verws.-Beschl. XI. *551*.
Rekurssachen, Beginn der Frist. XV. 557, 886.
- Bechluss. XV. 886. XVI. 567.
- Ermächtigg., Frist. V. 550, XIV. 251, XV. 290.
- Vergehen. XIV. 250.
- Vorlegg. der Ermächtigg. VIII. 575.
Schuldbekenntniss, Merkmal. XII. *593*.
Schuldig, n. strafb. Thatbest. X. 40.
- Verneing. d. erschw. Umst. XVI. 143.
- Verneing. e. Begriffsmerkm. VII. 692.

Nicht.-Beschw. d. St.-A. (Forts.).
Uebertretung. XVI. 567.
Unfähigk. e. Geschw. X. 386.
Unzuständigk.-Urth. IX. *462*.
Versäumn. d. Postbeh. XIII. 681.
Vorbereitungshandlg. IX. *244*.
Vorbeh. w. Verfolgg. VIII. 258.
Welcher Staatsanw.? XI. *14*.
Zurücknahme. VI. 24.
Zurücksend. d. Geschw. II. 530, VIII. 257, 612.
Nichtigkeitsbeschw. d. Verurth.
Aktenverl., Schuld d. Angekl. II 96.
Anmeldg., Beg. d. Frist. VIII. 481, X. *382*, XII. 584, XV. 732, XVI. 571.
- O.-A.-G. XIII. *628*.
- Obergericht. XI. *530*.
- Sitzungsprotokoll. XIII. 14.
- Unterschrift. X. 783.
- Verthdg., Bfähg. XVI. 614.
- Vor Behändigg. d. Kont.-Urtheils. XIII. 305.
Antr. um Aufnahme d. Beschw. VIII. 393, X. 312, XI. 285, XII. 483.
Belehrung. VIII. 95, 482, 640, IX. 250, XI. 197, XIV. 198, 341, XV. 193.
Beruhigg., Zurückn. VIII. 185.
Bestätigg. e. bloß v. St.-Anw. angef. Urtheils. IX. 188.
Bezugnahme a. Akten. VII. 546, X. 688, XI. *56*, XVI. 415.
Bildg. des Schw.-Ger., Schuldbekenntniß. XII. 523.
Deutlichkeit. X. *520*.
Ehefrau. II. 213, XI. 424.
Fehler d. Verfahrens, Einfluß. XVI. 208,
Feststellung, gesetzwidr. X. 369.
- mangelhafte. XII. *574*.
Gegenerklärg. d. St.-A. XV. 63.
Gesetzesverletzg. XII. *574*, XV. 60.
- Logik. XIII. 501.
Gew.-Pol. u. St.-Verg. VIII. 715.
Härte d. Strafe. VI. 514, VIII. 795, IX. *469*, X. *520*.
Holzdiebstahlssachen. XV. *15*.
Instruktionsmängel, Rüge. X. 206.
Kleinhandel. m. Getr. VII. 89.
Kontum.-Urth. XIII. 305, XVI. 571.

Nicht.-Beschw. d. Verurth. (Fts.).
Kurator e. Blödsinn. IX. 546.
Legalisirung, Beamter a. D., f. sich selbst. VII. 302, XII. 494.
Legalisirg., Dienstsiegel. VI. 124.
- Ger.-Assessor. a. D. I. 123, V. 360.
- Mangel, Verseh. XIII. 557.
- Mitunterzeichng. VIII. 43.
- Rechtsanwalt. XIV. *483*, XV. 477.
- Rechtsanw. a. D. II. 454.
- Richter, für sich selbst. I. 208, XII. 408.
- Unterschr. X. 254, XII. 374.
- Verantwortlichk. VII. 447.
- Vorbehalt. III. 237, 392.
- Zuordnung e. Rechtsanw. II. 5, VIII. 136, 191, IX. 510, XIII. 192.
- Zwang. X. 489.
Mitangekl. II. 186, XIV. 58.
Mitthlg. an d. St.-A. II. 546, XIII. *237*.
Nachdrucksachen. XIII. 562.
Nichtberücksichtigg. e. Beweisantr., Mitangeklagter. III. 414, VIII. 390.
- - St.-A. I. 125, X. *263*. XV. 615.
- Spezielle Bezeichn. d. Antr. IX. 96, 449, X. 688, XI. 547, XIV. 206.
- Zeugen u. Thats. II. 12, VII. 26, 116, XIII. *519*, XIV. 521.
Nichtigk. erster Inst. XI. 536.
Nichtmitth., App.-Rechtf. XV. 730.
- Audienztermin. XV. 726.
- Namen d. Verth. XV. 726.
Nichtzustellg., Urth. O.-A.-G. X. *25*.
Ordnungsruf a. d. Verth. I. 510.
Protokollirung. X. 312.
- Beamtenqualität. XI. 415.
Prüfg d. ersten Richters. II. 95.
Rechtf.-Frist, Beginn. XIII. 305, XIV. 359, XV. 624.
- Schuld d. Ger. VIII. 393, IX. 124, XI. *197*, 415, XII. 94, 251, XV. 670, XVI. 362, 774.

Nicht.-Beschw. d. Verurth. (Fts.).
Rechtf.-Frist, Verhaftet. VIII. 266, 481, XII. 251, XIV. 111, XV. 581.
- Verläng. VIII. 756, X. 571, XIII. *331*.
Rechtsanw., Auftr. d. Gerichts. IX. 510.
- Vollmacht. IX. 250, X. *135*, XI. 531, XIII. *318*, XVI. 497.
Rekursentscheidg. I. 141, X. 93, XI. 57, XIII. 225.
Schlußvortr. d. Präs. XIV. 350.
Ueberg. zu Protok. II. 84, X. 607, XI. 31, 227, XIV. 198, *444*.
Uebertretung. VII. 183, X. *322*, XV. 807.
Unterlass. Strafumwandl. II. 237.
Unzufriedenheit. X. 16.
Urtheilsfertigg. X. 19, XI. 37, 467.
Urtheilszustellung. VIII. 802, IX. *105*, XI. *197*, XII. *120*, *340*, XV. 566.
Vernehmungsverhandlg., Aktenversendung. XV. 861.
- Bloße Ergänzung. X. 796, XII. 94.
- Diktiren. IX. 631.
- Fremd. Rechtsgeb. IX. 115.
- Schreiber. XIII. 135.
- Strafanst.-Beamt. XIII. *44*.
- Versendung. IX. 645.
- Weigerg. d. Aufn. XI. *390*.
Vertheidiger V. 277, 399.
Vertreter. V. 386.
Vorbehalt in d. Berufungsschr. XI. *435*.
Zuordn. e. Mandatars. XII. 53.
Zurückn., bedingte. XV. 61.
Zurückweisg. durch das Gericht erster Inst., Ablauf d. Frist. XII. 149.
- Antr. a. Abänderg. IX. *451*. XIII. *318*.
- Beschw., Verhaft. X. 300, XII, 552, XIV. 111.
- Formen u. Fristen. II. 95, IX. 469, XV. *15*.
- Rechtfertigg. II. 95, X. 588, XII. 53, *340*, 552, XIII. 438, XIV. 59.

Nicht.-Beschw. d. Verurth. (Fts.).
Zurückweisung, Unstatthaftigkeit. IX. 469.
- Verspätung. XIV. 31,
- Wiederaufhebung. II. 95, IX. 281, XV. 851, XVI. 74.
- Wiedereinsetzg. XVI. 562.
- Zustellg., Bevollm. II. 342, VIII. 229.
Zurückweisg. durch Verfügg. d. Ob.-Trib. rc. III. 217, VII. 26, X. *382*, XII. 252.

Nichtigkeitsrichter, s. OAG., OTr.

Nöthigung,
Amtsmißbrauch. I. 257, XVI. 393.
Beleidigung. XIV. 561, XVI. 772.
Bestimmte Handlg. od. Unterlssg. II. 366.
Drohung, Ernstlichkeit. IX. 164, XVI. 58.
Fragstellung. VIII. 359.
Freiheitsberaubung. IX. 188.
Gewerbtreibende. XIV. 561, 618, XV. 362.
Körperlicher Zwang. XIII. 459, XIV. 797, XVI. 424.
Künftiger Entschluß. II. 366.
Testam.-R. Sprengel. XIII. 472.
Widerrechtlichkeit. XV. 27, 792, XVI. 58, 772.

Non bis in idem, Anderer Gesichtspunkt. X. 194, XI. 454, 487.
Ausländ. Urtheil. VII. 462.
Bankerutt. II. 396.
Beweismoment. XV. 325.
Civilhaftbk., Selbstthät. XV. 715.
Civilurth. w. Injurien. VIII. 514.
Disziplinarstr. IV. 236, VII. 566. XI. 536.
Disziplinaruntersuchg. I. 229.
Einstellg. d. Verfahr. XVI. 774.
Falscher Name, Betrug. VIII 247.
Freispr. v. e. Gesichtsp. I. 492.
Holzdiebstahl. XVI. 563.
Idealkonkurrenz. VI. 50, VIII. 595.
Identität d. Handlung. II. 372, IV. 471, VI. 519.
Möglichk. e. Ev.-Frage. VIII. 102.
Neue Ermittlg. XVI. 747.
Pflicht d. Prüfg. VIII. 15.
Steuerstr. III. 23, 142, X. 748.
Strafverfügung. VIII. 595.

Non bis in idem, (Forts.).
Strafzumessung. XIV. 191.
Thäter, Anstifter. XV. 510.
Thäter, Theilnahme. VIII. 102.
Vorfragen. II. 372.
Vorläufige Freispr. Mil.-Ger. XI. 229.
Zollvergehen. VI. 50.
Zusammenh. m. d. That. VII. 544.
Zuständigkeit. III. 142, VI. 519, X. 195, 748, XI. 487.
Notar, vgl. Disziplin.
Amtssiegel. XII. *487*.
Gebühr für Geld-Negotiirung. IX 160.
Immobilarverkauf, Kurhessen. XII. *532*.
Simul. Verk., Betrug. IX. 85.
Stempelstr., Kurhessen. XVI. 466.
Zeugnißpflicht. III. 488.
Nothwehr, Amtshandlg. XI. *39*, 249, XVI. 391.
Angriff. XVI. 409.
- gegenwärtiger. XV. 839.
Erforderlich. I. 546.
Frage, Ablehnung. XV. *195*, XVI. 391.
Irrthum. IX. 534, XIII. *95*, XVI. 80.
Kind gegen d. Vater. VII. 599.
Prüfg. des Richters. VII. 382, 579, 674.
Ueberschreitg., Bedingg. I. 215, II. 362, VIII. *704*, XI. 48, XIV. 232.
- Fahrlässigk. XI. *96*.
- Getrennte Frage. X. 119, XII. 550.
Nothzucht, Bescholtenh. X. 765.
Geschlecht. II. 533.
Strafverfolg.-Antr., Ehemann. XIII. 70.
- Zurücknahme. XII. 556. XIII 46, 130, XIV. 806,
Versuch. III. 172, IV. 26.
Vormundschaft. XI. 179.
Notorietät, Beweis. VIII. 87, XI. 204, XIV. 573, XVI. 802.

O.

Obduktion, Bericht. XI. 7.
Chemische Untersuchung. I. 5.
Obduktion (Forts.).
Nothwendigkeit. II. 460.
Protokoll, Verlesung. X. 114, 543, XIII. 82, XV. 622.
Oberappellationsgericht.
Aufrechthaltg. d. Feststellung. XIV. *532*.
Entscheidg. i. d. Sache. IX. *35*, X. *222*.
Hinverweisg. e. Sache an ein Gericht.
- mit d. Ob.-Tr. VIII. *532*, XV. 37.
Neues Strafgesetz. XII. *37*.
Prüf. d. Gesetzanwdg. X. *139*.
Reihenfolge d. Prüfg. X. *518*.
Strafzumessung. IX. *35*.
Vernicht. d. Verfahr. XIV. *66*.
Verweisg. IX. *462*, XI. *79*, *359*.
Oberhandelsgericht,
Akteneinsicht. VIII. 264, 562, XV. 600.
Obertribunal, vergl. Beschwerde, Kosten rc.
App. R. in Disz.-S. XVI. 726.
Aufhebung, rechtskräft. Urtheil. VII. 407, 442.
Ausländ. Gesetz. VIII. 464.
Erlaß allgem. Vorschr. X. 44.
Feststell., geschichtl. Thatf. XVI. 290.
Geltendmachg. d. wahren Rechts. XII. 106.
Gesetzesverletzung. XV. 60.
Gesetzwechsel. X. 635, 642.
Gewerbesteuersachen. XVI. 812.
Hinverweisg. e. Sache a. e. Ger. VII. 644, VIII. 509.
- mit d. O.-A.-G. VIII. 532, XV. 37.
- Prävention. XV. 743.
Neues Strafgesetz. XII. 9, 95
Plenum aller Senate. IX. 567.
Prüfung, Antragsfrist. XII. 57.
- Prozeßstücke. VIII. 33.
- Thatsächl. Verhdl. VI. 301, VII. 281.
Rechtsausführungen. XIV. 5.
Rechtsgutachten. II. 369.
Sicherheitsmaßregeln. IX. 17.
Urtheil, Verkündg. VIII. 633
Vernichtg, and. Gründe. XII. 484.
- Aufrechth. d. Feststell. XI. 32.

Obertribunal (Forts.).
Vernichtg., Ehrenstrafen. XVI. 275.
" Mängel der Fragstellung. XIV. 294.
" Neue Verhdlg., s. Inst.-R.
Weitere Vertheid. gegen Aggravation. IV. 311.
Zurückverweisg., anderes Gericht. VII. 420, IX. 641, X. 645, XII. 640.
" Elsaß-Lothringen. XIV. 720.
" erste Inst. I. 28, 327.
" Formverstoß. I. 28.
" Gesetzverletzung. I. 327, VII. 420, IX. 509, 641.
" Mild. Umstände. I. 327.
" Schw.-Ger.-Hof. II. 442, XII. 415.
" Spätere Aenderg. VI. 272.
" Thatſ. Ermittl., Befassung. XIV. 5.
" Zuständigkeit. IX. 641.
Obrigkeit, s. Anordnung.
Oderkahn, Vermessung. VII. 690.
Oeffentl. Amt, vgl. Amtsanmaßg
Beamter, Ehrverlust. XV. 86.
Geistliche. XV. 335, 768.
" Civilstandsbeamte. XV. 335. 768.
" Religionsunterr. XV. 655.
Rechtsanwaltschaft. XV. 780.
Oeffentlichkeit, vgl. Beleidigung, Druckschrift rc.
Anwesenh. v. Pers. VI. 323, XI. 21.
Begriff. IX. 411.
Beschw. des Angekl. XIII. 222, XV. 826.
Gerichtsstelle. I. 261.
Ort. X. 652, XI. 387, *466*, XII. 576, XIII. 555, XV. 743.
Postkarte. XIII. 549.
Sitzg., Beschränkg. d. Zugängl. VI. 438, VIII. 309, IX. 260. XIV. 510.
Wahrnehmg. d. Anwes. VI. 350.
Zusammenrotten. II. 365.
Oeffentlichkeit, Ausschließung,
Beschw. e. Unbetheiligt. II. 69.
Ermessen. XIV. *386*.
Ermitlg. d. Wahrheit. I. 575.
Gehör d. Angekl. VIII. 780.
Handhabg. d. Beschl. VII. 199.
Oeffentlichk., Ausschl. (Forts.).
Münzverbrechen. XIII. 222.
Protokoll. VI. 397.
Verhandlg. d. Frage. IV. 115, VI. 545, IX. 396, XI. 439, XV. 826, XVI. 554.
Verkündg. des Beschl. IX. 396, *489*, XVI. 554.
" Gründe. XII. 46, XIV. 490.
Oesterreich, Handelsvertr. XIV. 304.
Offenbarungseid, s. Manif.-Eid.
Offizier, Ehrverletzg. IX. 570.
Onanie, gegenseitige. II. 385.
Ordnungsruf, an den Vertheidger. I. 229.
Nicht.-Beschw. d. Verurth. I. 510.
Ort der That, Brief. XIII. *75*, XIV. 291, XV. *113*, XVI. 807.
Feststellg. XIII. 139, XVI. 3.
Versch. Strafgesetze. VIII. 511.
Vollendung. XIV. 291.
Ortsbesichtigung, vgl. Verlesung.
Angekl., Zuziehg. X. *194*.
Hauptverfahren. I. 286.
Ostfriesland,
Dauer d. Schulpflicht. XVI. 737.
Ostpreußen,
Bernsteinregal. I. 316, IV. 134, VIII. 751.
Dachs, jagdbar. XV. 455.
Dorfordnung. I. 556.
Feuer-Anzd. im Walde. XII. 420.
Forstordnung. I. 375, IV. 484, VII. 190, XII. 183, XIV. 788, XV. 268, 610.
Schiedsmann. XIV. 274.
Ostrhein, s. Gemeinrechtl. Gebiet.

P.

Papiere auf den Inhaber,
Ausgabe I. 443.
Papiergeld, ähnl. Drucks. XIV. 451.
Paßwesen, Pol.-Vdn. XI. 567, 569.
Schlesw.-Holst. XIV. *725*.
Perhorrescenzgesuch,
A.-G.-O. XIV. 201.
Beim befaßten Gericht. I. 164, 378, II. 378.
Beleidigg. d. Richters. I. 325, II. 547, VII. 483, 589, X. 360, XV. 432.
Beschw. g. Zurückwsg. III. 316.
Denunziant. IV. 268.

Perhorrescenzgesuch (Forts.).
Ehrenrath. III. 412.
Feindschaft. II. 238, XIV. 201.
Gutachten d. Mitgl. XI. 56.
Interesse. XIV. 201.
Nicht.-Beschw. VI. 129.
Selbstperhorrescirg. X. 625.
Staatsanw. II. 53, XIV. 356.
Vorsitzender. XIV. 201.
Personenstand,
Veränderg. VIII. 201, XIV. 778.
Pfändung, Waldeigenth. III. 117.
Pfandkehr, s. Arrestbruch.
Pfandleihe, VIII. 496, IX. 228, XVI. 200, 295.
Pfandrechtsverletzung,
Mitbesitzer. V. 301.
Pfarramt, Frist d. Besetzg. XV. 414.
Verwaltung. XV. 413, XVI. 397.
Pfarrer, Beamter. XIV. 318.
Trauung, Aufgebot. IV. 209.
- Zuständigk. IV. 209.
Vertreter. XV. 639.
Photographie, Nachbildg. XI. 508, XII. 637, XIII. 79.
Namen d. Verlegers ꝛc. VII. 450.
Pocken, s. Krankheit.
Polizei-Anmeldung,
Unterlassung. I. 241.
Polizei-Anwalt,
Privatinteresse. XIII. *501*.
Polizei-Aufsicht, Begnadig. II. 272.
Bundesindigen. IX. 389, *405*, 415.
Inländer, Feststellg. XI. *159*.
Nachtzeit. X. 65.
Ortspolizei. X. 277.
Realkonkurr. II. 77, V. 113. IX 552.
Verlegg. d. Wohnsitzes. III. 462.
Zuwiderhandeln. II. 272, III. 70, VII. 685.
Polizeibehde. Dorfschulze. XIII. 526.
Exekutivstrafe. XIII. 91, XV. *114*.
Landrath. I. 285.
Sistirung. XI. 198.
Polizeigericht, vgl. Privatklage.
Delegation. XII, *96*.
Schöffen, Mitwirkg. XI. *331*, XVI. 444.
- Vereidung. X. *753*.
Strafverfügg., unzust. X. *753*.
Verweisg. an die Strafkammer. IX. *99*, *646*, XII. *162*.
Polizeiobrigkeit,
Landrath. XIV. 307.
Polizeirecht,
Gewohnheitsrecht. XVI. 780.
Polizeirichter,
Dampfkessel. X. 646.
Feuerversicherg. VII. 472.
Strafverfügung. I. 336.
Zuständigk. XII. 207, XVI. 103.
Polizei-Strafverfügung,
Rechtsweg. XIII. 91, XV. *114*.
Polizeistunde, Aufforderg. XV. 43.
Besprechg. ü. Wahlen. XV. 43.
Geschloss. Gesellsch. VIII. 677.
Polizeiverordnung,
Anpreisg. v. Heilmitt. IX. 448.
Baupolizei. XI. 232, XVI. 506.
Beschränkg. d. Eigenth. II. 477, VII. 166, X. 774.
Beschränkg. d. Preßfreih. III. 290, VII. 555.
Eingriff in Privatr. III. 264.
Einreichg. an d. vorges. Behörde. VII. 490.
Ergänzg. d. and. Beh. X. 131.
Feuerpolizei, VII. 711.
Feuerstätte, Anlegg. XVI. 690.
Forstservitut, Ausübg. II. 477.
Fremdenverkehr. XI. 567, 569.
Fuhrwerk. XV. 436.
Gesetzl. Pflicht., and. Behd. I. 433.
Gesetzl. Regelung. III. 85.
Gewerbeordnung. XII. 42.
Güterverkehr. XVI. 533.
Hauskollekten. XVI. 490.
Höhere Genehmigg. IX. 690.
Jagd XI. 375, XVI. 601.
Landwirthsch III. 487.
Maikäfer. X. 131.
Pflugschleppen. II. 451.
Privatbesitzstreit. IX. 199.
Regierung. XII. *502*, XIII. 593.
Richterl. Prüfg. V. 237, VI. 91, VII 490, IX. *437*.
Sonntagsfeier. VIII 678.
Strafmaximum. V. 174, XII. 42.
Strafminimum. III. 493.
Straßenreinigung. IX. *437*.
Tanzen. V. 237, XII. 42.
Ungültige. I. 433, V 237, VI. 91, IX. 199, XI. 232.
Unkenntniß. XVI. 279.

Polizeiverordnung (Forts.).
Unterlassungen. III. 487.
Verkündung. III. 85, XIV. 302.
Verschärfg. bestehender Vorschr. IV. 332, X. 27.
Vertragsverhältn. XVI. 239.
Wegepolizei. VI. 465, XVI. 506.
Polizeiverwalter, eigene Angelegh. IV. 486, VIII. 578.
Pommern, vgl. Neuvorpommern.
Fischereiordnung. I. 266.
Forstordnung. I. 322, II. 113, III. 103, VI. 538, X. 435.
Strandordnung. II. 486.
Posen, Jagdberechtigte. XVI. 622.
Sprache bei Gerichtsverhandlg. I. 165, III. 59.
Weidefrevel. VI. 478.
Postbeamter,
Briefgeheimniß. II. 265, XIV. 499.
Unterdrückg. e. Briefes. V. 304, 504, XIV. 638.
Postexpeditionsgehülfe,
Beamter. III. 296, V. 504.
Postfreimarken, Anfertigg. falscher, X. 806, XI. 496.
Entwerthg. V. 33, VII. 735, IX. 44, X. *320*.
Postillon, Beamter, XI. *39*.
Mitnahme zur Abgabe. IV. 60.
Unterschlagg. rc. V. 35, X. 98.
Postkontravention,
Bewußtsein. III. 445, VI. 256, IX. 44, XII. 31.
Postsendung, vgl. Brief.
Kreuzband. I. 441, 534, II. 292, VII. 426, VIII. 792, X. 423.
Steuerbetrag. XV. 149.
Waarenproben rc. I. 441, XI. 349.
Zettel. IV. 60.
Postzwang, Begleitbrief z. Packeten. XII. 260.
Privatboten. VI. 501.
Präjudizialfrage, s. Berecht.-Einr. Civilfrage.
Präklusivfrist, s. Frist.
Präsident, s. Schw.-G.-Vors.
Prävarikation,
Bewußtsein der Pflichtwidrigkeit. VII. 718, XVI. 224.
Rechtsanw. Mühwaltg. I. 512,
Verletzg. d. Vertrauens. VII. 94.

Presse, s. Druckschrift, Kaution, Pol.-Vdn.
Preßübertretung, Theiln. III. 101.
Preßvergehen, vgl. Druckschrift.
Rückfall, Begnadigg. VIII. 546.
= Nichtigk.-B. XI. 546.
= Vollstr. d. Strafe. XIV. 93.
= Vorstr. w. Preßvergehen. IV. 494, VI. 554.
= Zeitberechnung. III. 459, VI. 86, VII. 567.
Untersagg. des Gewerbebetriebs,
= Anderes Gew. II. 403.
= B.-St.-G.-B. XII. 266, XIII. *453*, XIV. *238*.
= Neues Preßverg. VII. 428, XI. *69*.
= Nothwendigk. V. 25, 164.
= Privileg. VII. 304.
= Redakteur. VI. 554.
= Reichspreßges. XV. 467.
= Vorbestrafg. V. 227, VI. 554,
Verjährung. III. 182, XII. *219*. XVI. 409.
Preuße, Feststellg., Schw. G.-H. VIII. 471.
Vergehen i. e. and. Bundesstaat. XI. *464*.
Preußen, (**Provinz**),
Fischereiordng. XV. 5.
Privatklage, vgl. Beleidigung.
Abschriften. XIII. *417*.
Abweisungsbeschl., Berufung. XVI. 635.
Antragsfrist. XVI. 521, 782.
Anwaltskosten. XI. *174*.
Befassung d. Richters. XI. *131*.
Berufg., Adhäsion. XIV. *373*.
Beweisaufnahme. XIV. *87*.
Disz.-Bestrafg. XI. *484*.
Formmängel., Nicht.-Beschw. XVI. 133.
Kosten. IX. 131.
Kostenhinterlegg., Aufforderg. XI. *169*, *309*.
- Frist. XI. *160*, *169*, XV. 475.
- Ger.-Kasse 1. Inst. X. *427*, XVI. 10.
- Höhe. XVI. 57.
- Kläger. X. *61*, *111*, XI. *160*.
- Verkl. X. 31, *660*, XI. *42*, XV. 226.

Privatklage (Forts.).
Mündl. Verhandlg. XV. 426.
Nicht.-Beschw., Frist. XI. *159*.
" Kostenvorschuss. X. *111*.
" Zurückweisung. X. *226*, XI. *474*.
Polizeirichter. XVI. 103.
Rechtsm. d. St.-A. XIV. *68*, *123*.
Relative Rechtskraft. XI. *131*, XIII. 390.
Unzulässig-Erklärg. XIV. *68*, XVI. 103.
Unzuständigk.-Erkl. XIV. *123*, XVI *798*.
Vollmacht. XIII. *537*, XVI. 651.
Vorladung. XV. 409.
Widerklage. XI. *515*, XIV. *373*.
Zeit und Ort. XVI. 520.
Zurücknahme. XVI. 495.
Privatweg, Verlegg. I. 435.
Promessen, auswärtige Lotterie. VIII 326, 361.
Protokoll, Abänderg. I. 510, II. 186, V. 494, XIII. 213, XV. 131.
Abschriftertheilg. I. 337.
Anwesenh. d. Angekl. XVI. 740.
App.-Anmeldg., s. App.
Aufruf d. Sache. XVI. 740.
Auslegung. XI. 351, XIV. 404.
Beglaubigg. III. 173.
Berathung. XVI. 406.
Beschw. selbstst. XV. 63.
Beurkundg., Antr. I. 195, III. 173, IV. 74, VII. 455, XVI. 265, 494.
Beweisaufnahme. XVI. 528.
Beweiskraft, Beobachtg. e. Förmlichkeit. X. *599*.
" Handschr. d. Vors. XIV. 264.
" Legal. d. Verfahr. XIII 82.
" Schreibfehler. XV. 617.
" Versäumniß e. Förmlichk. I. 195.
" Vorgg. d. Verhdlg. III. 223.
" Widerspr. mit d. Urtheil. XIII. 675.
Durchstreichg. II. 186, V. 494, X. 618, XIII. 213.
Gegenbew., Förmlichk. VIII. 102, IX. 435.
" Vorgang. III. 223, XI. 73.
Geständniß. VI. 516, XIII. 471, XIV. 324.
Protokoll (Forts.).
Konstatirg. d. Verhand. I. 485, X. 532, 585, XIII. 135, XV. 36.
Korrekturen. VII. 162, VIII. 762, X. 246, 547, XIII. 591, XVI. 791.
Mängel, Nichtigkeit. XVI. 565.
Nachtragsvermerk. I. 570, II. 519, X. 562, XI. 16, XV. 63, 76.
Name d. Referenten a. App.-G. V. 230.
Nennung d. Geschw. III. 424.
Randvermerk. V. 494, XI. 428, XV. 327.
Rasuren. XV. 520.
Registr. d. Vors. u. Ger.-Schr. IX. *489*.
Unterschrift. V. 38. VI. 339, XIII. 255, XV. 324.
Urtheilsgründe, Abweichg. V. 518.
Verkündg. des Urth., Irrthum. XIII. 232, XIV. 364.
Zeit d. Aufn. VIII. 217, X. 767, XV. 361, XVI. 377.
Zeugenaussage. IV. 309, VII. 23, VIII. 52, XI. 122, XII. *258*, XV. 361, 540, 732, XVI. 284, 412.
Zusätze. I. 510, XII 441, XV. 267.
Zweifel, amtl. Auskunft. V. 296.
Provinzial-Steuerdirektor, vergl. Steuervergehen.
Bekanntm. e. Fin.-Min.-Vdn. VII. 690.
Rechtsm. im Inter. d. Angekl. XI. 540.
Prozession, vgl. Aufzug.
Herkommen, Beweis. III. 5.
" Gegend. XVI. 234.
" Ort und Zeit ꝛc. I. 287, III. 5, 513.
Prüfung, s. Beweisantr. ꝛc.
Publikation, s. Gesetzunkenntn. ꝛc.
Pulver, Transp. a. Eisenb. IX. 458.

Q.

Qualifizirung, s. Gesichtspunkt ꝛc.
Queruliren, bei d. St.-A. I. 169, V. 468, XIV. 482.
Bescheidung. XVI. 52.
Geltg. d. Strafvorschr. XII. 268, XV. 578.
Grund d. Beschw. XIII. 381.
Thatbestand. XV. 578.

R.

Rabbiner, Genehmigg. d. Regierg. XIV. 391.
Rathskammer, Befassg. XIV. 753.
Bessere Vorbereitg. X. 474, 527.
Rathskammerbeschluß, siehe Einstellung ꝛc., Eröffng. ꝛc.
Raub, Absicht d. Diebst. II. 175.
Begriffsmerkm. d. Diebst. VII. 294.
Betreffen a. fr. That. VIII. 204. IX. 633.
Diebst. im 2. Rückf. VIII. 287.
Eßwaaren. XI. 94.
Gewalt. VIII. 204, X. 4
Holzdiebstahl. XIII. 478.
Mitthäter. VII. 36.
Mord. X. 45, XV. 518, XVI. 260.
Pol.-Aufsicht. XIV. 413.
Versuch, Tod. XI. 339.
Wegnahme. XVI. 424.
Rechtsanwalt, vgl. Amts-Anmßg., Disz., Gebühren ꝛc., Prävarik.
Beamter. X. 486
Editionspflicht. IX. 716.
Negotiorum gestor. I. 96.
Oeffentl. Amt. I. 201.
Pflicht, Rechtf. e. Rechtsm. XI. 273.
" Uebern. e. Verth. I. 97.
Suspension. IX. 504.
Unterschlagung. X. 485.
Vollmacht. X. 507.
Zeugnißpflicht. II. 214.
Rechtshülfe,
Ausfert. d. Strafurth. XII. 5.
Disziplin.-Sache. II. 249, 408, III. 109, 374.
Prüfg. d. ers. Richters. III. 109, 374, XII. 248
Strafvollstreckg. XII. 5, 248.
Verbotene Handlg. XVI. 97.
Zeugenvernehmg. II. 249, 408. III. 109, 374.
Rechtsirrthum, Ausschließung der Strafbark. VIII. 119, X. 167, XI. 605, XV. 676, 777.
Keine Entschuldg. IV. 19, V. 156, 361, X. 78, 638, XI. 184, 336, XV. 479.
Rechtskraft, vgl. Non bis in idem.
Anerkennung. XI. 238.
Appell. z. Schärfung. II. 359.
Rechtskraft (Forts.).
Einstellg., Mangel d. Antrags. XVI. 774.
Gründe. II. 374.
Inkomp.-Urtheil. VII. 407, 442, 649, VIII. 475.
Neues Gesetz. XII. 292.
Rathskammerbeschluß. IV. 115, VII. 221, XIV. 634.
Veränderg. im Tenor. I. 66.
Rechtskraft, relative,
Beschwerdepunkt, XVI. 657.
Beseitigg. d. Straffreih. XIII. 390
Buße. XVI. 276.
Druckschr., Vernichtg. IX. 522.
Ehrverlust. XIII 319.
Erschw. Umst. X. 105, XI. 602, XVI. 662.
Feststellung. IX. 650.
Freispr. von e. Qualif. I. 492, III. 14, VI. 29, XIV. 83, XVI. 367, 563.
Geldstrafe, Kosten. VIII. 536.
" neben Gef. IX. 359, 532.
" Umwandlg. XV. 428.
Gesammtstrafe. XVI. 437.
Gnadenerlaß. I. 497.
Idealkonkurrenz. IX. 359, 532.
Mild. Umst., Beseitigg. V. 409, VIII. 699.
Namen d. Strafthat. VII. 242.
Person d. Verletzten. X. 668.
Qualifizrg., andere. X. 98, XII. 603, XIV. 332.
" Buchführg., Mäng. a. Art. XIII. 429.
" Fahrlässigkeit and. Art. XIII. 379.
" Mangel d. Antr. XIV. 244.
" Schwerere. I. 113, 561, VIII. 54, X. 87. XV. 646.
" Thäter st. Theiln. VI. 293.
" Theiln. and. Art. VIII. 537.
" Unterschl. st. Diebst. XI. 589.
" Vorbehalt. I. 211.
Rechtsm. des St.-A. im Inter. d. Angekl. IX. 637, XV. 598.
Restitution, aufgeh. Erk. VI. 293.
Schreib- ꝛc. Fehler. VII. 610.
Strafminimum, Gesetzeswechsel. XII. 391, 643.
Verb. konnexer Sachen. XV. 448.

Rechtskraft, relative (Forts.).
Vernichtetes Urtheil. VIII. 372, XI. 285, 602, XV. 751.
- Dieselbe Feststellg. IX. 57.
- Mangelh. Feststellg., Freispr. XIII. 597.
Wertherſatz, Solidar. IX. 344.
Zuchthaus, Monate. XVI. 405.
Zuständigk., Aufhebg. w. Z. d. Schw.=G. XI. 332.
- Bestätigung XV. 185.
- Feststellg. d. Thatb. V. 406. XV. 646.
- Unzuständ.=Erkl. XII. 436, XV. 372, 394.
- Verweisg an den Str.-K. höherer Gattg. IV. 24.
Rechtsmittel, vgl. App. rc. NB.
Bedingung. XI. 254.
Beschl. ü. Bew.-Aufn. XIV. *434*.
Dienststunde. XVI. 716.
Unterschrift. XII. 322.
Urth.=Ausf. XVI. 431.
Urth.=Gründe. X. 176.
Rechtsmittel der Fiskalbehörden,
Frist. XIII. *455*.
Prov.=St.=O. XI. 540.
Vortheil d. Angekl. V. 549.
Rechtsmittel der Privatkläger,
Vorth. d. Angesch. XI. *131*.
Rechtsmittel der StA.=schaft,
Einschränkung. XVI. 145.
Gerichtsbezirk. II. 551.
Inter. d. Angekl. IX. *637*, X. 550.
Verzicht. X. 73.
Zurückn. XIII. 115, XVI. 145.
Rechtsmittel des Verurtheilten,
Anmeldg. v. Zustellg. XIII. *308*.
Belehrg. d. Gerichts. VIII. 482, IX. 250, 466.
Falsche Bezeichng. XIV. 330.
Formmängel. X. 662.
Frist, Beginn. XV. 845.
Gef.=Str. w. Störg. der Sitzg. VI. 225.
Mutter. XI. 538.
Unrichtiges. XII. 207.
Vater. V. 386, VII. 251, 609.
Vertheidiger. V. 277, 399.
Vollmacht. XII. 316.
Vollmacht, vermuth. VIII. 638.
Vorheriger Strafantritt. II. 474.
Rechtsm. d. Verurth. (Forts.).
Zurückweisung, Abänderung. XII. *317*.
Zurückweisg., Kosten. XII. 97.
Zuständigk d. Sch.=G.H. VIII. 334.
Rechtsmittelfrist, vgl. Frist.
Antr. a. Vernehmg. XI. 285.
Beginn, Verkündung. VII. 508, VIII. 481.
- Zustellung. VIII. 482.
Falsche Belehrg. X. *507*.
Minderjährige. X. 285.
Privatkläger. XV. 631.
Sonntag. IV. 90, VI. 79.
Rechtsweg, Polizeiexek. XIII. 91. XV. 114.
Redakteur, s. Druckschrift.
Referendar,
Gerichtsschreiber. XII. 309.
Vertreter d. St.=A. VI. 571.
Reformatio in pejus, s. Rechtskraft (relative).
Regent, e. deutschen Staats, Beleidg. V. 146.
Regierung, vgl. Pol.=Vdn., Steuervergehen.
Gewerbesteuersachen. XVI. 811.
Reichstag,
Verächtlichmachen. XIV. 102.
Reichstagsbericht, s. Druckschr.
Rekonvention, s. Beleid., Privatkl.
Rekurs, Fristverlängerg. VII. 71.
Gew.=St. und Gew.=Pol.=Vdn. II. 285.
Statt Appellation. I. 141, 147, 348, 572.
Zurückweisg., App.=Ger. III. 200.
- Beschw. III. 200, IV. 92, V. 216.
- Pol.=Richter. III. 200.
Rekursrichter, abweichd. Feststellg. XV. 833.
Verschärfg. d. Strafe. I. 121.
Verwerfg. d. Gesuchs um Wiedereinsetzung. I. 336.
Religion, s. Beschimpfg., Verspottg.
Religionsdiener,
Berufsthätigkeit. XIV. 502.
Eheschließung. XIV. 391.
Erörterung. XIII. *558*.
Friedensgefährd. XVI. 478.
Kirche. XVI. 89.

Religionsdiener (Forts.).
Staatsangelegenheit. XVI. 478.
= Gesetz-Entwurf. XIII. *558*, XIV. 150.
Verkündg. v. Erlassen. XVI. 433.
Religionsunterricht,
Geistlicher. IV. 35, XV. 655.
Requisition, s. Rechtshülfe ꝛc.
Restitution, vgl. Wiedereinsetzg.
Analogie. VII 165.
Beschwerde. IX. 518.
Falsche Urkd., Simul. III. 10.
= Verstorbener, IX. 11.
Frist, Beginn. IX. *634*.
Gegen Ob.-Trib.-Erk. V. 6.
Ger. erster Inst. II. 349, XI. 33.
Meineid, Einstllg. d. Verf. IX. 518.
= Erheblichkeit. IX. 181.
= Verjährung. XI. 355.
= Verstorb. VII. 448, IX. 180.
Rechtskraft. VI. 293.
Strafvollstreckung. III. 433.
Unrichtigk. e. Urk. IX. 496, 660.
Versäumg. d. Frist. IX. *634*.
Voruntersf. Prüfg. IX. 181.
Widerspr. zweier Erk. X. 542.
Retentionsrecht,
Vermiether. XVI. 816.
Wegn. eigner Sachen. XVI. 816.
Rheder, Eintragung ins Schiffsregister. VI. 20.
Rheinisches Verfahren,
Abwesende, Ladung. VI. 428.
Advokat, Rechtsmittel. IX. 577, XI. 502.
= Richter. XV. 200.
Akteneinsendung. X. 241.
Akteneinsicht, Beschuld. III. 158.
= Vertheidiger. XVI. 303.
Aktenstück, Verlust. XIII. 614.
Alignement, Niederlegg. IX. 253. XIV. 112.
Angekl., Abschr. IX. 297, XI. 441, XIV. 735, XVI. 237.
= Bezeichnung. III. 17.
= Vernehmg. IV. 255.
Anklage, Erschöpfg. VIII. 505.
Anklagesenat, Einstellg.-Gründe. XIII. 499.
Anklageurtheil, Rechtskr. XI. 194.
Antr., Tutor ad hoc. XVI. 681.
= Zurückn. XIV. 575, XVI. 255.

Rheinisches Verfahren (Forts.).
Antrag, Vernehm. d. Verletzten. XIV. 220.
Assessor. XVI. 303.
Ausländ. Ges. XVI. 401.
Aussetzg. d. Strafverf., Berufg. I. 271.
= Kass.-Rekurs. V. 258.
Befassung d. Gerichts. III. 140, VIII. 584, XIII. 25.
Berechtigungseinrede. I. 74, 271, V. 258.
Bergfrevelsachen, Voruntersuchg. VI. 137.
Berufung, Advokat. IX. 577.
= Ob.-Pr. X 240, XI. 235.
= Str.-Verf. d. Fr.-R. VI. 134.
= Zustellg. X. 240, XI. 235.
Berufungsrichter. I. 105, IX. 458, X. 537, XVI. 137.
Beschuld., Akteneinsicht III. 158,
= Geistesschwäche. XI. 235.
Beschuldigg., Qualifizr. d. That. III. 140, XIII. 25.
= Schwer. Thatbest. VIII. 427.
Beweisantr., Ablehng. VIII. 445.
= Entschdg. d. Schw.-G.-H. XVI. 238.
Beweismittel. XVI. 588.
Beweiswürdigg. I. 145, VIII. 96.
Civilhaftbk. Kosten. IX 374. XV. 23.
= Strafe XV. 23.
Civilkläger, Kassat.-Rek. I. 581, X. 90, XV. 333.
= Verurtheilg. zu Entschädig. X. 90.
= Zeuge. I. 582, V. 414.
Civilklage, Antr.-Frist. XV. 831.
= Desistement. III. 554, V. 414.
= Freisprechung. XIV. 477.
Definitivurth. I. 105, V. 258, 414.
Deklaration e. Urth. XIV. 497.
Denunziant, Belehrg. d. Geschw. IV. 256.
Disz.-V., Kass.-Rek. I. 128.
Einspruch, geg. Abweisg. e. Antr. IX. 498.
= geg. Kont. Urth. IV. 234, VII. 585, VIII. 100, 301, XII 6. XVI. 180, 360.
= Verwerfg. VII. 90, XIV. 55, XVI. 180.

Rheinisches Verfahren (Forts.).
Ersatzgeschworene. XIII. 466.
Enschw. Umst. II. 191, VIII. 403.
Feldfrevelsachen. I. 74, V. 9.
Feststellg., Begriffsmerkm. V. 55.
" Betrug X. 537.
" Dispositiv. XIII. 658.
" Gesammtinhalt. V. 54.
" Gesetzeswechsel. XIII. 658
" Oeffentl. Weg. VIII. 445.
" Unterschlagg. IV. 343.
" Verleumdung. VII. 334.
Forstfrevelsachen. V. 9, VI. 5.
Fragstellg, Hauptfr. VIII. 505, XIII. 342.
" In Abw. d. Angekl. XIV. 544.
" Meineid, Thats. XVI. 304.
" Mild. Umst. X. 252, XIV. 543.
" Subsid.-Fr. V. 292.
" Urk.-Fälschg. XIV. 223, 466.
" Zulässigk., Spruch. XIV. 543.
" Zusatzfr. IX. 743, X. 252, XIV. 544.
Freilassg. Kaut. XIV. 555, 696. XVI. 105.
Freisprechg., Kont.-Urth., Berufg.
" " Kass.-Rekurs. IV. 234, VII. 585, VIII. 100, 301, XII. 6, XVI. 360.
" Unstatth. Verfolgg. I. 587.
Fr.-R., Hilfs.-R. a. L.-G. X. 741.
" Sitzungspolizei. VI. 133.
Geldb., Spezialges. IV. 217, V. 9.
Generalprok., Kass.-R. XIII. 659.
Geschworene, Berathg. IX. 298, XV. 222.
" Verkehr m. And. IX. 198, XVI. 153.
" Zurücksendung. X. 566
Geschw.-Liste, Ergänzg. VIII. 80.
" Mangelh. Bezeichn. IX. 25, X. 232.
- Qualifik.-Mängel. IX. 24.
Geschw.-Spruch, Beweis. IV. 77.
" Erschöpfg. d. Ankl. X. 566, XIII. 582,
" Stimmenzahl. II. 191, 525, VIII. 403.
" Zusatz, XIII. 582.
Geschworne, Beamter. XVI. 303.
" Brüder. VIII 541.
" Fähigk., Prüfg. IX. 24.
" Fallit. IX. 25, X. 412.

Rheinisches Verfahren (Forts.).
Geschw., Gewerberichter. V. 173.
" Strafe, Einspr. VI. 506.
Gesetz, Anführung. V. 563.
Gesichtsp. d. Strafbark. XIII. 25, XVI. 255.
Gesindedienst, Bestrafg. II. 322.
Hinverweisg. an e. and. Gericht. IX. 498, X. 414.
" Befassg. e. Rhein. u. altländ. Gerichts. III. 90.
" nach Vernichtg. V. 292.
Holzdiebstahlss., Berufg. VII. 266.
Idealkonkurr., Antrag, XVI. 255.
Inkomp.-Urth., Aufhbg. VII. 176.
Kass.-Rek., Einlegg. VIII. 445, X. 312, XV. 601.
" Entscheidungsgr. XV. 467.
" Frist. XIII. 196.
" Gen.-Prok. XIII. 659.
" Stempelstrafresol. VII. 505.
" Urth. erster Inst. XV. 467.
" Urtheilsausfertg. I. 581.
" Wiederholung. VIII. 301.
" Wirkung. XV. 466.
" Zurückziehung. XIII. 385.
" Zustellg. IX. 290, XII. 152. XIII. 659, 679, XV. 648, 748.
Kass.-Verf., letzt. Wort. XIII. 25.
" Tod d. Besch. XV. 468.
Komp.-Konfl., O.-Tr. VII. 506, IX. 162, X. 623, XI. 194.
Komp.-Urtheil, Rechtskr. I. 105, VII. 176
Komp.-Vorschr., Aufhebg. II. 321.
Konnexität, Berufg. V. 552.
Kont.-Urth., Kass.-Rek. IV. 234, VII. 585, VIII. 100, 301. XII. 6, XVI. 180, 360.
" Richtigkeit. X. 240.
" Zurückn. d. Antr. XIV. 575.
Kont.-Verfahren. VI. 428.
Kosten, Antheil IV. 345.
" Beamter d. St.-A. XV. 880.
" Frustratorische. XV. 880.
" Rechtsm., St.-A. XV. 880.
" Straffr.-Erkl. XII. 460, 495.
" Strafunmündige, Freispr. XV. 854.
Mild. Umst., Diebst. XVI. 11.
Milderungsgründe. II. 525.
Militärgerichtsstand. XI. 194.
Nichtigk. erster Inst. XV. 155.

Rheinisches Verfahren (Forts.).
Obduktionsber., Mitth. XI. 441.
Oberhandelsgericht, Aktensendg. XIII. 264, XV. 600.
Ob.=Trib., Aufhebg. e. rechtskr. Inkomp.=Urth. VII. 176.
= Beweiserhebg. IX. 198.
= Entschdg. v. negat. Komp.= Konfl. s. o.
= Regul. d. Komp. III. 90, IX. 498.
Ob.=Tr.=Urth., Abänderg. XVI. 94.
= Einspruch. XVI. 180.
= Einziehung. XV. 811.
= Nachträgl. XI. 456.
Oeffentlichk., Ausschließ. VIII. 541.
Offizialvertheidiger. XVI. 75.
Perhorrescenz. IV. 74, X. 414.
Polizeianw., Vertretg. VIII. 445.
Polizeibeh., Exekutivstr. II. 326.
= Strafgewalt. II. 322.
Polizeigericht, Ladung. IV. 130.
= Verf., Spezialges. IV. 216.
= Zuständigk. II. 321, VIII. 441, XVI. 64, 462.
Polizeirichterl. Urth., Berufung. I. 105, 271, IV. 216, 274, V. 552, VI 5, VII 266.
Protokoll, Korrekturen. IV. 256.
= Unterschr. e. Antr. XVI. 237.
Prüfg. schw. Thatbest. VIII. 427.
Rathskammerbeschluß, Rechtskr. IX 162.
= Mitwirkg., Schw.=Ger.=H. II. 495.
Rechtsmittel, Advokat. IX. 577, XI. 502.
Relat. Rechtskr., Kassirt. Urth. XII. 50.
= Qualif. d. That. VII. 174. VIII. 97.
= Rechtsansicht. XV. 736.
= Strafumwandlg. XIV. 495.
Revision, Unvereinbark. beider Urtheile. XI. 596.
Richter, Geisteskrankh. XI. 501.
Rückfall, Feststellg. XIII. 342.
Schulversäumn., Bestrafg. gebot. VIII. 98.
= Entscheidg. ü. die Schulpfl. VIII. 236.
= mehrm., VIII. 792, X 448.

Rheinisches Verfahren (Forts.).
Schulverf., Pol.=R. VIII. 441, XVI. 64, 462.
= Strafhöhe. VIII. 106.
= Verf.=Listen. VIII. 96, 792.
= Verwdlg. in Ges. VIII. 712.
Schw.=Ger.=H., Mitgl. II. 495, VIII. 442, 541, XVI. 303.
= Zuständigk. XI. 164.
Schw.=G.=H.=Präsident, Diskret-Gewalt. V. 158, 173, VI. 505, VIII. 400.
= Einwirkg. a. d. Verth. IX. 25.
= Schlußvortrag. VIII. 400, 541, XIII 495, XV. 45.
= Verlesg. v. Zeugenaussag. VI. 505, VIII. 302.
Vernehmg. unfäh. Zeugen. V. 158, 173, XIV. 230.
Schw.=G.=Verhdlg., Terminsbest. IV. 255, XI. 441.
Sitzungspolizei, Fr.=R. VI. 133.
Stellg. z. Haft. XIV. 495, 696, XVI. 105.
Strafverfolgg., Befragg. d. Verletzten. XIV. 220.
Stravollstreckg., Gehör. XIV. 497.
Strohdach, Niederlegg. XVI. 103.
Sukkumbenzstr., Armuth. I. 582, X. 90, XIII. 11.
= Betrag. III. 373.
= Disz.=S. I. 128.
= Mangel, Geisteskr. XI. 334.
= = Verurtheilg. II. 423, XI. 456.
= Mehr. Kass.=Kläger. IV. 274, XII. 100, 650, XIV. 285, XVI. 459.
= Verbr., mild. Umst. VIII. 566, XIII. 480, XVI. 11.
= Verbr., Strafunm. XVI. 136.
= Verg., Schw.=GH. II. 517.
= Verurtheilg. XV. 467.
= Zurückzahlg. XV. 601.
= Zwischenurtheil. XV. 466.
Thätigk. d. öffentl. Min., Kass.=Rekurs. X. 240.
Tod d. Angeschuldigt. XV. 568.
Uebertr., Pol.=R. II 321, IV. 216.
= Z.=P.=G. V. 552.
Unters.=R., Mitgl. d. Z.=P.=S. X 741, XVI. 531.

Rheinisches Verfahren (Forts.).
Unters.-R., Schw.-GH. II. 495.
„ Zeuge. IX. 298.
Urtheil, Deklaration. XIV. 497.
„ Motivirung. VIII. 427, XIII. 499, XVI. 137.
„ Verkündung. VIII. 541.
Verjährg. I. 199, 436, VI. 137.
Vernichtg. d. Ladung. I. 587.
Vertagungsantrag. XV. 155.
Verth., Akteneinsicht. XVI. 303.
„ Frist d. Vortr. IX. 25.
Vertreter, Anmeld. v. Rechtsm. X. 312.
Verwalt.-Behörde, Strafgewalt. II. 321, 322.
Verzicht d. Angekl. XVI. 75.
Vorladung, Vernichtg. XV. 831.
Wegbeschädigg., Herstellg. VII. 224.
Zeuge, Civilkläger. I. 582, V. 414.
„ Denunziant. IV. 256, X. 720.
„ Ehefrau. XVI. 238.
„ Kinder unter 15 Jahren. I. 145, XVI. 242.
„ Mitbeschuldigter. X. 410.
„ Schwager. VI. 509.
„ Stiefsohn. XV. 529.
„ Unglaubwürdige. I. 582.
„ Verwandter d. Besch. X. 720, XVI. 238.
„ Verwandter d. Civilklägers. I. 582.
Zeugenliste. XVI. 304.
Zeugenvereidung.
„ Blödsinn. Zeugen. II. 495.
„ Formel. IV. 466.
„ Jude. X. 793.
„ Konstat. im Prot. X. 792.
„ Verzicht. IV. 328.
Zeugenvernehmg., Ablehng. w. Unerheblichk. X. 793.
„ Entscheid. d. Schw.-G.-H. XVI. 238.
„ Getrennte. X. 410, 417.
„ uneidliche. V. 158, 173, VI. 508, XIV. 230, 328, XVI. 242.
„ Verzicht. XVI. 237.
Zeugniß, falsches, in der Voruntersuchg. V. 73, VI. 405, VIII. 615, XVI. 49.

Rheinisches Verfahren (Forts.).
Zeugnißpflicht, Geldstrafe, Kass.-Rekurs. III. 373.
„ Körperbst. IV. 166, XIV. 547.
„ „ Berufung. IV. 166. XIV. 554.
„ Redakteur. III. 373.
Zuchtpolizeigericht, Diebstahl im 3. Rückfalle. XVI. 11.
Zustellung, Anheften. XV. 748.
Zwischenurth., Kass.-Rek. XV. 466.

Rheinprovinz,
Holztransport. VI. 60.
Zuchtstier-Körordng. XIII. 512.

Rheinufer, linkes,
Abraupen. X. 674, XII. 397.
Alluvion. V. 206.
Bauverbot, Flußgebiet. XII. 172, XV. 365.
„ Wald. IV. 217.
Bergwerkskontravention. VI. 138.
Forstordonnanz. IV. 480.
Geheimmittel. X. 308.
Holzkaufbedingungen. I. 580.
Jagd, Hund. VII. 34.
„ Schonzeit, Pachtbedingung. VIII. 642.
Krankheit, Anzeige. XVI. 246.
Kriegsleistungen. XII. 496.
Leinpfadbepflanzung. V. 206.
Meineid. Qualifiz. Ausschwörg. XVI. 304.
Mob.-Versteigerg. V. 410, XI. 104.
Ordonnanz von 1669, Geltung. V. 206.
Polizeireglement. I. 580.
Polizeiverordng., Cholera. X. 27.
„ Dachwasser, Abfl. XI. 236.
„ Deichschau. I. 433.
„ Feuerlöschdienst. X. 207.
„ Fremdenverk. XI. 567, 569.
„ Impfzwang. IX. 691.
„ Strafe. III. 485, XVI. 247.
„ Straßenreinigg. IV. 332, X. 774.
„ Wasserlauf. VII. 166.
„ Zeit d. Abraupens. XII. 397.
Ruralvergehen. II. 1, V. 9.
Schulpflicht, Alter. VIII. 100, 767, XVI. 462.
„ Seelsorger. VIII. 767, IX. 129, X. 673.

Rheinufer, linkes (Forts.).
Schulversäumn., s. Rhein. Verf.
Tollwuth, Anzeige. XVI. 247.
Viehtreiben, fremdes Grundstück. VII 713.
Wald. Ausrodung. III. 486.
Wegnahme von Weidenpflanzen. IV. 480.
Weidefrevel. I. 74, VI. 5, 424, 433.
Wiese, künstliche. VI. 425.
Rheinufer, rechtes, s. Gemeinrechtl. Gebiet.
Richter, vgl. App.-Ger., Diszipl. Perhorresc. rc.
Antrag auf Strafverfolgung. XV. 583.
Anzeige einer Stempelhinterziehg. XV. 849.
Beurkundung. IX. *499*.
Ernenng. z. Rechtsanw. X. 523.
Erstatt. frustr. Kosten. VII. 320.
Hülfsrichter. XV. 409.
Mitwirkg. in fr. Just. VIII. 744. X. *120*, XIV. *23*, *90*, XVI. 81.
Schwerhörigk. VI. 461.
Selbstbetheiligung. IX. 110.
Staatsanwalt im Vorverfahren. II. 544, IX. *499*.
Unfähigk., Ermittl. XI. *84*.
Ungerechtigkeit. IX. *587*.
Versetzung. XIII. 112.
Verwandtsch. mit d. Beschädigt. V. 433.
Verwandtsch. mit d. Vertheidiger. III. 308.
Verwandtsch. mit einem Zeugen. VII. 742.
Vormundschaftsrichter. XI. 179.
Zeuge. VII. 605.
Rinderpest, vgl. Viehsperre.
Aeltere Vorschr. XII. 312.
Anordng., Verkündg. XV. 486.
Handel. XII 312.
Rübenzuckersteuer,
Anmeldung. II. 146.
Rückfall, vgl. Diebstahl rc.
Feststellg., Irrth. d. fr. Urth. V 63.
" Nicht.-Beschw. XI. 546.
" Notorietät XI. 204.
" Voraussetzungen. IX. *331*, *337*, X. *67*.
Gnadenerlaß. II. 299, IX. 333.

Rückfall (Forts.).
Ident. d. Pers., Nicht.-Beschw. VI. 546, XIII. 115.
Preuß. Ger. VIII. 223, 561, *716*, IX. 20, *141*, 331.
Rechtskr. d. Vorentsch. II. 240, 359, VIII. 633, XI. 354, XIII. 284, 342.
Strafvollzug. III. 273, X. 573.
Strafzumessung. XIII. *521*.
Theilw. Verbüßg. XII. 494.
Verbr.-Begr. IX. *331*, *337*, *401*,
Verjährung. IX. 146, X. 277.
Vorstr. w. Versuchs rc. XIII. 678.
Ruhestörung, Nachtzeit. V. 140.
Oeff. Ruhe rc. IV. 560, XV. 297.
Ungebührlichkeit. XII. 343.

S.

Sachbeschädigung rc.
Antrag, Dom.-Rentamt. XV. 737.
" Inhaber. XII. 655.
Bäume in Forsten. II. 11.
Bewußtsein. II. 466, III. 317, V. 462, VIII. 119, IX. 179, X. 167, XIV. 781.
Bienenschwarm. XIII. *284*.
Dolus. VII. 423.
Eigne Sache im Besitz e. Andern. VIII. 375.
Eisenbahn, Schiene. XII. 624.
Guter Glaube. X. 407.
Hund, Tödtung. s. Jagd.
Kausalzusammenhg. IX. 754.
Pächter, fr. Pflanzung. XII. 64.
Polizeigebot. III. 239.
Rechtsirrth. VIII. 119, IX. 179, X. 167.
Schädliches Thier. XI. *25*.
Selbsthülfe. X. 407, XV. 729, XVI. 324.
Vermögensverringer. XIV. 616.
Viehhütungsfrevel. X. 407.
Vorsätzlichkeit VII. 470.
Zerstörung. VIII. 154.
Sachbeschädigung, befried. Sachen,
Alleebaum. XIV. 755.
Antr. d. Verletzten. XII. 587.
Bäume. VIII. 708, IX. 286.
Damm. VIII. 756.
Eigenthum. VII. 308, VIII. 264, IX. 397.

Sachbesch. befr. Sache (Forts.).
Erfüll. d. Zwecks. II. 165, IX. 397.
Fremde Sache. III. 27.
Guter Glaube. VIII. 454.
Kirchl. Gebäude, Vorstd. XVI. 777.
Motiv d. Handlg. III. 164.
Oeffentl. Nutzen. X. 37, XI. 288.
Rechtswidrigk. III. 27, VII. 522, VIII. 264, IX. 397, XI. 51.
Vorsätzlichk. III. 447, XI. 312.
Wegebau. X. 37.
Wegweiser. III. 59.
Weidenpflanzung. IV. 493.
Sachsen, Braunkohlenfeld, Abbauen. VII. 389, IX. 111.
Holztransport. VI. 60.
Hund, Tödtung. IX. 45.
Sachverständiger, vgl. Gutachten, Schriftvergl., Superarbitr.
Antrag. II. 52, III. 464, X. 398, XI. 232.
Anwesenh. b. Beweisaufn. IV. 90, VI. 356, VIII. 314.
Auswahl. I. 248, II. 294, XVI. 378.
Behd., Kenntn. d. Thats. XI. 192.
Berücks. fr. Mittheil. VIII. 116.
Beschluß, Ausführung. I. 248.
Bücherrevisor. XVI. 791.
Dienstbehörde. I. 248.
Diensteid. III. 56, IV. 298.
Generalfragen. XI. 263.
Gerichtsschreiber. III. 64.
Meineid. XIV. 732.
Obduktion u. chem. Unters. I. 5.
Sachv.-Eid. V. 266, VII. 421, IX. 712, 746, XI. 409, XVI. 791.
Taxator. XVI. 273.
Tod. II. 204.
Vereidg. ein für alle Mal. XIV. 204, XV. 845.
Vergütg., Rechtsm. XI. 438.
Versich. an Eides statt. XIV. 732.
Widerspruch. VIII. 285.
Zeugen-Eid. II. 328.
Zuziehung, Ermessen. VII. 287, 578, VIII. 285, IX. 7, X. 398, XI. 61, XVI. 378.
Zwangspflicht. I. 248, XVI. 302.
Salz, Denaturirung. V. 466.
Gew.-S., Verkauf. XII. 75.
Strafumwandlung. V. 466.
Sandgraben, Aneignen. IV. 25.
Sandwegnahme,
Ueberschwemmung. IX. 677.
Schadensersatz, Civilklage. X. 507.
Feuer-Anzünden. XII. 420.
Schamhaftigkeit, Verletzung, vgl. Unzüchtige Handlung.
Aergerniß. VII. 213.
Anwesende Pers. VI. 323.
Beifall. I. 303.
Bewußts., Feststellg. III. 81, 127.
Dolus. I. 342, X. 696.
Eisenbahn-Coupé. III. 196.
Geschlechtl. Beziehg. III. 353.
Mündl. Aeußerg. XII. 273.
Oeffentlichk., Ort. I. 303, VII. 233, X. 43, 125.
" Personen. II. 510, III. 196. VII. 233, VIII. 470. X. 456.
" Wahrnehmg. geg. Erwart. VI. 531, X. 456.
Schankwirthschaft, vgl. Kleinhdl. 2c.
Anmeldung z. Besteuerg. XVI. 84.
Ehefrau. XV. 811.
Erlaubniß. X. 318, XIII. 526.
" Beschränkung. XV. 198.
" Lokal. XIII. 251, XVI. 163, 288, 814.
" Steuerzahlung. XIII. 526.
" Versagung. XVI. 288.
Gehülfe. XV. 883.
Geschlossene Gesellsch., Oekonom. IV. 272, VIII. 677.
Gesellschafter. XVI. 84.
Gewerbe. XIII. 188.
Offenes Lokal. XVI. 740.
Privatgäste. XVI. 613.
Selbstfabrikat. X. 319, XVI. 106.
Selterswasser. XV. 403.
Stehendes Gew. XII. 125.
Steuer, Neben-Gew. XVI. 106.
Wagen, Umherfahren. XV. 403.
Winzer. XII. 125.
Schiedsmann, Ausländer. VII. 384.
Schifffahrtsabgabe,
Fin.-Minister. VII. 690.
Schiffsmann, Ungehorsam. I. 400, II. 491, XII. 253.
Schiffsregister, Eintragg. VI. 20, XV. 580.
Schlacht- und Mahlsteuer,
Absicht. IV. 122, V. 105. 235, VII. 497, VIII. 159, IX. 303, 445, XI. 571, XIV. 411.

Schlacht- u. Mahlsteuer (Forts.).
Beihülfe. XIV. 130.
Bestellung. II. 98, III. 258, 303,
Deklarationspflicht. V. 230. 317, X. 151, 155, XI. 382.
Denaturirg, Täuschg. VIII. 488.
Differenzsteuer, Ortsreg. III. 61.
Dolus. II. 5, X. 635. XIII. 312.
Einbringer. IV. 29, 356, IX. 559, X. 151, XI. 381, XIII. 382, XV. 120.
Einziehung. XIV. 315, XV. 120.
Eisenbahn, Packmeister IX. 133.
- Reisender. XI. 382.
Gemischtes Mehl. XI. 167, XIV. 99.
Gewerbebetrieb, Untersagg I. 391, II. 428, X. 572, XI. 571.
Gewichtsangabe. I. 48.
Haftbark. f. d. Thäter. VII. 273, 284, VIII. 212, XI. 52.
- Subsidiar. VII. 106.
Halbmeile, Ablieferung. II. 303, III. 258, 303, VI. 353.
- Begrenzung. IV. 557.
- Deklaration. VIII. 92.
- Doppelbesteuerung. IX. 304, XI. 381, XV. 120.
- Einbringen. VI. 250. IX 61, XIV. 103.
- Feilhalten. IX. 61.
- Gewerbsverkauf. IV. 543, V. 180, 314.
- Niederlage. III. 189, 303, V 505, VII. 410, IX. 61, XI. 381, XV. 120.
- Speisewirth. X. 607.
- Wohnung. I. 545.
Irrth. IV. 360, IX. 607, XV. 248.
Jüd. Schächter. II. 258, VI. 300.
Kuh-Euter. III. 530.
Kutscher. IX. 559, X. 151.
Mahlmetze, Verkauf. V. 132.
Mitthäter. XIV. 71.
Müller u. Mehlhändler. II. 428.
Nachweis d. Versteuerg. X. 621.
Ortsregulativ. VII. 99.
Pfandbestellung. XI. 571.
Polizeil. Erlaubnißschein. II. 98.
Proviantgemahl. X. 48
Quantum. I. 171, 240, IX. 445. XV. 877.

Schlacht- u. Mahlsteuer (Forts.).
Revision, Hülfeleistg. VII. 337, XI. 592, XII 424, XIII 123.
- Oeffng. d. Lokals. VIII. 597.
Rückfallstrafe. IV. 30, X. 573, XII. 645, XIV. 103, 462.
Schlachten. II. 258, VI. 300, IX. 210, 556,
Steuerstraße. VII. 188, X. 620, XIII. 312.
Steuerverschl., Verletzg. II. 178, IX. 126. XIV. 739.
Strafunmündiger. V. 219.
Tageszeit. V. 219, VI. 328, IX. 371.
Thorkontrolle. IX. 303.
Transportführer. IV 29, V. 317, VII. 456.
Ueberlassen v. Fleisch. XIV. 50.
Uebertretung. XIV. 130, 315.
Unkenntniß. XIII. 382, XIV. 71.
Unterlass. Anmeldg. IV. 122.
Untersag. d. Gewerbebetr XII. 645.
Vermahlen. XIII. 550.
Zuständigk. d. Pol.-R. XIV. 315.
Schlächter, Trichinen. XVI. 708.
Schlägerei,
Angriff Mehrerer. VIII. 82.
Antr. d. Verletzten. XIII. 339.
Betheiligung. II. 384, III. 98, VIII. 515, X. 162.
- Gegner d. Verletzt. XV. 616.
- Zeitpunkt. IV. 228, XI. 401.
- Zuruf. XII 105.
Ermittlg. d. Thäters. III. 98, 543.
Exceß e. Angriffs. X. 795.
Fragstellung. XVI. 312.
- Verschulden. X. 471.
Körperverletzg. II. 331, IV. 456, X. 471.
- Vorsätzlichk. IV. 221.
Mild. Umstand. I. 251, III. 41, V. 100, VI. 570, X. 108, XI. 23.
Nothwehr. VIII. 607.
Personenzahl. IV. 456.
Selbstverletzter. X. 274, XI. 535.
Spiel. X. 447.
Strafmaaß. I. 251, III. 41.
Theiln. e. Dritten. X. 162.
Tödtung. I. 412, VIII. 437, IX 174.
Unverschuld. Hineinziehen. V. 203, XIV. 711, XVI. 312.
Vorsatz. VII. 194.

Schlageisen, besuchter Ort. IX. 255.
Schlesien, Fasanenjagd. VIII. 295.
Hund, Erschießen. VIII. 776.
Schulpflicht. VI. 387.
Schleswig-Holstein, vgl. Holstein.
Gewerbevergehen. X. *522.*
Jagd a. Meeresstrand in Schlesw. XIII. *440.*
Lösung d. Hundezeich. XVI. 350.
Offizier, Pension XI. 563.
Schulversäumniß. XIV. *223.*
Wundarzt, Approb. XVI. 780.
Schleusingen,
Holzberechtigung. XIII. 172.
Schmähung, vergl. Anordng. 2c. Staatseinrichtung.
Bedingte Form. I. 456.
Bezeichng. d. Reg.-Org. IV. 474, V. 163.
Dolus. XI. *71.*
Gerücht, Nacherzählen. V. 68.
Möglichkeiten. VI. 550.
Urtheilende Aeußerung. V. 67.
Verdächtigung. IV. 10, V. 227.
Verhöhnung. XI *71.*
Wahrheit. VI. 550.
Schöffen,
Beeidung. X. *753,* XVI. 445.
Fiskalgericht. XVI. 444.
Geldbusse, N.-Beschw. X. *421.*
Gewerbesteuersachen. X. 786.
Haussuchung. XV. 98.
Holzdiebstahl. XI. *330.*
Schonung, Viehtreiben. X. 436.
Schornsteinfeger,
Gewerbebetrieb. X. 568.
Schriftenvergleichung,
bloße Unterschrift. IX. 632.
Eidesform. II. 334, X. 700, XVI. 371.
Ernenng. v. Sachv. XII. 335.
Vergleichungsstücke, Vorlegung. IX. 405, XIV. 299.
Welche Schriftst.? X. 700.
Schürfen in Waldungen. XVI. 587.
Schuldbekenntniß,
Anfechtung. VII. 665.
Befragung d. Geschw. III. 356, VII. 43, IX. *637.*
Einbruch. IX. 585.
Erschw. Umst. VII. 245.
Feststellung. III. 356, XVI. 494.
Schuldbekenntniß (Forts.).
Mangel, verst. Strafk. XVI. 497.
Merkmale, Prüfg. XII. *593.*
Mild. Umstd. VII. 217, XI. 43, XIV. 278.
Mitangekl. II. 492, VII. 43.
Nicht.-B. d. Verurth. XII. 523.
Rechtsbegriffe. IX. 585.
Vollständigkeit. XIV. 85.
Widerspr. m. Gesch.-Spr. III. 357.
Schuldspruch, in dubio pro rev. XIII. 651.
Schulen, Religionsunterr. IV. 35, XV. 655.
Schulinspektor, Ortsgeistl. IV. 35.
Schulze, Beamter. IX. 303.
Handhabg. d. Pol. XIII. 526.
Schulzwang, vgl. Schlesien 2c.
Befugn. d. Regierg. VII. 486.
Schwurgericht, Bildung, vgl. Geschwornen-Dienstliste.
Beibehaltung. VII. 446, VIII. 26, IX. 440, X. 67, 530, 549.
Bildg. für zwei Sachen. IV. 107.
Gerichtsschreiber. III. 64.
Neubildg. I. 575, V. 107, XII. 3.
Nicht.-Beschw. X. 177, XII. 523.
Protokoll. X. 546.
Zulässigk. d. Verfolgg. XII. 537.
Schwurgerichtshof,
Assessor. III. 30, VII. 630.
Berathg. im Sitzungssaal. V. 509.
Beweisaufn. n. d. Geschw.-Spr. VI. 543.
Kommissarische Vernehmg. X. 9.
Mitgl., Unfähigk. II. 544, XII 425.
" Unters.-R. II. 53, XII. 46, XVI. 371.
Sachv.-Beweis III. 465, IX. 7.
Schuldspruch, Einsicht d. Akten. XVI. 260.
" Stimmenzahl. X. 667.
Strafzumessungsgrund. X. 530.
Urtheilsgrundl., Geschw.-Spruch. II. 340, VII. 140. IX. 662, X. 212, XII. 294.
" Schuldbekenntn. XIV. 85.
Schwurgerichtssache,
Terminbestimmung. XIV. 234.
Vertagung. IV. 325.
Verweisg. z. Strafk. IX. *98.*
Voruntersuchg. XIII. 654.

Schwurgerichtsverhandlung, vgl. Anklageschrift ꝛc.
Abführg. d. Angekl. vor Ueberg. d. Fragen. IX. 690.
Abwesenh. d. Verth. IX. 157.
Angekl., Abn. d. Bartes II. 330.
- Fesselung. XIII. 112.
- Geisteskräfte. I. 319.
Beweisantrag, Verspätg. I. 514.
Gerichtsschreiber. III. 64.
Informationseinziehg. III. 407.
Jude, Sabbath. IX. *491*.
Mangel e. Strafverfolgungsantr. XII. 630.
Unterbrechg. IX. 79, XVI. 634.
Vernichtung. XIV. 294.
Vertagung. VII. 452.
Wiederaufnahme I. 80, VIII. 517, X. 714, XI. 410.
Zeugen bei Verlesg. d. Anklage. XVI. 253.
Zeugen-Verwarn., Zeit. VIII. 84.
Schwurgerichtsvorsitzender,
Ablehng. e. Antr. VIII. 404.
Aufstellg. d. Dienstliste. VIII. 11.
Konstatirg. a. d. Akten. XI. 354.
Leitungsrecht. XI. 162, XIII. 204.
Ordnungsruf a. d. Verth. I. 229.
Schluß d. Verhandlg. XIV. 128.
Schlußvortr., Bemerkg. d. StA. XV. 77.
- Nichtigk.-Beschw. VII. 492, IX. 599, X. *382*, *666*, XIV. 350.
Vertretung. IX. 43, X. 747.
Selbsthülfe, Hausfriedensbruch. XVI. 324.
Sachbeschädigg. X. 407, XV. 729, XVI. 324.
Sequestration, s. Arrestbruch.
Sicherheitsbestellung,
Verfallen. XIII. *484*, XIV. *28*.
Siegel, Ablösung ꝛc.
Amts-Siegel II. 305.
Amtsüberschreitung. X. *259*.
Dolus. I. 397, V. 108.
Möglichk. d. Zutritts. XV. 813.
Plombe. II. 305.
Zweck d. Anlegg. II. 305.
Situationsplan,
Vorlegung. XVI. 260.
Sitzung, Störung. VI. 225.
Sitzungsprotokoll, s. Protokoll.
Sitzungstermin,
Bestimmung. XIV. 234.
Mittheilung. XI. 612.
Skrutinalverfahren, siehe Ermittlungs-Verfahren.
Sonntagsfeier, Fabrik. VIII. 678.
Jagd, Verbot. XVI. 601.
Spezialgesetz,
allg. Grundsatz. XII. 313.
Aufhebung. II. 137, XII. 89.
Deichreglement. VII. 3.
Fundunterschlagg. X *636*.
Strafbestimmg. VI. 349, IX. 474, XV. 278.
Strafminimum. I. 401.
Strafumwandlg. V. 466, X. *338*, XIII. *301*, XIV. 439, XV. 313.
Theilnahme. X. 218.
Verjährung. X. *712*, XII. *314*.
Zuständigkeit. IX. *214*.
Spielkarten, Begriff. XIII. 205, XV. 592.
Falsch. Stempel. X. 478, XIII. 115.
Kompletirung. XII. 660.
Versendung. XII. 660.
Sprengstoff, fahrlässige Tödtung. XIII. 110.
Versendung. XIII. 25.
Spruch, s. Geschw.-Spr.
Staatsangelegenheit, s. Religionsdiener.
Staatsanwalt, vgl. Beweisantrag, Beschwerde ꝛc.
Anheimgeben. X. 460.
Anklage. III. 113.
Antr. auf Ergänzg. d. Gründe. VII. 516.
Behauptungen. VI. 511.
Ergänzungsrichter. X. 72.
Ertheilg. v. Aufschlüssen. VII. 75, IX. 441, XV. 325.
Fragen an d. Zeugen. IX. 354.
Legitimation. II. 45.
Mitwirkung. VII. 70, X. 644.
Perhorrescirg. II. 53, XIV. 356.
Referendar. VI. 571.
Richter erster Inst. X. 718
Verzicht a. Beweism. XV. 521.
Wechsel d. Person. VII. 233, X. 72.
Staatseinrichtung, vgl. Beschimpf., Schmähung.

Staatseinrichtung (Forts.).
Der Staat. XV. 127.
Gesetzgeb. Maßnahmen. XV. 693.
Homagialeid. V. 117.
Reichstag. XIV. 102.
Staatsgerichtshof, Prüfung. des Kreisger. V. 348.
Verweisg. vor ein anderes Ger. II. 140.
Verweisg. zum gewöhnl. Verf. XII. 340.
Steinsetzer, Gewerbesteuer. I. 542
Stempel, vgl. Wechselstempel.
Aktiengesellschaft. II. 57.
Amtl. Attest. V. 403.
Analphabet. II. 511, IX. 212.
Anerkennungsschrift. XV. 387.
Anweisung. III. 552, X. *230*, XI. 46, XVI. 354.
Anzeigeblatt. IX. 237.
Bauverdingungsvertrag. IX. 399.
Beamte u. Behörden. VII. 378.
Civilentsch., bindend. XI. 108.
Civilrechtsweg, Antrag. IV. 352, VIII. 223.
" Attest. V. 403.
" Beamter. VII. 379.
" Frist. VII. 511.
" Gründe. XIV. 320.
" Nebenexemplar. VII. 521.
" Richtigk.-R. VIII. 809.
" Strafbarkeit. III. 268.
" Verzicht. V. 209.
Dienstvertrag. XII. 284.
Dispositionsschein. XVI. 659.
Durchstreichungen. I. 453.
Ehegatten. I. 154, IV. 292, X. 433.
Gesindebuch. I. 191.
Gutachten. I. 76, V. 403.
Handelsbillet. I. 129.
Kassirung, Notar. VI. 309. 310.
Kaufmännischer Verkehr. I. 558, VI. 392, VIII. 809, IX. 399.
Kaufvertrag, Einreichg. IX. 283.
" Einheit, Zustimmg. XV. 387.
" Grundst. u. Mob. VII. 356.
" Holz a. d. Stamm. I. 558.
" Rückkaufsrecht. XIV. *44*.
Klagbark. IX. 212, 529, X. 433. 737.
Korrespondenz. III. 205.
Mehrere Exemplare. III. 492, IX. 615, XII. 489.
Stempel (Forts.).
Minderjährigk. e. Kontrah. X. 152.
Nachbringung. II. 223, V. 403, VII. 33, X. 403, XVI. 66.
Negotium claudicans. VII. 365.
Notar. XIII 626, XIV. 174, XV. 387, 388, 683, XVI. 466.
Pachtvertrag, unbest. Pachtzins. II. 298.
Produzent. II. 400, X. 594, XVI. 45.
Punktation, Aufn. d. förml. Akts. I. 52, X. 649.
" Einreichg. b. Ger. II. 249, XI. 537, XV. 608.
" Genehmg. e. Dritten. I. 388.
" Klagbarkeit. IX. 212, 364.
" Konventionalstr. X. 433.
" Uebergabe an den Notar. XVI. 696.
" Unterzeichng. II. 409, XI. 13.
Richter, Anzeige. XV. 849.
Schuldverschreibg., causa. II. 469.
Simulation d. Preises. X. 659.
Strafumwandlg. III. 491.
Theilnahme. XIII. 626.
Urk., Inhalt. II. 409, III. 483, IX. 212, 529, XIII. 433, XVI. 354.
" Verlust 2c. VII. 356, 717, XII. 489.
Veräußerg. e. Grundst. XVI. 438.
Verbindg. mehr. Gesch. II. 223.
Vergleich. XV. 849.
Verjährung. XV. 683, XVI. 466.
Verschulden d. Steuerbeh. II. 426.
Vertrag, Genehmigg. e. Dritten. XV. 444.
" Wiederaufhebg. IV. 165.
Vollmacht, Beglaubigg. XII. *315*.
" Ers. um Zahlg. XVI. 354.
" Frist. V. 59, XII. 84.
" Projekt. XIII. 433.
" Rechtsanw. I. 488, II. 400. V. 58, XI. *210*, XIV. *751*.
" Strafsache. V. 307.
" Vorlegung. XVI. 40.
" Werth. III. 483.
Stempelmarke, Anfertigg. XI. 496.
Stempelpapier, Verfälschung 2c., vgl. Spielkarten.
Auslöschg. d. Kass.-Verm. VII. 340.
Wissentl. Gebrauch. XIV. 5.

Stempelstrafresolut, vgl. Strafumwandlung.
Antr. auf rechtl. Gehör. II. 57, XIII. 230.
Ob.-App.-Ger. XV. *152*.
Rechtsmittel. VII. 505.
Unzuständ. Behörde. II. 57.
Steuerbehörde, Strafverf VI. 444, XIII. 107, XVI. 273.
Steuerregulativ,
Fin.-Min. III. 61, VII. 690.
Gen.-Dir. d. Steuern. XII. 413.
Steuerrevision, s. Schlacht- rc. St.
Erleuchtg. d. Lokals. XI. 592.
Gegenwart. XII. 424, XIII. 123.
Steuer-Uebertretung. VII. 594, XIV. 130, 315, XV. 278, 589.
Steuer-Vergehen, vgl. Branntw.-, Brau-, Gew.-, Schlacht- rc. Steuer, Strafbescheid.
Abgabe z. gerichtl. Verf. I. 573.
Anschluß d. Steuerbeh. II. 502, VI. 353.
- Frist. X. 64, XIII. *395*, XIV. 739.
Anstiftung. XIV. 739, XV. 205.
Befassg. d. Gerichts. III. 23.
Beihülfe. XIV. 130.
Betrug. III. 315, XIV. 739, XV. 589.
Dolus. II. 5, XI. 330, XIII. *224*.
Eingangssteuer, Ort d. Zahlung. XIII. 150.
Einziehung. XIV. 315.
Erk.-Zustellg. X. 64.
Gerichtsstand. IV. 541.
Gesetz, ALR. XIII. 107.
Gnadenerlaß. IX. 333.
Haftbarkeit, Gesinde. I. 533.
- Gewerbsgehülfe. II. 39.
- Richt., Zuständigk. XIII. 475.
- Tagelöhner. I. 533, III. 204.
Juristische Person. XVI. 365.
Konkurrenz, Gewerbe-Vergehen. XVI. 762, 767.
- Widersetzlichk. XIII. 107.
- Zuständigk. IX. 277, X. *750*.
Ladung d. Steuerbehörde. II. 502, VI. 353.
Polizeirichterl. Verfahr. VII. 594.
Rechtsm. d. Steuerbeh. X. 64.
- Frist. XII. *431*.
- Wirkung. V. 549.

Steuer-Vergehen, (Fortf.).
Rückfall, Gnadenerlaß. IX. 333.
- Verjährung. XIV. 103.
- Verwarnung. XIII. 350.
- Vollzug. VIII. 113, XIV. 462.
Statthaftigk. d. Verfolgg. IX. 636, XII. 224.
Strafermäßigg. III. 87, IX. 376.
Strafunmündige. VI. 443, IX. 311.
Untersagg. d. Gewerbebetriebs. XII. 424, XIV. 462.
Unzurechnungsfähigkeit. V. 377.
Verfahren. XI. 592.
Verfahren. X. *750*.
Verjährung. XI. 57, XII. *314*, XVI. 504, 625, 762.
Zahlungspflicht, Prüfg. XIII. 565.
Zuständigkeit. XIV. 315.
Strafantritt, Anrechnung. I. 174. II. 474, XVI. 308.
Strafaufrechnung, Prüfg. IX. *735*.
Strafausschließung, vgl. App.-R. Beweis. VII. 114.
Strafbescheid, administrativer,
Antr. a. gerichtl. Gehör. II. 57, IV. 53, V. 234, IV. 656, X. 392, XI. 478, VIII. 230, 407.
Bekanntmachung. I. 573.
Chaussee-Pol.-Uebertr. VI. 61.
Gerichtl. Verfolgg. v. and. Gesichtspunkten. III. 142, X. 748.
Polizeil. Exekutivstrafe. X. 42.
Strafermäßigung,
Steuerbehörde. IX. 376.
Straffestsetzung, Pol.-R. XVI. 367.
Strafgesetz, s. Gesetz rc. Spezialges.
Strafgesetz, milderes,
Ort d. Begehung XI. *464*.
Zeit, s. Gesetzeswechsel.
Strafkammer, Berufg. XV. *33*.
Schuldbekenntn. XVI. 494, 497.
Schwerer Diebst. im 1. Rückf. XIV. *426*.
Schwurgerichtsache. IX. *98*, *319*, *356*, XIII *422*.
Untersuchungsrichter. XVI. 688.
Unzusändigk.-Urth. IX. *462*.
Strafklage, vgl. Anklage rc.
Antr. a. Richteröffng. III. 113.
Civilentscheidung. III. 129.
Konventionalstrafe. IV. 341.
Statthaftigkeit. IX. *626*.

Strafklage (Forts.).
Zurücknahme. X. ***343.***
Strafmandat, polizeirichterl. I. 336.
Strafrichter, Präj.-Fr. XV. 512.
Strafthat, s. Ort ꝛc.
Strafumwandlung, vgl. Spezialges.
Ablehng., Beschw. XII. ***459.***
Aelteres Recht. VIII. 708.
Anrechng. d. Theilzahlg. I. 239.
Antritt d. Gef.-Str., Zuchthaus. XV. 563.
Bruchtheil, Monat. XIII. 72.
„ Tag. VIII. 157, 516, 611. 654, XIII. 62, 192.
Freiheitsstr. in Geldstr. XIII. 319. XIV. 718.
Geldstr. in Gefängniß.
„ Gew.-St.-K. I. 542.
„ Maximum. XIV. 140.
„ Mitschuldige. IX. 574.
„ Prinzipalstrafe. I. 219.
„ Realkonkurrenz. V. 378, XV. 723.
„ Weiter in Zuchth. XIV 131.
Geldstrafe in Haft, ein Monat. XVI. 511.
Gnade. I. 79.
Hausirvergehen. XVI. 704.
Kirchengesetze. XV. 313.
Maßstab. XIII. 319, 483, XIV. 140.
Militärgericht. XIV. 326.
Min.-Entsch., Rechtsm. III. 40, V. 421.
Nicht.-Beschw. II. 237.
Polizeigefängniß. IX. 204.
Rechtskr. d. 1. Beurth. III. 95.
Stempelstrafen. II. 491.
Steuerstrafresolut. I. 239.
Theilw. Verbüßg. XV. 723.
Versuch. XVI. 4.
Zuchth., Monat. XII. 106, 300.
„ Tage. XIII. 61, 157.
Strafunmündige, Anstiftg. IV. 102.
Erziehungsanstalt. XVI. 69.
Holzdiebstahl. XII. 498, 545.
Kinder unter 7 Jahren. V. 131.
Offizialvertheidiger. IX. 583.
Realkonkurrenz. XVI. 69.
Rechtsmittelfrist. XV. 473
Rückfall, s. Diebstahl.
Steuervergehen. VI. 443. IX. 311.
Strafminim. XIII. 364, XIV 251.

Strafunmündige (Forts.).
Theilnahme. XIII. 293.
Unterscheidungsvermögen. XV. 160.
Verbrechen, Mindeststr. XV. 375.
„ Zuständigkeit. XII. 160, XV. 548.
Versuch. XIV. 251.
Vorladung. XV. 641.
Werkzeug. XV. 734.
Strafurtheil, Schadensers. X. 507.
Verjährung. XIII. 171.
Vollstreckbark. XI. ***238.***
Strafverbüßung, für e. Andern. VI. 473, XII. 492, XIII. 561, XVI. 333, 387.
Strafverfahren, administratives, Hemmung d. gerichtl. Verfahrens. XIV. 675.
Unterbrechg. d. Verjährg. XV. 683.
Strafverfahren, gerichtliches, Geisteskrankh. d. Angekl. IX. 410, X. 220.
Sistirung, Krieg. XI. 531.
Unstatthaft. XI. ***99,*** XIV. 675.
Strafverfolgung, vgl. Non bis i. i.
Handelsfirma. VI. 426.
Nachlaß. I. 498, VII. 540, IX. 365. XIV. 735.
Namen d. Angekl. I. 237.
Steuerbehörde. VI. 444.
Strafverfolgungsantrag, vergl. Beleid., Diebst. ꝛc.
App.-R. VII. 623, XIII. 259, XIV. 127, 244, 685, XVI. 369, 378.
Ausdehnung. XIII. 576.
Bei Wem? IV. 559, XII. ***623,*** XIII. 388, ***506,*** XIV. ***515,*** XV. 263, 331.
Berufspflicht. XIII. 288, XIV. 518.
Bevollmächtigt. II. 300, VIII. 332, XIII. 179, 388, 572, XIV. 406, XV. 430, XVI. 343. 569, 651.
Beweis. XIII. 261, 465, XV. 218.
Botschafter. VIII. 385.
Curator ad hoc. XIII. ***146,*** 197, XV. 846.
Druckschrift. XV. 252.
Ehefrau. XII. 148, XVI. 343.
Ehemann. XIII. 70.
Eingabe an d. Vorgesetzten. IV. 76, XVI. 789.

Strafverfolgungsantrag (Forts.).
Einholg. v. Amtswegen. XII. 39.
Eisenbahn. XV. 68.
Erkennender R. XIV. 151, 244, 436, XV. 648.
Erneuerg. u. Zurückn. XII. 202, 413, XIV. 598.
Feststellung. V. 255, VII. 423, X. 272, XIV. 409, 458, 515, XV. 65, 120, 464.
Fiskalbehörde. I. 573.
Fiskus. XV. 737.
Form, mündlich. XIII. 261, 316, XV. 218, 263.
= Schrift, Auslegg. XIV. 114.
Freisprechung. XII. 180, 281, XIV. 324, 649, XVI. 511.
Frist, Beginn. XIV. 145, XV. 482, 864, XVI. 6, 193, 521.
= Berechnung. XIV. 769.
= Curator. XIII. 146.
= Kenntniß d. Thät. XV. 482, 864, XVI. 6, 193, 521, 782.
= Kenntn. d. Thäters. XV. 372, XVI. 6, 642.
= Ladung, Rhein. Civilklage. XV. 831.
= Mitbetheiligte. XV. 91.
= Mittelsperson. XI. 20.
= Privatklage. XI. 432.
= Wiederholung. X. 786.
Gegen Wen? XIV. 32, 471, XV. 401.
Geistesfähigk. d. Verletzt. I. 328.
Gemeinderath, Mitgl. XIII. 21.
Gesetzeswechsel, Einl. d. Strafverfahrens. IX. 338, XII. 431, XIII. 195, 200.
= Forts. XII. 39, 156, 180, 239, 269, 332, 451, 537, 553, 666, XIII. 88, 366, 465.
Ges. u. Disziplin.-Einschr. IV. 76.
Gewerbspflicht. XIV. 518.
Gutsverwalter. XIV. 406.
Im Auftrag d. Min. VIII. 332.
Inhalt. XII. 623, XIV. 114, 202.
Irrth. ü. e. Erfordern. XV. 574.
Meing. d. Verpfl. XIV. 220.
Militär-Vorges. XI. 204.
Mittheilg. an d. Angekl. XVI. 271.
Motiv. XIV. 506.

Strafverfolgungsantrag (Forts.).
Mutter d. verführten. Mädchens. VI. 64.
Nachholg. in 2. Inst. XVI. 343.
Nachträgl. Beschaffg., St.-Anw. XII. 39.
Nichtigk.-R. XI. 72, XIII. 248, 526, XIV. 114, 203, XV. 120, 218, XVI. 348.
Preßerzeugniß. XIII. 192.
Privatklage. XVI. 635.
Qualifizrg. IV. 409, XIV. 202, 374, 402, 436, XV. 280, XVI. 449, 549, 768.
Ratifikation. XIV. 406.
Rekognition d. Unterschr. XVI. 271.
Richter. XII. 452.
Staatsoberhaupt f. e. Familienglied. VIII. 385.
Taubstummer. XVI. 375.
Unterschrift. XVI. 773.
Untersuchungsrichter. XIII. 197.
Untheilbark. XIV. 10, 803, XVI. 54, 128, 635.
Vater. VI. 64, XVI. 348.
Vergleich. XIV. 275.
Verletzter. XII. 655.
Verlesung. XII. 493.
Verleumdg. IV. 409, X. 786.
Vernehmg. d. Verletzt. XIV. 220.
Vertreter. VIII. 332, XIII. 179, 197, XV. 817.
= Selbstthäter. XIII. 196.
Verzicht a. d. Antragsr. XIV. 152, 703, XV. 16.
= auf d. Strafverflg. XII. 332, 452, 666, XIII. 366.
Vorgesetzter, s. Amtsbeleidigg.
Vormund. XV. 65, XVI. 375, 713.
Zurücknahme, Bedingg. XII. 523, XIV. 126.
= Einstellg., Form. XII. 142, 614, XIV. 668, XVI. 717.
= Event. Ankl. XII. 202.
= Förml. Ankl. XII. 202, 336, 427, 556, XIII. 46, 130, XIV. 806.
= Geldvergütg. XIV. 181.
= Gesetzeswechsel. XII. 350, 452, XIII. 366.
= Konkurr., ideale. XVI. 255.
= Konkurr., reale. XV. 364.

Strafverfolgungsantrag (Forts.).
Zurücknahme, Kosten. XV. 666.
- Minderjähr. XI. *109*.
- Nach Rhein. Kont.-Urtheil. XIV. 575.
- Nach Strafurth. gegen d. Anstifter. XVI. 406.
- Nach Vernichtg. d. Straferk. XIV. 802, XVI. 410.
- Rechtsanw., Disz. XIV. 181.
- Theilnehmer. XVI. 54, 178.
- Verkündg. d. Urth. XV. 296.
- Versetzg. in Ankl.-Stand. VI. 369.
- Vertreter. XIII. 619.
- Vollmacht. XVI. 569.
- Vormund. XII 540, XV. 219. 524, XVI. 554, 793.
- Willenserklärg. XIV. 471.
- Wirksamkeit. XV. 151.
Strafvollstreckung, Begnadigungs-Gesuch. I. 79, VII. 428.
Beschwerde. X. 777, XIII. 446, XV. 514.
Einschliessg., Beginn. IV. 550.
Geldstr., Zahlg. d. Dritte. XV. 514.
Gerichtl. Entsch. X. 777.
Mehrere Strafen. X. 506.
Privatklage. X. 777.
Restitutionsgesuch. III. 433.
Rückfall. XVI. 12.
Transp. z. Str.-Anst. XI. *355*.
Ungerechtfert., Fahrlässigk. IX. 28, XV. 93.
Verjährg. XIII. 171.
Verzicht auf Rechtsm. XI. *238*.
Vorläufige, Anrechng. XV. 563.
Strafzumessung,
Beweisantrag. IX. 576.
Gründe. XIII. 564, XVI. 802.
Non bis in idem. XIV. 191.
Rechtsirrthum. IX. 481
Verdacht e. and. Strafth. IV. 423.
Verjährte Vorstrafe. X. 277.
Strandordnung, Holstein. X. *636*.
Strassenverkehr, Hinderg. IX. 393.
Strike, Ehrverletzg. XIV. 561, 619.
Student, Gerichtsstand. X. 744, XIII. 442, *587*.
Zweikampf, Theiln. X. 373.
Subhastation, s. Arrestbruch.
Submissionsverfahren,
Chausseegelddefraudation. XI. 9.
Gebäudesteuer. XV. 560.
Strafe, Rückfall. XIII. 350.
Südpreussen, herumlauf. Hunde. XI. 477.
Superarbitrium, Ermessen d. Ger. VII. 61, X. *6*, XV. 818.
Ermessen d. Schw.-GH. IX. 7.
Gegenbeweis. II. 294.
Gültiges Beweismittel. II. 294.
Voruntersuchung. XV. 818.

T.

Tabaksteuer,
Grundfläche. XVI. 120.
Taxe, Gewerbtreibender. IX. 355.
Rechtsanwalt, s. Disziplin.
Teich, s. Diebstahl.
Telegramm, Anmeldg. d. Nicht.-Beschw. VIII. 186.
Telegraphenanstalt,
Hinderung. X. 488, XI. 225.
Termin, Mittheilung. XI. 612.
Territorialität der Strafgesetze. VIII. 511.
Thäter, vgl. Jur. P., Mitthäter.
Benutzg. e. And. als Werkzeug. XIII. 534, XIV. 568, XV. 734, 856.
Vereins-Vorstand. XV. 672.
Zurückn. d. Antr. XVI. 406.
Thatsache, s. Behauptg. rc. Betrug.
Theilnahme, vgl. Anstiftg., Beih.
Anleitung. IX. 436.
Dolus. I 444.
Fragstellung. II. 449, V. 495, VIII. 40, X. 245.
Gattenmord. I. 5.
Gewerbsvergehen. X. 136.
Hehlerei. IV. 442, VIII. 636.
Komplott, Betheiligg. X. *405*.
Konkurrenz. XV. 706.
Mitthäter. III. 353, X. 356.
Spezialgesetz. X. 218.
Uebertretg. III. 100, 551, V. 353, VIII. 176.
Vollendg. d. Haupttbat. I. 250.
Wesentlichkeit. II. 449, VI. 13, VIII. 735, IX. 436.
Theilnehmer,
Bestrafg. d. Thäters. X. 714.

Theilnehmer (Forts.).
Freisprechg. d. Thäters. V. 406.
Gewerbsmäßigkeit. V. 159.
Strafbark. d. Thät. IX. 339, 397.
Verfolgg. d. Thäters. III. 346.
Thierarznei, ält. Verbot. XIV. 585.
Thierarzt, Bezeichnung. XI. 506, XII. 152.
Umherziehen. V. 178.
Thierfang. Vögel aus Schlingen. X. 604.
Wiederkehr, Gewohnh. X. 700.
Titel, Annahme. II. 248.
Doktorwürde. IX. 116.
Fremder Souverän, Genehmigg. XI. 175.
Musikdirektor. III. 100.
Pastor. XI. 345.
Tod, s. Körperverletzung.
Todtschlag, Abstimmg. d. Geschw. III. 410, XIII. 82.
Aussetzg. e. Hülflosen. XIV. 748.
Event. fahrläss. Tödtg. XII. 133.
Event. Theiln. an Mord. IV. 302.
Mild. Umst. X. 252, 370.
Mitthäter, Mord. IX. 290.
Verwandte, aufst. Linie. XIII. 82.
Todtschlag b. Verübg. e. Verbr.
Fragstellg. I. 184, IV. 539, XI. 434.
Mord. V. 495.
Tödtung, fahrlässige,
Arbeiter e. Gewerbtreib. VII. 292.
Bauunternehmer. VIII. 552.
Beiseiteschaffen d. Leiche. V. 344.
Berufspflicht. XII. 399.
Branntw., Verabreichg. VII. 375.
Brunnen. XII. 480.
Eigene Schuld. VII 642, XIII. 209. XV. 458, 712, 842.
Fremde Ereignisse. X. 203.
Gewerbebetrieb, Untersagung. VIII. 410.
Gewerbspflicht. XV. 61.
Grad d. Verschuldens. VII. 35, XI. 526.
Körperverletzg. m. tödtl. Ausgg. VIII. 475.
Konkurrenz Mehrerer. VIII. 552, XI. 398, XIV. 35.
Mehrfache, Trichinen. IX. 233.
Mitwirkende Ursache. VII. 477. XII. 461, XIII. 110, 209.
Tödtung, fahrlässige (Forts.).
Mutter. XVI. 219.
Nicht. Beschw. XVI. 433.
Pol.-Vdn. XVI. 279.
Thätigk. e. Dritt. X. 102, XIII. 297.
Todtkranker. VII. 504.
Unterlassg. einer Pflicht. X. 203, XVI. 219.
Verursachung. XV. 458, 808.
Vorsätzl. Handlg. XIV. 212.
Trauung, s. Ehe Aufgeb. Eheschließ.
Trichinen,
Tödtung Mehrerer. IX. 233.
Unterlass. Untersuchg. XVI. 708.
Verkauf, Unkenntniß. XV. 30.
Triebwerk, Stauwerke u. Wehre. III. 477.
Trier, Jagdbk. d. Krammetsvögel. XI. 388.
Trucksystem, Zahlg. an d. Gläub. d. Arbeiters. XVI. 28.
Zahlg. in Waaren. XI. 304.
Zahlg. in Wechseln. XV. 342.
Trunkenheit, Fahrlässigk. I. 157.
Selbstverschuldung. VIII. 113.
Steuervergeh. V. 377, VIII. 114.
Substantiirung. XV. 695.
Zeugenbeweis. XII. 226, XV. 711.

U.

Ueberführungsstücke,
Mitgabe an d. Geschw. VIII. 491.
Rückgabe. XI. 446, XIII. 158, XV. 377.
Vorlegung. XI. 24, XIII. 204, 378.
Uebergangssteuer v. Branntwein. XII. 473, XV 568.
Ueberliquidirung e. Brandschad.
Angaben ü. d. Verlust. II. 548.
Bestrafg. w. Betrugs. IX. 301, X 286.
Betrugsmerkm. I. 354, IV. 322, VII. 734, VIII. 735.
Beweis VII. 659, XI. 238.
Fahrlässigkeit VIII. 426.
Strafvorschrift, D. St.-G.-B. XVI 810.
Theilnahme. IV. 322.
Theilw. Versicherg. X. 26.
Uebertretung, vgl. Pol.-R., Ref. 2c.
Abwehr e. Ueberschwemm. IX. 677.
Anstiftung. V. 353.

Uebertretung (Forts.).
Auftrag e. Dritten. III. 248.
Ausland. I. 587.
Begünstigung. II. 44, 239.
Bewußtsein. VIII. 373, XI. 497.
Fiskalgesetze. II. 44.
Freie Willensbestimmg. XIV. 381.
Gesammtstr. ü. 50 Thlr. VI. 269.
Idealkonkurr. m. Vergeh. II. 264.
Realkonkurr. m. Vergeh. IV. 519.
Spezialgesetz, Freiheits- u. Geldstrafe. VII. 507.
- Strafminimum. I. 401.
Theilnahme. III. 100, 551.
Ueberweisg. an d. Land.-Pol.-Beh. XIV. 565.
Verjährung. I. 471.
Verleger. IV. 425.
Ueberversicherung,
Gesammtwerth. VI. 109, XIII. 538.
Naturalien-Vorrath. VIII. 155.
Nicht vorhandene Sachen. IV. 287. IX. 726.
Prolongation. I. 354.
Selbstanzeige. X. 11.
Vermuthung. VI. 165, XV. 173.
Waarenlager. V. 542, IX. 251, 726, X. 12.
Umherziehen, s. Hausiren.
Unfug, grober, vgl. Ruhestörg.
Nachtzeit. V. 140.
Sicherh. d. Staats rc. IV. 560.
Wahrsagen, Ankündigg. XIV. 507.
Ungehorsam, s. Aufforderung.
Ungerechtigkeit,
Benachtheiligung. IX. 587.
Unkenntniß e. Begriffsmerkmals,
Beweislast. VII. 114.
Feststellg. v. Amtsw. IV. 200.
Fragstellung. XVI. 792.
Qualifizirung. XVI. 196.
Rechtsirrthum. X. 167, 638.
Trichinose. XV. 30.
Unachtsamkeit. VI. 290.
Unmündige, s. Strafunmündige.
Unstatthaftigkeit des Verfahrens,
Freisprechung. XIV. 634.
Unterkommen,
Berechtigung. I. 423, 424.
Landrath. I. 285.
Minderjähriger. X. 678.
Nahrg. u. Verpflegg. XIV. 162.
Unterkommen (Forts.).
Polizeiverbot. VII. 82.
Strafbares Gewerbe. X. 755.
Wohnort. III. 549.
Untersagung, s. Ehrenrechte.
Unterscheidungsvermögen, vergl. Strafunmündige.
Unterschlagung, vgl. Amtsunterschl. Funddiebstahl.
Aufforderg. z. Rückg. VIII. 303.
Auftrag, Zuwiderhdln. XIII. 254, 478.
Auktionserlös. IV. 542, VIII. 692.
Banknote, Umwechslg. II. 482.
- Verwechslg. II. 522, V. 18, VI. 552.
Beamter, Privatauftr. VIII. 322.
Begünstigung. XV. 718.
Beiseiteschaffen, unterlass. Rückg. XI. 186.
- Veränderung. XI. 280.
- Veräußerung wider Auftr. XI. 37.
- Verweigerg. der Herausg. II. 277.
- Weglegen. XI. 122.
- Zueignung. XII. 161.
Bernstein. VI. 55.
Beutemachen. XV. 293.
Dolus, Abs. d. Ersatzes. IX. 570. XI. 383.
- Abs., rechtswidr. Zueigng. XI. 406, XIII. 51.
- Bewußts. d. Benachtheilig. VII. 202, X. 686, 791, XI. 176, XV. 339, 624.
- Feststellg. VIII. 649, XI. 406.
- Gewinnsucht. I. 406, V. 314, VIII. 219, 649, XIII. 51, 579.
- Guter Glaube. XIII. 51.
- Meinung, künftig. Ersatz. XI. 176.
- Möglichk. d. Ersatz. IX. 570.
- Rechtsirrthum. XV. 386.
Eigenthum, Civilr. VII. 612.
Ersatz. VIII. 692, XI. 383, XII. 540, XIII. 477, XXI. 759.
Feststellg, Rechtsgesch. IX. 553.
Frachtgut, Annahme. VI. 84.
Fragstellg. IV. 143, VII. 363.
Garderobegegenstand. VI. 87.

Unterschlagung (Forts.).
Gastwirth. I. 436.
Gefundene Sache. VII. 747, XV. 739, XVI. 555.
Gegenforderg. VIII. 684, IX. 273, XIII. 51, 477, XV. 339.
Geld, Auktionator. VIII. 692,
- Dienstbote. X. 154.
- eingewechseltes. I. 553, II. 482, III. 379.
- Gegenforderung. VIII. 685, IX. 273, XIII. 51, 477, XV. 339.
- Kaufpreis. IV. 306, VIII. 524, XI. 188, XII. 629.
- Personenverwechslg. X. 665.
- Prokurist. IX. 273.
- Verbrauch. VII. 602, VIII. 692, XI. *383*.
- - Konkurs. X. 292.
- Verwalter. VII. 576.
Genußmittel. XIII. 209.
Gesellschafter, Loos. III. 499, VI. 450.
Gewahrsam. XI. 324, XVI. 764.
Handelsgesellschafter. VIII. 524, X. 135.
Hehlerei. VIII. 636.
Hirschgeweih. XVI. 455.
Holz zu eignem Verbrauch. X. 118, XIV. 474.
Hülfeleistung. VIII. 636.
Idealkonkurr. m. Betrug. X. 146.
- - Urkundenfälsch. XII. *285*.
Kassenbestand, geliehener. IV. 478.
Kauf, simulirter. VIII. 79.
Kommissionär. VIII. 763, XVI. 280.
Miteigenthümer. VIII. 524.
Münzentausch. VIII. 692.
Nachtheil, Beschränkg. d. Verfg. VIII. 22.
- Eigenthumsentzieh. IX. 412.
- Gefahr künft. Beschädigg. VII. 92.
- Kaution. VIII. 692.
- Möglichk. d. Verlustes. X. 515.
- Moralische Verbindlichkeit. X. 154.
- Recht an d. Sache. VII. 291.
- Zeitw. Entzieh. X. 515, 698.
Notar. VII. 92, 576.
Papiergeld, falsches. XI. 131.

Unterschlagung (Forts.).
Papiergeld, Verwechslg. II. 289.
Polizeiaufsicht. IX. 452.
Pfandgläubiger. II. 375, VIII. 79, IX. *553*.
Quittung. XVI. 424.
Rechtsanwalt VII. 576.
Rechtsanwaltsschreiber. XIII. 136.
Rechtsverletzung. XV. 804.
Rückgabepflicht. IX. 195.
Schatz. VII. 396.
Sparkassenbuch, Gelderhebung. III. 225.
Stellvertret. X. *158*, 698, XIV. *89*.
Strafverf.-Antr., vgl. Diebstahl.
- Handl.-Geh. XVI. 369, 522.
- Handl.-Reisendr. XIII. 122, XIV. 621, XVI. 533, 559.
- Oheim. XVI. 51.
- Schw.-G.-H. XV. 753.
Thäter. XI. 182.
Theilnahme. VIII. 636, IX. 236, XIII. 632.
Trödelvertrag. II. 247.
Urkunde. III. 322.
- auf den Inhaber. IX. *553*.
Verborgen. XI. 130.
Verbrauchen. VII. 317.
- Geld, s. o.
Verheimlichen d. Empf. XI. 320.
Verkaufen. VIII. 399, IX. 697.
- auf Rückkauf. XIV. 682. XV. 550.
Verkaufsanbiet. XV. 408, XVI. 555.
Verkaufspreis. IV. 306, VIII. 524.
Verlorene und wiedergef. Sache. IX. 580.
Vermischen mit eigenen Sachen. XV. 876.
Vermögensbeschädigg. XVI. 759.
Verpfänden. X. 698. XII. 311, *429*, 540, XIII. 254, XIV. 682, 683.
Verwalter. VII. 576, XVI. 547.
Vollendung. XIII. *519*.
Vorenthalten. II. 272.
Vormund. IX. 445.
Wechsel, auftragswidr. Verfügg. X. 574, XI. 351. XIII. 106.
- Ausfüllen u. Weitergeben. VII. 317.
- Blankett. XV. 803.
- Erlös. III. 379, XII. 629.

Unterschlagung (Forts.).
Wechsel, Giro, Abrede X. 612.
- Inhaber I. 440.
- Verpfänden. X. 698.
- Verwerthen. I. 553, III. 379, XI. 188, XII. 629.
Werthpap., Verwechslg. XIV. 679.
Zahlung, Personenverwechslung. X. 665.
Zueignung. XV. 803.
Zurückbehaltg.. zeitw. XV. 147.
Zuvielzahlg, irrthüml. II. 289, 522, V. 18, VI. 552.
Untersuchung, Niederschlagg. I. 293.
Untersuchungshaft.
Anrechnung, Appell. d. Angekl. III. 365
- Ermessen. XVI. 115.
- Ganze Dauer. XIII. 244.
- Geldstrafe. XIII. 417.
- In anderer Sache. VI. 572, XIII. 363, XV. *874*.
- Polizeiliche. XIV. *21*.
- Spezialgesetz. XIII. 417.
- Strafverwandlung. I. 79.
- Zulässigkeit. IX. *460*.
Befreiung, Sicherstellg. X. 571.
- Widerruf. XIV. *543*.
Beginn d. Strafvollzugs. IV. 550, XV. 619.
Realkonkurrenz XVI. 550.
Rechtsmittel, Zurückn. IX. *667*.
Verbüßg. e. and. Strafe. VI. 572. XIII. 210.
Vernichtg. d. Urth. IX. 455.
Zu erwartende Strafe. IV. 34.
Untersuchungsrichter, vergl. Voruntersuchung
Schw.-G.-Hof. II. 53, XII. 46, XVI. 371.
Strafkammer. XVI. 688.
Zeuge. V. 122, X. 436, XII. 168.
Zuständigkeit. XVI. 667.
Untreue, Bevollmächt. XIII. 517, *667*, XIV. 419, 529.
Dolus. XIII. 659, XVI. 287, 357, 762.
Gegenforderung. XIV. 419.
Sequester. X. 216, XII. 177.
Vormund, Bestallg. VIII. 525.
- Proxeneticum. XI. 102.
- Unterschlagung. X. 465.
Untreue (Forts.).
Vormund, Verwendg. v. Geldern. XI. *187*.
Unzüchtige Handlung, vgl. Schamhaftigkeit 2c.
Beamter. XVI. 714.
Großvater, unehel. X. 557.
Krankenpfleger. II. 420.
Oeff. Aergern. XIII. 625, XIV. *68*.
Postillon. IV. 202.
Vormund. V. 434, VIII. 141.
Willenlose Person. IX. 503.
Unzüchtige Handlung m. Kindern,
Antrag, Zurückn. XII. 336, 427, XIII. 130.
Beischlaf. III. 18.
Fragstellg., Auflösung. XI. 12.
- Kenntn. d. Alters. XIV. 220.
Realkonkurrenz. IX. 678, X. 173.
Schamgefühl d. Kindes. V. 295.
Vater. II. 418.
Versuch. VI. 540, XI. 445.
Unzüchtige Schrift 2c.
Abbildung. III. 319, XV. 430.
Ausstellen. XI. 459.
Begriff. V. 256.
Einziehung. V. 70.
Erkennbarkeit. XVI. 374.
Feilhalten. XI. 459.
Käufer. XI. 459.
Verbreiten. X. 402.
Vernichtung. V. 70.
Unzucht, gewerbsmäßige,
Bestrafg. im Ausl. III. 377.
Duldung. VII. 165.
Einzelfälle, zweite Inst. II. 159.
Gesundh.-Kontrolle. I. 242, II. 358.
Gewerbsmäßigkeit. XIV. 430.
Pol.-Erlaubniß. II. 518, VI. 399, VII. 745, IX. *508*, X. 127, *340*, XI. *69*.
Uebertr. pol. Anordn. XI. *431*, XIV. 342, *516*.
Unterkommen. X. 755.
Verbot, gänzl. XIV. 430, 508.
Unzucht, widernatürliche,
Befriedigung d. Geschlechtstriebs. II. 271.
Duldung. I. 561.
Gegenseit. Onanie. III. 385.
Immissio seminis. VIII. 356 XIV. 766, XV. 363, XVI. 116.

Unzucht, widernatürliche (Forts.).
Sodomie u. Päderastie. XIV. 707.
Versuch. II. 551.
Vollendung. II. 271, XII, 5, XVI. 116.
Unzucht zwischen Eltern und Kindern 2c., s. Blutschande.
Unzuständigkeitserklärung, vgl. Inkompetenz-Erklärung.
Antr. d. O.-St.-A. auf Verhdlg. vor d. Strafk. X. *516*.
Belehrg. d. Angesch. XV. 358.
Berufung. IX. *644*, XI. *451*, XV. 228, XVI. 122.
Ber.-R., Selbstentsch. XIII. *361*.
Feststellung. XI. *490*, XIII. *317*, *587*, XV. 626.
Freisprechg. XI. *451*, XV. 503, XVI. 367.
Holzdiebst., Rechtsm. XVI. 580.
Mündl. Verhandl. XIII. *317*.
Nicht.-Beschw., St.-A. IX. *462*, X. *597*, XI. *489*, XII. *425*, XVI. 219.
Rechtskraft. X. *375*, XI. *451*.
Statthaftigkeit d. Verfolgung. XV. 358.
Urtheil, Bezeichn d. zuständ. Ger. IX. *462*, XIII. *317*.
= Einstellg. d. Verfahrens. XI. *112*.
Urkunde, vgl. Wechsel.
Abrechenbuch. VII. 141.
Abrechnung. III. 8.
Anzeige. X. 132.
Bagatellmandat. X. 626.
Bekanntm., polizeil. II. 291.
Bescheinigg, Arbeit. IX 515.
= Dienstaustritt, IX. 518,
= Geltg. im Verkehr. I. 332.
Bestellbrief. I. 133, 159, III. 64.
Bitte um Geldsendg. VIII. 281.
Darlehnsgesuch. VIII. 127.
Datum. II. 404, X. 255.
Depos.-Annahmebefehl. VIII. 587.
Diebstahl s. d. W.
Dienstentlassungsschein. IV. 225.
Dienstverdingg., Rücktritt. VI. 217.
Dienstverkehr-Schriftst. I. 232.
Druckformular. IV. 8.
Eheaufgebot. XV. 450.
Ehefrau. VII. 62.
Urkunde (Forts.).
Eisenbahnfahrbillet. V. 478
Erheblichkeit 2c., Begriff e. Urk. XV. 186.
= Entsch. d. Geschw. XII. 303. 604, XIII. 91.
= Entscheidg. d. Schw.-G.-H. VII. 416, VIII. 394, 695, XIII. *143*, 304.
= Konkreter Fall. XI. *414*, XIII. 669.
= Relativ. III. 183.
= Unvollst. Beweis. I. 420, II. 208, XI. *414*.
= Verbindg. m. and. Schriftst. IX. 169.
= Wortinhalt. II. 37.
Exekutionsbericht. V. 267.
Feststellung, Schw.-G.-H. X. *809*. XI. *24*.
Fracht-Avisbrief. VII. 17.
Frachtbrief. VII. 18.
= Kostennote. VII. 18, XII. 21, 307.
Geburtsschein, Mennonit. IV. 106.
Gedingstufe. XV. 551.
Holz, Abzählungstabelle 2c. XII. *34*.
Hütte, Dienstjournal. II. 316.
Inhalt, Feststellung. VII. 699, VIII. 131.
Klageschrift. X. 394.
Kollektenliste. XVI. 61.
Konventionelle Beweiskr. VI. 106.
Kostennote. XI. *379*.
Kostenvorschußforderg. V. 305.
Legitimationspapier, s. d. W.
Mahnzettel. VIII. 59.
Meßbrief. IV. 70.
Namensaufschrift. VIII. 758.
Papier auf den Inhaber. V. 473.
Poststempel. V. 91.
Postvorschußvermerk. VIII. 171, 758, X. 781.
Protestbenachrichtigg. IV. 93.
Quittg, auf d. Inhaber. XI. 35.
Genehmigung. IV. 477.
Rechnungsbuch. II. 115, 319.
= Lotterie-Kollekt. X. 437.
Reiseliquidation. VI. 532.
Retourrechnung. IV. 93.
Rollkarte. XII. 21, 307.
Schiedsmannsprot. V. 526.

Urkunde (Forts.).
Schuldverschreibung. XIII. *143*.
" Causa. V. 472, VI. 314, VII. 290, VIII. 250, X 515, XI. 370.
Sinn, Feststellg. I. 133, VIII. 635.
Strafvollstreckungsanz. VIII. 394.
Telegramm. XI. 367.
Unterkreuzg., Beglaubig. VI. 294.
" Gemeines Recht. III. 446. X. 551.
" Ohne Beglaubigg. II. 287, V. 89, XII. 179, 504.
Unterschrift, Abkürzg. VI. 435.
" Anfangsbuchstaben. II. 340.
" Aufschrift. VIII. 758.
" gedruckte. VII. 572, XII. 392.
" Handschrift. XI. 119.
" lithographirte. I. 331.
" Namen, Existenz. III. 65.
" pro ... II. 12.
" Stempelabdruck. V. 171, IX. 23.
Verbürgung. II. 404, VII. 652. IX. 368.
Verständl. Sinn. III. 402.
Vollmacht. VI. 164, X. 521.
Vollstreckungsgesuch. XV. 185.
Vorladung. II. 278.
Waldhammerschlag. XIII. 661.
Wechsel (unvollst.), Blanko-Accept. IV. 398, V. 439, IX. 425, X. 548, *703*.
" Identität d. Nam. X. 212, XI. 24.
" Ohne Unterschrift d. Ausstellers. VI. 80, VIII. 558.
" trockener. IV. 398, V. 153, VI. 314.
Zweiseit. Vertrag, eine Unterschr. XII. 592.
Urkunde, öffentliche,
Amtsbefugn. XII. 294, XIII. 91, XIV. 85.
Amtssiegel. VI. 194.
Angebl. Beamter. V. 305.
Arbeitsbescheinigg. V. 384.
Attest e. Schulzen. XIV. 689.
Beglaubigung, Armenvorsteher. IX. 662.
" Schulze. II. 159.
Behändigungsschein. IX. 320.
Urkunde, öffentliche (Forts.).
Dienstkorrespondenz. XVI. 667.
Brandschaden-Prot. XIV. 169.
Fraastellung. XVI. 804.
Holzverabfolgungsschein. XII. 275.
Inhalt, Amtschar. 2c. III. 133.
Kanzleizettel. IV. 145, XI. 573, XII. 428, XIII. 310.
Kirchenbuch, III. 35, X. 190.
Oeffentl. Register. XIII. 159.
Pfändungsprot. IV. 8, XII. *285*.
Pfandschein. VIII. 782, XII. 294.
Postanweisg. VI. 448, XI. 252.
Posteinlieferungsschein. III. 222, VII. 205.
Schrifft. d. inn. Dienst. I. 232.
Steuer-Erheb.-Journ. XIII. 159.
Taxe d. Ortsgerichts. III. 94.
Trauaufnahmebuch. XII. 527.
Unters.-Aktenstück. II. 53.
Urkundenbeweis, vgl. Schriftenvergleichung, Verlesung.
Bekanntmachung des Inhalts. IX. 576, X. 618.
Gegenbeweis geg. öffentl. Urk. II. 366.
Uebersetzung. XV. 317.
Vorlegung, ohne Feststellung der Aechtheit. XV. 525.
" ohne Vorlesung. VIII. 127, X. 272, XI. 49, XIII. 633, XV. 381, 582, XVI. 590, 789.
Urkundenfälschung, vgl. Amts-Urk.-Fälschung, Wechsel-F.
Abschneiden e. Theils. XIV. 417.
Abstimmg. d. Geschw. XII. 599.
Anfertigg., Berechtigg. VIII. 142, IX. 434, *491*.
" Thäter. XI. 35.
Blankett-Ausfüllung. II. 156, III. 250, XIII. 30.
" Aechth. d. Unterschr. VII. 572.
" Ueberschreitg. d. Auftrags. V. 276.
Datum. X. 255.
Dolus. X. 521, XI. *24*, XVI. 555.
Erheblichkeit. II. 278, XI. *264*, XV. 277.
Existenz d. Person. II. 278, IX. *752*.
Existenz d. Urk. VII. 699, VIII. 131, XVI. 184.

Urkundenfälschung (Forts.).
Fragstellg., vgl. Urkunde 2c.
= Eventualfrage, Gebrauch. XIII. 142, 303.
= Gewinnſ. Auflösg. III. 7.
= Wortinhalt. XII. 604.
Gebrauch, Aushändgg. XIV. 424.
= Gewahrsam. VII. 257, IX. 74.
= Vorlegg. zur Stempelung. IX. 74.
Gewinn, Besitz baaren Geldes. VII. 233.
= Ersparg. d. Klage. V. 396.
= Ersparg. e. Ganges. IX. 320.
= Exekutionsaufschub. IX. 49.
= Vermögensvortheil. V. 400, XII. 599.
Hülfeleistung. II. 77.
Mitthäter. IX. 9.
Polizeiaufsicht. IX. 373, 452.
Rechtswidrige Absicht. I. 479, X. 521, XIII. 597.
Richtigk. d. Inhalts. XVI. 657.
Summe, Aenderung. XI. 244.
Täuschung, Herbeiführg. VII. 257.
= Mitgebrauch and. Mittel. I. 161.
= Richter. III. 485.
= Zweck. II. 334, III. 394, XI. 119, 308.
Theilweise Vernichtung. I. 409, XIV. 417.
Ursächl. Zusammenh. XI. 24.
Verdeckg. einer and. Strafthat. II. 278, XI. 282, XII. 285, 426.
Verletzg. d. Steuerverschl. II. 178.
Vermögensschaden. XI. 192.
Vermögensvortheil. XII. 426, XV. 143.
Versuch. IV. 270.
Zeugniß, s. Legitimationspapiere.
Zusatz, Erheblichkeit. XV. 277.
Urkundenfälschung, intellektuelle,
Abstimmg. d. Geschw. IX. 344.
Attest e. Dorfschulzen. XIV. 689.
Dolus. VI. 473, XII. 491.
Eheliche Geburt. XIV. 779.
Erheblichkeit. XV. 530.
Kirchenbuch, Tod. III. 35.
Strafverbüßung für e. Andern. VI. 473, XII. 492, XIII. 561, XVI. 333, 387.
Urkundenfälschg. intellekt. (Fts.).
Thäter. III. 192.
Thatbestand. IX. 365, X. 301, XV. 529.
Theilnehmer. III. 192.
Viehzählung. XV. 530.
Urkunden= 2c. Vernichtung 2c.
Absicht d. Benachtheil. VIII. 449, X. 50.
Amtliche Aufbewahrg., Absicht. XII. 656.
= Akten. III. 46, XII. 656.
= Gegenstand. X. 700.
= Kirchenbuch. XV. 768, XVI. 243.
= Ort. X. 700, XV. 768.
Amtl. Uebergabe, Exek.=Befehl. XIV. 788.
Beamter, Korrespondenz. XVI. 667.
Betrugsmerkm. IV. 44, IX. 206.
Dolus. X. 400.
Feststellg, Urkunde. XI. 255.
Gebrauch. I. 28.
Gerichtsmandat. XI. 166.
Gewinnsucht. III. 516, IV. 44, 127, X. 632, XI. 166.
Heimlichkeit. III. 516.
Irrthumserregg. IV. 44, X. 267.
Meinung d. Berechtigg. IV. 127.
Nachth., Beweis. III. 516, VII. 597, IX. 206, 683, XIV. 62.
= Klagerecht. I. 307.
= Möglichk. v. Einwendungen. XI. 166.
Oeffentl. Verwahr.=Ort, Absicht. I. 28.
= Aufbewahrung. IX. 325.
= Eigenthum. VIII. 28.
Pfändungsbefehl. X. 109.
Schuldschein. X. 422, XI. 118.
Sicherg. gegen Nachth. IX. 314.
Simulirtes Geschäft. X. 399.
Unterdrücken. VI. 309, X. 50, XIV. 677.
= Rückgabe. XV. 265.
Unterschlagung. III. 322.
Versuch. X. 631.
Vorenthaltg. VII. 558, XII. 119, XVI. 310.
Vorsätzlichkeit. XI. 469.
Wegnahme. VII. 597, XV. 265.
Zerreißen. XV. 513.

Urtheil, vgl. Erkenntniß.
Anführg. d. Gesetzes. XII. *259*.
Begründg. d. Feststellg. IX. *296*, *418*, X. *7*, *191*, *368*.
Feststellg. IX. *175*, XII. *574*.
Geschwornenspruch, Wortlaut. XI. 192.
Gründe d. Freisprechg. IX. *422*.
Prüfg. d. Entlastungsmomente. IX. *467*.
Tenor, Bezeichng. d Strafthat. X. *383*.
Verkündg., Richter. XI. *318*
 „ Verschiebung. XV. 401.
 „ Widerspr. m. d. schriftl. Abfassg. XIV. *364*.
Zustellung, Gefangenwärter. IX. *208*.
 „ Von Amts wegen. IX. *227*.

V.

Vater, Rechtsmittel. V. 386.
Verächtlichmachen, s. Behauptg. ꝛc.
Verbindungszeichen, Dolus. II. 360.
Verbrauchssteuer, Gewerbe-Steuer. XIII. *452*
Verbrechen, mild. Umst. I. 200.
Strafmaximum. IX. *214*.
Verbreitung, s. Behauptg., Beleidigung ꝛc.
Vereidung, s. Diensteid, Dollmetsch., Sachv., Zeugen-Vern.
Verein, politischer,
Begriff. X. 279, XIV. 224, 607, XV. 209. XVI. 800.
Bewußtsein d. Mitgl. XVI. 452.
Geschloss., Betheiligg. XIII. 663.
Lokalverein. XV. 230, 790.
 „ Wanderversamml. XV. 786.
Nebenverein. X. *56*.
Schließung. XIV. 172.
 „ Für den Staats-Umfang. XVI. 719.
 „ Rechtsmittel. XIV. 731.
 „ Selbstauflösung. XIV. 731.
Selbstständigkeit. X. *56*, *279*, XIV. 607, XVI. 719.
Sociale Fragen. XVI. 759.
Statuten, Inhalt. XIV. 224, 607, XVI. 719.
 „ Mitthlg. XI. 346, XIV. 224.
Verein, politischer (Forts.).
Verbindg. X. *56*, 279, XIV. 172, 607, XVI. 452, 538.
Vereinsthätigkeit. XIV. 224.
Wahlverein. X. *56*, XVI. 800.
Zweck. XVI. 759.
Vereinsvorstand, Verantwortlichk. XV. 672.
Verführung, Antrag. III. 112. VI. 64.
Beischlaf. X. 123.
Kunstgriff. ꝛc. IX. 208.
Unbescholtenheit. III. 112, IX. 208.
Unkenntn. d. Alters. VII. 114.
Vergehen, fiskal. Strafe. VIII. 363, XIII. 398, XIV. 194.
Gef. über fünf Jahre. VIII. 382.
Hannover, Holzhauung. XV. *134*.
Vergiftung, s. Gift ꝛc.
Verhafteter, vgl. Anklageschrift.
Behändigg. d. Erk. I. 385, III. 498.
Besprechg m. d. Verth. IV. 198.
Rechtsmittel. III. 202.
Vorführg., Verlang. II. 106, III 1.
 „ Verschulden. XIV. *124*.
 „ Verzicht. II. 470, XVI. 179.
 „ Zwang. VI. 51.
Vorladung, Wohng. I. 65, III. 107.
Verhöhnung, s. Schmähung.
Verjährung, vgl. Auswanderg. ꝛc.
Beginn. I. 529, XV. 344, 709.
Einstellg. d. Verf. XIV. *206*.
Feststellg. d. Zeit. XI. 512.
Gesetzeswechsel. I. 389, XI. *626*, XIV. 216, XV. 5.
Idealkonkurr. X. *750*, XVI. 625, 762.
Militär-Beurlaubter, Einberufg. VIII. 180, XIV. 215.
Obertribunal. XIV. 757, 771.
Polizeivorschrift. V. 162.
Rechtsmittel. XIV. 504, 589.
Ruhen. VIII. 180.
Spezialgesetz. X. *712*. XII. *314*.
Strafe. XV. 5.
Uebertretung. I. 436, V. 162.
Unterbrechg., and. Person. V. 5.
 „ Ankl. ꝛc., Qualif. XII. 73.
 „ App.-Richter. VII. 70.
 „ Falscher Name. XIII. 16, 19.
 „ Feststellg. VIII. 465, IX. 69.
 „ Inkompetenzerkl. XIII. 220.
 „ Präsent. d. Ankl. XVI. 764.

Verjährung (Forts.).
Unterbrechg., Qualif. d. Handlg. XIII. 294.
- St.-A. I. 199, 471, II. 280, III. 182, IX. 70, X. 587,
- Straffestsetzung, polizeiliche. XIII. 258, XIV. 23.
- Strafverfahren, administr. XV, 683.
- Terminsbestimmg. XV. 68.
- Urtheil, Aufl. XVI. 693.
- Verfolgung d. Redakteurs. XII. 219.
- Verfügung, Mil.-Gericht. XIII. 391.
- - Reprod. X. 20.
- Vernehmg. d. Angezeigten. XIII. 355.
- Vertagungsurth. II. 220.
- Vertreter 2c. des Richters. XIV. 771.
- Vorladung. XV. 68.
- Voruntersuchg. VI. 137.
- Zuständigkeit. XIII. 367.
Unterlassg., Fortdauer d. Verpfl. I. 241, XII. 562, XIV. 606.
Verbr., mild. Umst. I. 200.
Vergehen, Pol.-R. II. 231.
Verleitung, s. Meineid 2c.
Verlesung, vergl. Anklageschrift, App.-R., Zeug.-Vern. (komm.).
Aerztl. Attest. X. 708, XIV. 139.
Anordng, Nichtvollziehg. XVI. 44.
Attest e. Beamten. V. 93.
Attest e. Collegiums. IX. 406.
Aufklärg., Antr., Ablehng. X. 532.
- Beschluß. VII. 228, IX. 166, X. 708.
- Rechtfertigung. VIII. 567, IX. 280, 447, X. 716, XIII. 355, XV. 558, XVI. 807.
- Urkundliche Beweismittel. XIV. 800.
Augenschein. X. 177, 432, 543, XII. 372, XIV. 570.
Auskunft e. Behörde. III. 53, 391. XI. 449, XV. 33 XVI. 807.
Ausländ. Gesetz. XI. 519.
Ausländ. Vernehmungsprot. X. 785.
Bedeutungslose Schriftst. II. 200.

Verlesung (Forts.).
Bei Vernehmung. des Angekl. III. 54, XI. 266, 409.
Bei Zeugenvernehmg. XIII. 196.
Bescheinigg. über fremdes Recht. VI. 16.
Briefe. XI. 33, XVI. 564.
Civilurtheil. VII. 640.
Frühere Aussage. I. 78, V. 99, VII. 639, IX. 189, XI. 554, XIII. 355, XIV. 138, XVI. 548, 658.
Gerichtsschreiben. V. 200.
Gerichtsschr. XIV. 128, XVI. 548.
Geständniß, Mitschuld. XVI. 333.
Gutachten. X. 560, XIII. 82.
- Med.-Koll. VI. 471.
- Sitzungsprot. II. 460.
- Tod d. Sachv. II. 204.
Information für Prozeßmaßreg. III 64.
Inhaltsang. IX. 576, X. 419, 618.
Leumundszeugn., Beschl. IV. 548. VI. 315.
- Einzelbeamter. VI. 315, VII. 23, 398.
- Gründe. XIII. 492.
- Kollegialbehörde. III. 53, VII. 738.
- Orstvorstände. XIII. 425.
- Polizeibeh. II. 174, IV. 551.
- Privatperson. XIV. 82.
Nicht.-Beschw. XVI. 415.
Nothwendigkeit. IX. 576, X. 618, XVI. 382, 590.
Obduktions-Prot. X. 114, 543, XI. 547, XIII. 82, XV. 622.
Protokoll, Formfehler. IX. 688.
Prozeßschriften. VI. 169.
Schreiben des Angekl. III. 515, XI. 554.
Strafurtheil, früheres. XV. 420.
Strafverfolgungsantr. XII. 258.
Taufschein. VII. 23, X. 419.
Taxe, uneidl. XI. 266.
Telegramm. VII. 738, XVI. 564.
Uebersetzung. XV. 317.
Untersuchung, frühere. XIII. 349.
Urk.-Beweis. XIV. 800, XV. 524.
Vermerk u. Löschung e. Grundschuld. XVI. 791.
Zeugenaussage. XIII. 282.

Verlesung (Forts.).
Zeugenaussage, Beeidg. XI. *554*, XVI. 619.
- Belehrg. d. Geschw. XI. 7.
- Beschluß. I. 88, II. 186, 452, 453, IV. 325.
- Einverständniß. d. St.-A. u. Angekl. II. 212.
- Förmlichkeit. I. 118.
- Große Entferng. rc. IV. 214, 506.
- Krankheit. XIII. 82, XV. 409.
- Motivirung. X. *599*, XII. *49*.
- Neben mündl. Vernehmg. II. 524, VIII. 383, 499, X. 30.
- Nichtauffinden. d. Z. V. 203, VII. 333, XI. 296, 444, XIII. 125, XV. 498, XVI. 472.
- Nur im Fall des Todes. II. 334, VI. 336.
- Rechtfertigg. IV. 78, XV. 498.
- Schwierigk. d. Vernehmg. XIV. 393.
- Tod, and. Sache. XV. 409.
- Unmöglichk. d. Vernehmg. VII. 83, 738, XVI. 472.
- Voraussichtl. Ergebniß d. Vernehmg. XIV. 393.
- Zweck d. Verlesg. VI. 560.

Verleumdung, vgl. Amtsverläumd., Beleidigung.
Absicht zu kränken. XI. *609*.
Aeußerg. e. bloßen Meing. I. 50.
Anzeige, Absicht, X. 66, 317.
- Falsche Anschuldigg. XI. *609*.
- Gegen besseres Wissen. X. 317, 761.
- Zuständigkeit. II. 27.
Beleidigter, Zeuge. VI. 113.
Bezeichnung. XVI. 412.
Feststellung. IX. 496, X. 589.
Guter Glaube. V. 494.
Innehalten, Abs. der Beleidigg. VI. 34, VII. 196.
- Antr., Ablehng. XIV. *529*.
- Nicht.-Richter. X. *186*.
Interessenwahr., Gemeindemitgl. VII. 66.
Nichteröffng. d. Unters., Dienstbeh. I. 260, VII. 742.

Verleumdung (Forts.).
Nichteröffng. d. Unters., St.-A. I. 260, VII. 196, X. *319*.
Oeffentl. Meinung. XI. 543.
Oeffentlichk. Do us. XII. 78.
Rechtswahrung, Abs. d. Beleidg. I. 50, VII. 66, IX. 146, 564, X. *443*.
- Abs. d. Verdächtig. VII. 334.
- Eigenes Recht. II. 27.
- Prüfung. VI. 372.
- Strafbar. XIV. 661.
Strafverf.-Antr., Frist. X. *786*.
Tadelndes Urth. IX. 496, X. 698.
Verbreitg. II. 26, VI. 195, XI. 111.
Vorwurf e. Uebertretg. IX. 599.
Wahrh.-Beweis, Ablehng. VII. 642, VIII. 645, XIV. *529*.
- Beweislast. XV. 500.
- Feststellung. VI. 549.
- Meineid. IV. 227.
- Qualifikation. XI. 401.
- Trunkenheit. VIII. 757.
- Voller Beweis. V. 415.
- Wahrscheinlichkeit. X. 494.
Wahrheitseinr., Berücks. IX. 696.
Wiederholung. X. *786*.

Vermittlung, fremder Geschäfte, Kaufmann. VI. 284, VII. 707, VIII. 34.
Selbstbetheiligung. IX. 595.

Vermuthung, s. Beweisregel.

Vernehmung, Zwang. X. 535.

Vernichtung, s. App.-R., O.-Tr., Urk. rc.

Verordnung, s. Kgl. Vdn., Pol.-V.

Versammlung, vgl. Aufzug, Prozess.
Anzeige, Art d. Einladg. XV. 794.
- Irrthum. III. 152.
- Oeffentlichkeit. XIII. *425*, XV. 794.
Auflösung, Nichtentferng. IX. 720.
Erörterung, polit. XV. 749.
Landrath. V. 272.
Oeffentl., Genehmigg. III. 48.
- Versagg. d. Genehmigung. XIV. *339*.
Oeffentl. Angelegenh. VIII. 290.
Ortspolizeibehörde. VIII. 681.
Unerlaubte, Aufforderg. III. 48.
Waffen, Mitführen. IV. 433.

Versetzung, s. Anklagestand.

Versicherung, s. Diensteid, Eidesstattliche ꝛc., Feuervers.
Versicherungsagent,
Gewerbesteuer. XVI. 402, 417.
Versicherungsanstalt,
Konzession. XIV. 207.
Verspottung, Kirche ꝛc. vgl. Beschimpfung.
Bibel. VII. 136.
Chorgesg., Genehmigg. VIII. 498.
Gutachten. XI. 232.
Heiligenverehrung. IX. 352.
Herabwürdigen. VII. 136.
Kirchengebäude. III. 37.
Leichenrede. XI. 32.
Sammeln v. Opfergaben. X. 507.
Union d. evang. K. IX. 271.
Wiederzählen. VI. 350.
Versteigerung, Abhalt. v. Bieten. II. 73, VI. 302, VIII. 790, IX. 608, XI. 94, XVI. 568.
Zerstückel. v. Grundst. III. 346, 518.
Verstümmlung, s. Körperverletzg.
Versuch, vgl. Diebstahl ꝛc.
Abstimmg. d. Geschw. VI. 280.
Anf. d. Ausführg. II. 24, V. 429.
= Nichtigk.-R. IX. 714.
Beendigter. XIV. 714, XVI. 592.
Entdeckung. XII. 190, XVI. 592.
Feststellg. XII. 116, XV. 500
Mild. Umst. XIV. 538.
Rücktritt. XIV. 714, XVI. 186.
Tauglichkeit d. Mittels. I. 255. 274, XV. 7.
= Fragstellg. IX. 734.
Thätige Reue. XII. 190.
Verbr.-V. u. Vergehen. XVI. 4.
Vermeintl. Hindern. V. 262.
Vorsatz. I. 274, IV. 141.
Vertagung, vgl. App.-R. ꝛc.
Antrag, Ablehng. XI. 110.
= Bescheinigg. XI. 135, 405.
= Krankheit. XIV. 571.
= Nichtberücks., Schuld. V. 472.
= Prüfung. XI. 598, XII. 88, XIV. 617.
Nach Verkündg. d. Geschw.-Spr. VI. 543.
Vernehmg. d. Angekl. IV. 325.
Vorladung. XIV. 93.
Wiederholg. d. Beweisaufnahme. XVI. 459.
Vertheidiger, vgl. App.-R. ꝛc.
Abschriften. I. 66, XIV. 250.
Abwesenh., Bildg. d. Schw.-G. IX. 157.
Akten, Mitth. XI. 445.
Besprechung. VII. 484.
Geschenk. I. 513.
Geständniß. IV. 227.
Hauptverhandlg. IX. 157, 705.
Mehrere Angekl. III. 196, V. 277, IX. 734, XVI. 44.
Nicht.-Inst., Vollm. X. 104, 756.
Ordnungsruf. I. 229, 510.
Rechtsanwalt, Ort. V. 12.
= Vollm., App.-G. IX. 53.
Rechtsmittel. V. 277, 399, XI. 43, XVI. 225.
Staatsbeamt., Genehmigg. II. 427.
Substitut. VI. 279.
Verwandtsch. m. d. Vors. III. 308.
Verzicht. VII. 39. X. 315.
Vollmacht, mündl. X. 507.
= Nachbringen. XVI. 225.
Vorladg., App.-Inst. II. 321.
= Benachr. d. Angekl. XIII. 314.
= Bevollmächt. XII. 429.
= Erste Inst. VI. 520.
= Frist. XVI. 286.
= Komm. Zeugenverh. VII. 572.
= Schw.-G.-H. I. 575.
Wahl. III. 395, X. 419, XV. 316.
Zuordnung, Antrag. II. 447.
= Auswahl. II. 34.
= Mittheilg. II. 34, III. 241, V. 451, VII. 498, X. 315.
= N.-Beschw. II. 5, VIII. 136, 191, XII. 489.
= Schwerhörigk. XI. 29.
= Strafunmündiger. II. 522, IX. 583.
= Vergehen. VIII. 382.
= Widerspr. d. Angekl. VII. 727.
Vertheidigung, vgl. Beleidigung, Verleumdung.
Ablesen. VI. 124.
Benutzg. e. Schrift. XI. 600.
Kosten, Erstattg. V. 550.
Rede, Veröffentl. I. 456.
Verpfl. z. Uebernahme. I. 97.
Vertheidigungsbeschränkung, vgl. Beweisantrag ꝛc.
Akteneinsicht. III. 391.

Vertheidigungsbeschränkg. (Ftſ.).
Ausſchreitung. IV. 367.
Erörterg. d. Strafmases. IX. *568*.
Irrthüml. Nichtladg. e. Zeugen. X. 509.
Letztes Wort. III. 404.
Mitangekl. I. 514.
Mitangekl. e. Entl.=Z. X. 576.
Nachweis a. d. Akten. II. 50.
Neue Beweismittel, VII. 441.
Nichtberückſ. e. Beweisantr., StA. I. 125.
Nichtvorlegg. e. Beweisantrags. XVI. 796.
Nicht zur Sache gehör. Bemerk. IX. 556.
Thatſ. außer d. mündl. Verhdlg. IX. 485.
Unterbrechg. d. Vorſ. III. 223.
Verſagg. d. Worts. IX. 343, *418*.
Verſchulden X. 436.
Vertagungsgeſuch. XI. 598.
Vorbereitg. d. Verth. VIII. 472, X. 534.
Zeugen, Auswahl IV. 162, V. 522, IX. 480, 696
Vertreter, Ehefrau. II. 9, III. 341, VIII. 397, X. 522.
Frauenzimmer. VII. 478, VIII. 397.
Mutter. VII. 21.
Rechtsanw. ohne Vollm. VI. 304.
Rechtsmittel. V. 386.
Verwahrungsort, ſ. Akten, Urk.=Vern. ꝛc.
Verwaltungsbehörde, ſ. St.=Beh.
Verweis, Rechtsanw. VII. 144.
Vollstreckung. XII. *320*.
Verweiſung, ſ. Gerichtsſtd., Zeugen=Vereidung.
Verweisungsbeschluss, d. Anklage-kammer, Berufg. IX. *452*.
Verzicht des Angeklagten,
Ausbleiben. XIII. 17.
Beweisantrag. I. 155, II. 42, 122
= App.=R. II. 491, VII. 398.
Erk.=Abſchr. IX. 524.
Erk.=Ausf. II. 229.
Förmlichk. II. 121.
Friſt. VIII. 486, IX. 685.
Mündlichkeit. II. 122.
Rechtsmittel. VIII. 184, XI. *238*. 254.
Verzicht des Angeklagten (Fortſ.).
Strafantragsrecht. XV. 16.
Väterl. Gewalt. VIII. 486.
Vertheidigungsmittel. IV. 397.
Vorführung. II. 470, XVI. 179.
Verzicht des Staats=Anwalts, Beweismittel. XV. 521.
Viehſpeere, vgl. Rinderpeſt.
Abſperrungsmaßregel. XV. 760, XVI. 789.
Aufhebung. XII. 344.
Dolus. XV. 505.
Einziehung. IX 532, XV. 857.
Event. Anordng. XV. 505.
Kontrebande. III. 549, IV. 358, XV. 856.
Landrath. XV. 273.
Maßregel zur Verhütg. XV. 856.
Reg.=Vdn. V. 269, IX. 370, XI. 316.
Rotz. XV. 760.
Strafandrohung. XV. 505.
Tollwuth. XV. 505.
Wache. XII. 174, 344.
Zuſtänd. Beh. XIV. *531*, XVI. 370.
Vollſtreckungsbeamte, vgl. Beamte, Widerſtand ꝛc.
Briefträger. IV. 504, X. 184.
Chauſſeegeldpächter. IV. 364, 644.
Dorfgericht. IX. 191.
Eiſenbahn=Bauaufſeher. XI. 391.
= Pol.=B. XIV. 107.
Forſtbeamte. I. 526, XVI. 811.
Gehülfe e. Forſtbeamten. IX. 703.
Gemeindevorſteher. XVI. 473.
Magiſtratsbote. VI. 3.
Nachtwächter. XIII. 466.
Ortspol.=Beh. V. 201.
Polizeidiener. IV. 305.
Privatförſter. XIV. 390.
Richter. VI. 562. XI. 556.
Schulze. X. 137.
Vorbehalt, Ankl.=Sen. IX. 41, 191.
Antr. d. St.=Anw. I. 36.
App.=Richter. I. 211.
Beſchluß. IX. 212.
Erk.=Tenor. I. 343, IX. 212.
Erſchw.=Umſt. IX. 691.
Geſichtsp. d. Ankl. XI. 17.
Nicht.-Beschw. XI. *435*.
Obertribunal. I. 565.
Ohne Antrag. I. 281, III. 217, VII. 686.

Vorbehalt (Forts.).
Rechtskraft. II. 8, XI. 536.
Staatsanw. I. 36, 343, IX. 106,
Vertheidiger. XIII. 446.
Zeitp. III. 217, IV. 457, VIII. 258,
XI. 279, 536.
Vorbereitung, s. Aufforderg. ꝛc.
Vorfluth, Mühlen-Pächter. VII. 539.
Wegnahme d. Fixpunkt. VIII. 213.
Vorführung, s. Verhafteter.
Vorführungsbefehl,
Ablehnung. X. *381*.
Vorladung, s. Angekl., Behänd., Kont.-V., Verth. ꝛc.
Vorsitzender, vgl. Schw.-G. ꝛc.
Ablehng. e. Antr. XI. 269, XV. 5.
Entsch. d. Gerichts. IX. *418*.
Nachweis a. d. Akten. II. 50.
Voruntersuchung, vgl. Einstellg., Verlesung.
Abwesenh. d. Besch. XIV. 452.
Antrag, Ablehng. XVI. 761.
Dolmetscher. I. 118, VI. 316,
XIV. 767.
Ergänzung. VI. 390, XIV. 452.
Erneuerung. VI. 189.
Förml. IX. 302.
Formmängel, Nichtigkeit. I. 502,
VIII. 490, IX. 371.
Kreisgericht. IV. 517.
Nachträgl. Ermittl. VI. 294.
Person. V. 446.
Prot.-Führer, Vereidg. XV. 520.
Vernehmung d. Besch. VII. 10,
XIII. 654, XIV. 434, 452.

W.

Waage, unrichtige,
Anhängsel. XV. *177*, 509.
Eichung. VI. 33, XV. 177.
Waarenbestellung, s. Hausiren.
Waarenbezeichnung,
Bundesangehöriger. X. 377.
Dolus. XIII. 511.
Fabrikzeichen an Stahl- ꝛc. Waaren. VII. 78.
Fälschliche, Absicht. IV. 509.
" Namen o. Firma. XII. 191,
370.
" Wortlaut. IX. 592.
Firma, ältere. IV. 289.
" Begriff. XII. 370.
" Gestatt. d. Inhabers. I. 283.
Waarenbezeichnung (Forts.).
Firma, Ortsbezeichnung. III. 136.
Gegenseitigkeit. X. 377, 752.
Inländ. Fabrikuntern. ꝛc. XI. 191.
XIII. 511, XV. 37.
In Verkehr Bringen. XII. 568,
XV. 85, XVI. 648.
Mehrere Handelsgesellsch. X. 592.
Namen, Gestatten d. Inhabers.
I. 283.
Namen und Wohnort. III. 252.
VI. 299, VII. 143.
Staatsvertr., Aufhebg. XIII. 36.
Wohnort. III. 135, 252, VIII. 239.
XII. 100.
Zusatz. XII. 100, XIV. *586*.
Waarenverkauf, s. Hausirvergehen.
Waffe, Begriff. IV. 433.
Waffen, Aufsammeln. VI. 467.
Waffenmißbrauch,
Beweisregel. IX. 435, X. 658.
Wahlfälschung,
Täuschung des Protokollführers.
VII. 682.
Wahlvorstand. IX. 538.
Wahlzeichen. VII. 131.
Wahlfreiheit, Verhinderg. IV. 146.
Wahlstimme,
Kauf. V. 274, XIV. 53.
Wahrsagen,
Ankündigung. XIV. 507.
Umherziehen. XV. 12.
Wahrspruch, s. Geschwornenspr.
Waldeck,
Beamter, Vereidg. X. *187*.
Beweisantr., Wiederholg. X. *348*.
Disziplinarverfahren. XII. *156*.
Erkenntn., Begründg. XV. 463.
Gegenseit. Beleidigg. XVI. 749.
Jagd, Fuchs. XV. 479.
Zeugen-Vereidg. XV. *116*
Wasserheilanstalt,
Konzession. II. 195.
Wasserstandsmal,
Verrückung. VIII. 213.
Wechsel, Auf eigene Ordre, ohne Giro. II. 542.
Feststellg. d. Merkm. XI. 255.
Mangelhafter, s. Urk.
Namen der Bezogenen. II. 85.
Wechselfälschung,
Auftrag, Ueberschreitg. V. 276.

Wechselfälschung (Forts.).
Ausfüllg. e. Blanketts. II. 84, 156, III. 155, 250, IX. 106, X. 794.
Bedeutg. benutzter Schriftzeichen. V. 383.
Fragstellg., Eigensch. d. Wechsels. IV. 346, V. 245.
Gebrauch. falsches Blanko-Accept. V. 439, IX. 352
" falsche Unterschr. u. falsches Giro. IV. 270.
Mißbrauch e. Blanketts, Aechth. III. 393, VII. 572.
Mißbrauch e. Namensschrift zum Giro. XIII. 30.
Versuch. IV. 270, VIII. 453.
Vorlegg. z. Stempelg. IX. 74.
Wechselstempel,
Acceptant, Auftr. z. Stempelg. IV. 56.
" Aushänd. a. d. Remittenten. III. 319.
" Ausländ. W. I. 231, 311, V. 331, VII. 574.
" Blankett. V. 209, VII. 561, XIII. 592, XIV. 364, XV. 284, XVI. 790.
" " Beweis. IV. 544, VII. 561.
" Exemplar nur zum Accept. I. 296, II. 468.
" Gezogene W. IV. 295.
" Haftbark., Dolus. XVI. 690.
" Rückgabe. I. 311, IV. 56, V. 209, XII. 515, XIII. 50, 650.
" Summe, Redukt. XIV. 365.
" Zusatz, Umlauf. I. 311.
Anweisg. kaufm. XI. 46.
Aussteller, Analphabet. III. 269.
" Auftr. z. Stempelg. I. 299.
" Aushändigg. an d. Remitt. I. 299, III. 319.
" Besorgg d Accpts. VIII. 582.
" Blanko-Accept, Ausfüllen. I. 351.
" Blanko-Giro, Abgabe. VII. 244, IX. 117.
" Haften für Dritte. I. 299.
" Klage gegen d. Acceptanten. XII. 263.
" Mehrere. VI. 197.
Wechselstempel (Forts.).
Beamter, Haftbark. XIV. 269, 673.
Bürge. VI. 514.
Datum. VI. 155, XIII. 290.
Gesetzeswechsel. XII. 238, XV. 396.
Indossatar, Ueberg. an d. Notar zur Präs. IX. 379.
Inhaber, Ausländer. II. 107.
" Einreichung bei Gericht. XIV. 443.
" Pflicht d. Prüfg. XVI. 624.
" Theiln. a. Umlauf. XIV 47.
" Vorlegung. II. 503, X. 583.
Juristische Person. XIII. 562.
Kassirungsfehler, Aenderung der Vorschr. XV. 396
" Beweis, Original. XII. 268, XIV. 757, XV. 534.
" Bundes- st. Preuß.-Marke. XII. 238
" Nachträgl. Kassirg XV. 451.
" Namen, Anf.-B. XII 442.
" Querstriche. XIV. 269.
" Stelle d. Papiers. XII. 442, XIV. 540, XV. 805.
" Unricht. Datum. XII. 515.
" Versehen. XIV. 759.
" Zeugenbeweis. XIII. 650.
Landesstempelgesetz. XIV. 269.
Mehrere Exemplare. I. 296, 311, II. 468.
Nachbringg. d. Stemp. I. 462.
Namensächtheit, Beweis. XII. 466.
Notar. XIV. 460.
Präsentant. II. 503, VIII. 646, X. 583.
Strafverfahren. XII. 225.
Trockene Transitowechsel. III. 75. X. 640
Umlaufswechsel. XIII. 50.
Wegegeld, vgl. Chausseegeld.
Strafvorschrift. XIII. 542
Wegnahme, vgl. Arrestbr., Diebst.
Erde. XVI. 703.
Steine. XVI. 213.
Steueramtl. Niederlage. XVI. 511.
Wehrpflicht, s. Militärpflicht rc.
Weihbischof, Firmung. XVI. 427.
Weidefrevel, vgl. Berecht.-Einr.
Besond. Bestimm. XI. 478.
Bosheit. X. 407.
Einziehung. I. 322.

Weidefrevel (Forts.).
Ostpreußen. IV. 439, VII. 190, XII. 183, XV. 268, 610.
Pol.-Vdn. XIV. 381.
Pommern. I. 322, X. 435.
Posen. VI. 479.
Werthersatz, Umwandlg. XV. 3.
Westfalen, Hengst K.-O. IV. 546.
Jagd, Amtmann. XVI. 731.
- Fischotter. XII. 122.
- Rehbock. VII. 350.
Kontrole d. Holztransp. VI. 60
Landrath. VI. 61.
Militärpfl., Beginn. V. 156.
Westpreußen, Schiedsmannsvergl. XIV. 274.
Wette, Eigenthumsübergg. XVI. 253.
Widerklage, Ausbleiben d. Widerklägers. XVI. 495.
Wechselseit. Beleid. gg. XV. 742.
Widersetzlichkeit (Widerstand) g. Forstbeamte ꝛc. vgl. Amtshdlg.
Absicht, eine Amtshandlung zu verhindern. VII. 266.
Aufsichtsbezirk. VII. 518, XVI. 811.
Ausübung e. Rechts. IV. 241.
Außerhalb d. Forstes. III. 286, XI. 82, XII. 154, XIII. 289, 449, XV. 47.
- Bei Anhalten w. Verdachts. IV. 253, VIII. 519.
- Flucht, Ergreifg. I. 526, II. 513, XIV. 481.
- Holz, Pfändg. I. 359, 526. XI. 483.
- Zusammenh. der amtlichen Thätigk. VI. 334, VIII. 519, XI. 82, XVI. 26, 811.
Beendigg. d. Amtsthätigk. X. 468. XIII. 449.
Begriff d. Widersetzlichk. XII. 512.
Betreffen bei d. That. I. 205.
Beweisregel. V. 17.
Civileinrede, Verweisg. XI. 199.
Dolus. IV. 241, VII. 355.
Drohung. VII. 75.
Feldjagdrevier. VIII. 207, 396.
Feststellung. III. 116.
Forstaufseher, Anstellg. a. Lebenszeit. V. 101, IX. 599.
- Mittelbare Anstellg. V. 48, XIII. 461.

Widersetzlichk. g. Forstb. ꝛc. (Fts.).
Forstaufseher, Vereidung. V. 101, VIII. 807.
Forstweg, Oberförster. VI. 319.
Fortschaffg. d. Holzes, Beschlagn. X. 526.
Gemeinschaftliche, mild. Umstd. XVI. 404.
Gewalt an d. Person. VII. 126, X. 15, XVI. 25
Jägerlehrling. IV. 508
Jagdauff., Bestellg. X. 15, XIV. 480
Jagdpächter. XVI. 447.
Körperverletzung, mild. Umstd. XVI. 404.
- Versuch. VIII. 527.
- Vorsatz. VII. 7, XI. 22, XVI. 494.
Kommunalforstbeamter. IX. 534.
Kommunikationsweg im Walde. X. 153.
Landstraße im Walde. XI. 199.
Mitthäter. IX. 463.
Pfändung, Unschuld. X. 462.
Privatförster. III. 286, VIII. 140.
Rechtmäßige Amtsausübg., Feststellung. XIII. 462.
- Fragstellung. XIV. 729.
- Grund zum Einschreiten. XIV. 501.
- Haussuchung. XIII. 449.
- Pol.-Uebertr., Verfolgung. XII. 154.
- Privat-Jagdrevier. XIII. 47.
Richtung gegen e. Amtshandlg. IV. 109, VII. 266.
Thätliche, Kraftanwendg. IX. 164. X. 526.
- Strafe. VI. 349, IX. 474.
Tödtung. VII. 117.
Ungehorsam. XII. 97.
Verübg. e. Forst- ꝛc. Verbr. X. 526.
Waldeigenthümer, Pfändung. III. 116, X. 462.
Weidenpflanzung. IX. 498.
Werkzeug, gefährl. X. 510.
Widersetzlichkeit gegen Steuer- ꝛc. Beamte,
Begriff. VI. 444, XIV. 718.
Anhalten e. Fuhrwerks. VI. 444.
Besonderes Gesetz. XIV. 717.
Nichtgestattg. d. Eintritts. III 241

Widersetzlichk. g. St.= 2c. B. (Ftſ.).
Strafverfolgung. VI. 444.
Weigerg. d. Herausgabe. III. 241.
Widerstand gegen Vollstreckungs- beamte 2c. vgl. Amtshandlg., Vollstreckungsbeamte.
Abzeichen d. Beamten. XI. 563.
Beamte im Dienst. I. 465.
Beginn d. Amtshdlg. II. 256.
Dolus. X. 137, X. *622*, XIII. 180, XIV. 488. 708.
Dritte Person. X. 508, 603.
Drohung. IX. 164, 310.
Gewalt. II. 391, XII. 551, XVI. 93.
Hindern. d. Amtshandlg. XV. 607.
Kenntn. d. Befehls. XII. 569.
Kriegszustand. XII. 646.
Rechtmäß. Amtsausübg., Absicht. XIII. 249.
= Amtsbezirk. III. 134.
= Ausschreitung, Mißhandlg. X. 166.
= = Strafgesetz. XV. 819.
= Befehl, Befugniß. III. 224. XII. 469, XIII. 53.
= = Formvorschr. XIV. 197, XVI. 578.
= = Gesetzlichk. XV. 227.
= = Grund dazu. XIII. 216.
= = Rechtmäßigk. XIII. *203*, 332, XIV. 357, XV. 490, XVI. 388.
= = Voraussetzg. XV. 586.
= Beginn d. Amtshdlg. II. 256.
= Bewaffn. Macht. XII. 587.
= Dritte Person. X. 508, 603.
= Ermessen. XV. 589.
= Exek., Beschlagn.-Verhdlg. XVI. 660.
= = Einwd. d. Exequenden. XVI. 301.
= = Fabrikstreit, Entschdg. XIII. 332.
= = Mahnverf. XVI. 578.
= = Pfandfr. Sach. XII. 525.
= = Verhaftg., Wohnung. XIII. 103.
= = Vorzeigen d. Befehls. XVI. 736.
= = Wohng. d. Exequend. XVI. 144.
= Fragstellung. XIV. 729.
Widerstand 2c. (Forts.).
Rechtmäßige Amtsausübung, Gendarm. XIII. 386.
= = Auflauf. XIV. *600*.
= = Haussuchung. XII. 85, XIV. 248, 627.
= Irrth. d. Beamten. XII 587, XIV. 51, XV. 819.
= Maaßgeb. Gesetz. XIII. 457.
= Nachlaß-Invent. XVI. 473.
= Pol.-Beamt. Haussuchung. XIV. 13, 627.
= = Miethsstreit. XIII. 375.
= = Privatrechtsstr. XV. 647.
= = Ruhe. XIII. 375, 608, 638.
= = Vorführg. e. Menschen. XV. 227.
= Prüfung, Gesetz. XIII. 457.
= Steuerexekutor. XII. 608, XVI. 301.
= Wachtmannsch., Festnahme. XIV. 575.
= Wohn., Eindring. XIII. 103.
= Zollbeamte, Privatweg. XVI. 769.
Sachliches Hinderniß. I. 526.
Zugezog. Person. IV. 236. XIII. 402.
Wiederaufnahme der Untersuchg.
Ermittl., St.-A. X. *517*.
Rechtskräftige Einstellg. IV. 115, XIV. 634.
Wiedereinsetzung, vgl. Restitut.
Ablehnung, Rechtsm. X. 679, XII. *317*, *336*, XIV. *515*.
Ber.-R., Beweiserneuerg. XI. *338*.
Beschw. ans OTr. I. 336.
Fristversäumniss. IX. *634*.
= Anw.-Verschuld. XI. *435*.
Nicht-Aush. d. Urth.-Abschr. XV. 630.
Postversäumniss. XII. *392*.
Terminsversäumg. IV. 66, VIII. 33, XIV. 787.
Zuständigkeit. IX. 342, XI. 88, XII. *164*, XVI. 332.
Wild, Legitimationsattest VI. 538.
Wildpretsteuer,
Einbringen o. Zahlg. XIII. 150.
Steuerverschl., Betrug. XIV. 739.
Unrichtige Deklar. XIII. 100.
Wohnung, s. Hausfriedensbruch.

Wucher, Antichrese. III. 481, VI. 241.
Civilrechtsvorschr. II. 199.
Darlehn. VII. 411, 535.
Einführg. d. HGB. III. 104, 427.
Einkleidung, Cession. II. 52.
= Form d. Rechtsgesch. III. 427.
= Früh. Versprechen. V. 435.
= Realkonkurr. II. 336, V. 246.
= Sofortige Zahlg. V. 372, VI. 447, VII. 225.
= Verschreibg. höher. Summe. III. 427.
= Zeitfolge. V. 386.
Fragstellung. V. 245.
Freigabe d. Zinsfußes. VII. 669, VIII. 424.
Fremdes Geld. VII. 411.
Gewinnsucht. III. 528.
Gewohnheitsmäßigkeit. IV. 12, V. 246, 537.
Kapitalswucher. V. 372, VI. 447.
Prolongation. II, 46.
Realkonkurrenz, Geldstr. I. 439.
Rechtsbeständigk. d. Gesch. III 4.
Selbstanleihe. III. 528.
Simulation. VI. 241, VIII. 79.
Täuschg. d. Schuldners. III. 131.
Valuta, Verabredung. IV. 451.
Verk. a. Rückkauf. I. 73, VI. 561.
Vortheil. III. 4.
Wechselkauf. I. 562, VII. 411.
Zinsen. VII. 535.
Wundarzt erster Klasse. XI. 581.

Z.

Zahlungseinstellung, vgl. Banker., Holstein.
Anzeige, Aktiengesellsch. XV. 870.
Befriedigg. e. Gläub. XII. 635.
= Aufgabe d. Gesch. XV. 481.
= Konkurseröffng. XV. 853, XVI. 196.
= Nachtheil d. übr. Gläub. XV. 718, 719.
= Theilnahme. XV. 719.
Begriff XII. 453.
Begünstigg. e. Gläubig, Dolus. IV. 498. VIII. 785, XIV 97, XVI. 766.
= Feststellg. d. Civilrichters. II. 143, VII. 358.
= Gläub., Gefälligk.-Accept. VII. 278.
Zahlungseinstellung (Forts.).
Begünstigg. e. Gläub., Hypoth.-Gläub. IX 628.
= Kompens., Gläub. IX 628.
= Konkurseröffng. XII. 31.
= Unanf. Geschäft. VII. 278.
= Ungült. Geschäft. I 180.
= Vermögensunzulänglichkeit. VIII. 784
= Vertr., Ausführg. VII. 358.
= Zahlungsunfähigk. II. 143. VII. 627.
Gläubiger, bes. Vertr. XII. 351.
= Dolus. VIII. 292, XII. 351.
= Vortheil für Abstimmung. II. 500 III. 231.
= Zahlungsunfähigk. VIII 292. XI. 552.
Zeitschrift, s. Druckschrift.
Zeitung, vgl. Kaution.
Zeitungsstempel,
Anzeigeblatt. IX. 237.
Betrag. XII. 382.
Einzelverkauf. XII. 477.
Extrablätter. IX. 218.
Herausgabe, Anzeige. XII. 382.
Neues Gesetz. XVI. 141.
Zeitungsverkauf,
Ohne Konzession. VII. 567, 729.
Selbstverleger. VII. 729.
Verbotene Zeitschr. VII. 393.
Wiederholung. VII. 393, 567.
Zerstörung, s. Sachbeschädigg.
Zerstückelung von Grundstücken. III. 346, 518, IV. 416, VIII. 343, XIV. 438
Zeugen-Aussage, s. Verlesung.
Zeugen-Fähigkeit, vgl. Zeugen-Vereidung.
Angekl., bers. Vorfall. IX. 383.
Aufklärungszeuge. VIII. 463.
Beweiszeuge. XI 309, XIV. 574.
Dieb, Hehler. XIV. 243.
Ehefrau, Mitangekl. X. 428.
= Neuvorpommern. X. 436.
Eidesunmündige. X. *6*.
Geschwister. IX. *205*.
Geschwisterkind. X. 171.
Kind des Angekl. I. 320, X. 773.
Kind über sieben Jahre. I. 320.
Kriminalordnung. XV. 591.
Mitangekl. II. 18, X. 576.

Zeugenfähigkeit (Forts.).
Mitangekl. freigesproch. VII. 534, VIII. 528, IX. 660, XI. 153, 334, XII. 161, XVI. 344.
- Konnexe Strafthat. VI. 365, 527, VIII. 230.
Mitbeschuldigte, außer Verfolgg. XI. 598.
Mitschuldiger, verurth. I. 371, VIII. 230, X. 300.
Redakteur. II. 91, III. 72.
Theilnehmer. II. 91, 267.
Untersuchungsrichter. V. 122, X. 436, XII. 168.
Verklagter w. Verläumdg. X. 93.
Verleger. II. 267.
Verstandesschwäche. XII. *595*
Verwandte d. Mitangekl. I. 556. X. 428, 695, XII. 47.
- e. verst. Mitthät. VIII. 314.

Zeugen-Gebühren,
Beschw. ans O.-A.-G. XV. *40*.
Beschwerde ans O.-Trib. X. 63, XIV. 172, 521.
Staatsdiener, Diäten ꝛc. XIV. 172

Zeugen-Glaubwürdigkeit.
Allg. Ger.-Ordn. VI. 129
Beamter. XVI. 47.
Beschädigter. XII. *595*.
Beweisantr. VII. 210, XI. 377, 378, XV. 28.
Beweis e. Meineids. V. 532.
Denunziant. II. 161.
Erörterg. d. Gründe. IX. 537, XVI. 443.
Innere Wahrscheinlichkeit. X. 19.
Mitangekl. XVI. 16.
Obertribunal. XVI. 756.
Vereidg., Unterlassg. XVI. 756.

Zeugen-Vereidung, vgl. Zeugen-Fähigkeit.
Aufklärungszeuge. VIII. 463.
Ausführbarkeit. XVI. 619.
Beamter, Amtseid f. d. W.
- Zeugeneid. VII. 251, XI. 639, X. *787*.
Ausland. I. 370, V. 401.
Beschädigter. VIII. 84, 495, XI. *263*.
Betheiligter. XIII. *318*, XVI. 253
Dissident, Form. X. 544.
- Weigerung. XIII. 622.

Zeugen-Vereidung (Forts.).
Dolmetscher, Zuziehg. VII. 254, X. 178, XVI. 3.
Ehefrau d. Angekl. XIV. 139
Ehrenrechte, Untersagg XI. 289, XII. 213.
Ehrverlust, Nichtigkeit. III. 181, VII. 746.
- Rechtskr. IX. 354, X. 568.
- Wirkung XII 531, XIII 83, XV. 539.
Eidesmündigk., Beweis. IX. 666, XIII. 457.
- Gem. Recht. XI. 16.
- Konfirmat X. 716, XII. *259*, XV. 524.
- Ob.-Tr. IX. 666, XIII. 457.
Eidesunmündige, Nichtvereidung. VII. 629, X *6*, 173, 246.
- Vereidg. III 181, VII. 746, XII. 6, XV. 329.
Eigenes Vergehen. XIV. 147
Ermittlungsverfahren. VII. 200. VIII. 114.
- Sprengel. XIV. *456*.
Formel, Frankf. XVI. 641.
Forstaufseh. IV 361 IX 227 X 709.
Generalfragen XI. 59, XIV. 712.
Hebamme. VII. 209.
Jüdin. V. 124.
Jüdischer Ritus. II. 251, V. 466, X. 793.
Konfession. VI. 302, VII. 460, 495.
Mangel, Deckung. XI. *58*.
Menonit. VII. 425.
Mitangekl XVI. 16.
Mitbeschuldigt., früherer. XI 598.
Mitgl. e. freirel. Gem. XVI 782.
Mitschuld., Bekenntn IX. 601, XI 153.
- Militärstrafe. IX. 605.
- Nicht verf., Antr. XII. 596.
- Verurth. I. 371, VIII. 230. IX. 40, X. 635.
- - Uebertretg. XII. 668.
Nachholung. X 79, XI. *554*.
Nachträgl. Aussage. I. 61, VII. 43. XIV. 449, XVI. 17.
Nationalkokarde. IX. 293, 605.
Protokoll. X. 324, XIII. 633
- Anderer Beweis. IV. 468, VIII. 31, 40, XI. 409.

Zeugen=Vereidung (Forts.).
Sachverständigeneid. IX 712, 746.
Thäter, Hehler. XI. 529, XII. 500.
Theiln., guter Glaube. X. 348.
Unfähigkeit, Nichtigkeitsgrund. X. *161*, XIII. 457, 615.
- Unkenntn. III. 181, VII. 746, X. 773, XI. 309, XIII. 248, XV. 399.
- Zuchthausstr., Pr. StGB. XVI. 432.
Unglaubwürdigk. V. 351, XIII. 202, XVI. 756.
Unmöglichkeit. V. 401.
Unterlassg., App.-R. V. 46.
- Belehrg. d. Geschw. X. 246, 474, XI. 297.
- Erheblichkeit. XII 432.
- Gerichtsbeschluß. XI. *435*, XIII. 82.
- Grund d. Feststellg. IX. 677, XII. 644.
- Irrthum. V. 46, XI. 96, XIV. 650.
- Nichtigkeit. I. 116, V. 119, X. 246, *666*, XI. *58*, 59, XII 644, XV. 76, *116*.
- Ueberzeugung II. 110.
Verd. d. Mitthätersch. X. *257*.
Versetzg. in die zweite Klasse d. Soldatenstandes. IX. 605.
Verstandesschwäche. XII. *596*.
Verwandte d. Mitangekl. I. 556.
Verwandte d. verstorb. Mitschuld. VIII. 314.
Verwarnung. I. 504, XI. 75, 407.
- Form u. Prot. VI. 571.
- Vor Vorlesung d. Anklage. VIII. 84.
Verweisung auf den früh. Eid, Disz.-Verf. XI. 531.
- Erklärg. d. Zeugen. I. 116. XIII. 169.
- Ermittl.-Verfahr. VIII. 114.
- Förmlichk. d. früh. Vernehm. VI. 316.
- Konnexe Sache. XIII. 30.
- Konstatirg. d. Eides. XI 409. XVI. 287.
- Vernicht. Verfahr. I. 541, X. 8, 353.
- Vorverf. VI. 351, VIII. 114.
- - Abweichg. IX 34, X. 258.

Zeugen=Vereidung (Forts.).
Verweis. a. d. fr. Eid, Vorverf. Inkomp.-Erklärg. I. 377.
Verzicht. I. 138, V. 562, IX. 363, XII. 432, XIII. 30.
Vorunters. u. Hauptverhandlg. XI. 29, XIII. 633.
- Unterschr. d. Zeugen. VI. 474.
Zeugen in Untersuchg. X. 457.

Zeugen=Vernehmung,
Angekl., Entferng., Wiederholg. VI. 324.
- Befragg. ü. die Aussagen. XI. 444.
Antrag, Beweiszeuge. XII. 321
- Negative. IX. 519.
- Trunkenheit. IX. 15.
- Verwandt. X. 773, XIV. 247.
Antr. d. Angekl., andere Fragen. VII. 618.
- Aufenthaltsort. I. 449, IV. 458, XV. 576.
- Auswahl. V. 522, IX. 480, 696, XII. 418.
- Benennung v. Z. XII. 567.
- Beweiszeugen. XIV. 247, 574, XVI. 324.
- Bloßes Urtheil. X. 440.
- Erheblichkeit. XIII. 138.
- Erledigung. X. 171.
- Ermittl. and. Z. XV. 575.
- Ermittl. e. unbek. Zeugen. XV. 422.
- Glaubwürdigk. and. Zeug. VII. 210, XIV. 41.
- Grund d. Wissens. VI. 179, XIV. 787.
- Mögliche Betheil. VI. 559.
- Möglichk. d. Wiss. XIII. 631.
- Negative. XV. 314.
- Nichtwiederholung. X. 356, XIV. 263.
- Substantiirung. X. 624.
- Thatsach. VIII. 558, X. 440, 797, XII. 226.
- Unfähige Zeugen. XV. 702.
- Verwandte des Verletzten. VII. 127.
- Wiederholung. IX. 487.
Antr. d. St.-Anw., Aufenthalt. XII. 489.
- nach Appellation. XI. 276.
- Verzicht. VII. 665.

Zeugen-Vernehmung (Forts.).
Anwesenh. d. Z. bei Verlesg. d. Anklage. VIII. 116.
Auswahl, neuer Antr. IV. 162, V. 522, IX. 481, 496. X. 355.
Beamte. I. 88.
Beschluß, Zurückn. XIII. 373.
Besprechg. d. Angekl. mit dem Vertheidiger. IV. 198.
Eindrücke u. Folgerungen. IX. 8.
Ersuch. e. Diez.-Behörde. II. 249, 408, XV. 18.
Formverstoß, N.-Beschw. I 541.
Gegenwart, and. Zeug. IX. 79, X. 245.
- vernommene Zeug. X. 780, XI. 227.
- Zuhörerraum. VI. 181, VIII. 314, XI. 7.
Generalfragen, Bestraf., IX. 524, XIII. 225.
- Ehrenrechte. XIII. 225.
- Gegenbeweis. X. 797.
- Glaubwürdigk. I. 504.
- Protokoll. II. 318.
- Stillschweigen. IX. 14.
- Unterlassg. Rüge. I. 72.
- Wesentl. Förmlichk. IV. 79. XIII. 632.
Leumund. VIII. 314.
Nichtvernehm. gelad. Z. IV. 564, X. 75, XV. 394, *521*.
Protokoll, Unterschr. I. 419.
Taubstumme. XVI. 399.
Trunkenh. e. Andern. III. 166, VIII. 112, 558, 757, IX. 15, X. 660, XII. 226, XV. 711.
Unfähige Z., Ger.-Beschluss. XI. *435*, XVI. 385.
Unvollständigkeit. X. *615*.
Verlesung e. Briefs. IV. 219.
Verzicht, St.-A. V. 127, VII. 665.
- Verthdgr. X. 315. XI. 328.
Vorsitzender. XV. 521.
Vorzeigg. e. Schriftst. XIII. 204.
- e. Situationspl. XVI. 260.
Zwischenfragen. X. 246.
Zeugenvernehmung, kommissar.,
Abschriftserth. IX. 631, XV. 230.
Anordng., Zurückn. XV. 97.
App.-R. V. 368, IX. 585, XIV. 199.
Begründung. I. 383, II. 121.
Zeug.-Vern., kommiss. (Forts.).
Begründg., Erf. VII. 228, XV. 428.
Benachrichtigg. d. Angeklagt. X. *601*, XV. 97.
Dolmetscher, Zuziehg. VIII. 31.
Gegenwart d. Angekl. X. 336.
Gerichtsbeschl. IV. 325, X. 714.
- Mittheilg. an den Angekl. XIII. 481.
- Unterschrift. XII. 56.
Große Entfernung. IX. 585, XIII. 441, 481.
Hinderg. zu erscheinen. XV. 409.
Nebenprotokoll. IX. 163.
Protokoll, Zweifel. V. 596.
SchwGH., Gerichtsprengel. X. 9.
Ungerechtfertigt, Rüge d. Angekl. II. 122, VII. 625, XV. 355.
- Schweigen d. St.-A. I. 383
- Verzicht. II. 122.
- Zustimmung d. Vertheidg. XVI. 611.
Vereidung. X. 316.
Verlesung, Begründg. VIII. 284, X. 714, XI. 3, XII. 380, 560.
- erforderlich. II. 120, IV. 223. XI. 388.
- Mündl. Vernehmg., Antr. IV. 459.
- Unerheblichk. d. Bekundeten. VI. 30.
Vertheidiger, Vorladg. II. 424, VII. 572, XIII. 471, XVI. 489.
Vorhaben e. Badereise. XVI. 611.
Zuziehung. des Angekl., Rüge. VIII. 521, X. 28. XIII. 653.
- Ausland. X. 296, XIII. 633.
- St.-A. VIII. 798, X. 644.
- Verhafteter. I. 508, V. 368. VII. 36, X. 254, XVI. 489.
- Verlegg. d. Term. XIII. 42
Zeugen-Vorladung,
Gestellg. durch d. Angekl. I. 449.
Mittheilg., Angekl. XI. 228.
Mitangekl. IX. 259.
Zeugen-Zwang,
Abgabe d. Aussage. VIII. 269.
Beamter, Dienstvergeh. VI. 395.
Beschw. beim Ob.-Tr. VI. 401, VIII. 669, XV. 143.
Geld- od. Gefängnißstr. III. 109.

Zeugen=Zwang (Forts.).
Krankheit. XVI. 230.
Niederschl. d. Strafe. VIII. 669, XV. 143.
Opportunität, O.-Tr. XVI. 202.
Zeugniß, falsches, vgl. Meineid 2c.
Ohne Eid. XI. 5.
Zeugnißpflicht, Arzt. XVI. 302.
Ausländer. XVI. 203.
Belehrung. IV. 259, X. 505.
Denunziation. XII. 212, XVI. 53.
Disziplinarsache. I. 388, III. 109, VII. 315, XV. 242.
Ehefrau. X. 436.
Entscheidg., Zuständigk. II. 339, VIII. 137, XI. 443.
Erheblichk. d. Fragen. VIII. 269, XI. 286.
Exkommunikation. XVI. 124.
Geheimniß. II. 286, V. 511, VIII. 340.
Gewerbtreibende. II. 286, V. 511,
Gewissensbedenken. XVI 53.
Interesse. XVI. 572.
Notar. III. 488.
Rechtsanwalt. II. 214, VII. 151, IX. 534.
Redakteur, Dienstvergeh. VII. 315, XIV. 522, XV. 18, XVI. 575.
- Mitschuldiger. III. 72.
- Person des Verfassers. II. 267, XVI. 571.
- Redaktionsthätigk. XI. 286.
- Theilnehmer. II. 91, 267.
Religionsskrupel. XIII. 622.
Schande, eigene 2c. II. 339, 511.
Schlußfolgerungen. XVI. 513.
Selbstbelastg. VIII. 340, XVI. 522.
Theilnehmer. XIV. 799.
Verleger. XVI. 571.
Vermuthete That. XII. 212.
Versprechen d. Verschwiegenheit. XVI. 526.
Wahrscheinlichk. e. Uebelthat. XIII. 607.
Zeugniß, schriftliches, vgl. Arzt. Legitimationspapier.
Ziegen im Forst, Pommern. I. 322.
Zollvergehen 2c.,
Absicht. VIII. 352, XVI. 257, 435.
Ausländer. I. 551.
Beschlagn., Haussuchg. III. 240.
Zollvergehen 2c. (Forts.).
Betreffen. XIV. 513, XVI, 91.
Betrug, Strafe. III. 414.
Deklaration, unvollst. VII. 424.
Durchfuhr. III 350.
- Beweis. VIII. 39.
- Kontrolvorschr. V. 118.
- Verstecken. III. 121.
Frachtführer. III, 434, VII. 317.
Geldstr. Mindestbetr. XV. 382.
- Umwandlung. XVI. 329.
Gemeinsch. Ausübg. XV. 137.
Gewerbeverlust. II. 36.
Gewerbtreibender, Kfm. X. 629.
- Subsidiäre Haftbk. II. 39, III. 266, XI. 511.
- Vermuthung. V. 552.
Grenzbezirk, Bezettelg. V. 552, VIII. 176.
- Buchführg. XVI. 269.
- Einschwärzg. IV. 132.
- Haussuchung. XIV. 43.
- Nachw. d. Verzollg. II. 238, VII. 293.
- Transport. III. 143, IV. 465, XIV. 513, XVI. 91, 257.
Grenzzollamt, Anmeldepfl. V. 133.
Hauptzollamt, Beiladg. XVI. 101.
Identitätsbezeichng., Verletzung. III. 414.
Konkurrenz. XVI. 328, 329.
Mitthäter. XIV. 63.
Nachzahlung. X. 70.
Oesterr., Lumpen=Ausf. XIV. 304.
Rechtsirrthum. IX. 317.
Rechtsm., Steuerbeh XIV. 303.
Reisender, Anmeldepfl. VIII. 670.
- Kleidungsstücke III. 279.
Salz, gestohlenes. I. 217.
Schiffskapitän. XII. 393, XVI. 21.
Seegrenze. I. 265, V. 133.
Strafumwandlung. XVI. 329.
Täuschg. d. Zollbeamt. XIV. 64.
Tarifänderung. VII. 424.
Tarifsatz, höchster. V. 52.
Theilnahme. VIII. 176.
Uebertretung. II. 44, VIII. 176.
Unterschleif anvertraut. Waaren. III. 33.
Viehsperre. III. 549.
Vollbringen. III. 33, VII. 700.
Waarenführer. VII. 317.

Zollvergehen 2c. (Forts.).
Waarenverschluß, Entfernung, V. 52, 512.
" Verletzg. III. 414, VII. 317.
Wertherſatz. V. 553, XVI. 328.
Zollkartell. I. 551.
Zollnachl., Mißbrauch. XVI. 359.
Zuchthaus, Anrechng. d. verbüßten Gefängnißſtrafe. I. 174.
Monate. XVI. 405.
Oder Gefängniß. XV. 301, 598.
Spezialgeſetz. VI. 349.
Umwandlung. XVI. 4.
Unter einem Monat XVI. 767.
Verſuch. XVI. 4.
Vormundſchaft. VI. 297.
Zuchtſtier, ſ. Körordnung.
Züchtigungsrecht, ſ. Körperverltzg.
Zurechnungsfähigkeit, vgl. Angekl.
Bewußtſ. d. Vorausſetzg. d. That. IX. 313.
Fragſtellg, I. 5, II. 241, VIII. 468.
Sachverständ. XII. 33.
Trunkenheit. VIII. 113.
Verminderung. IX. 413.
Zurückbehaltungsrecht, ſ. Arreſtbr.
Zusammenhang, ſ. Gerichtsſtand.
Zuſammenrotten, ſ. Aufruhr, Landfriedensbruch, Meuterei.
Zuſatzfrage, ſ. Fragſtellung.
Zuſtändigkeit, örtliche, ſ. Gerichtsſtand.
Zuſtändigkeit, ſachliche, vgl. App.-Richter 2c., Betrug, Diebſt. 2c.
Anerkennung. IX. *194*.
App.-Richter. V. 348.
Erſuchen d. Mil.-Ger. XIV. 286.
Geſetzeswechſel. XII. 425, 485, XIII. 195.
" Anhängige Sachen. IX. *194*, XIII. 236.
" Eröffng. d. Unterſuchg. 2c. VIII. *639*, *750*, XII. 299.
Gewerbepolizeiverg. XII. 207, 332.
Kreisgericht, Dep. XII. 566.
" Hechingen. XV. 321.
Staatsgerichtshof. V. 348.
Uebertretung. VII. 594.
Vergehen, Schw.-G. XII. 537.
Zuſtellung, ſ. Bebändigung.
Zwangsvollſtreckung, Vereitelg.,
Dolus. XIV. 83, XV. 184, 809, XVI. 36, 455.
Drohen. XVI. 159, 455, 692.
Verurtheilung. XIII. 555, XV. 551, 809.
Vollſtreckung. XIV. 83, XV. 185.
Zweikampf, vgl. Herausforderg.
Göttingen, Student. XIII. *587*, XIV. *121*.
Militärgerichtsſtand.
" Offizier a. D. I. 347.
Studenten, Theilnahme. X. 373.
Tödtliche Waffe. XV. 749.

Kolibri 360 GmbH
Ferdinand-Jühlke-Straße 7
99095 Erfurt, Deutschland
produktsicherheit@kolibri360.de